policy science

정책학

김문성 저

박영사

책을 내면서

　나는 학생들에게 상상력이라는 용어를 자주 사용한다. 시각이라는 개념에는 이미 변형되기 어려운 고정된 실체라는 의미가 스며 있는 듯하여.

　어떤 사연으로 사막에서 길을 잃어 오랫동안 먹지 못하고 헤매고 있는 한 무리가 있었다. 그 무리가 우연히 통조림 한 상자를 발견하였다면 어떻게 반응할까? 만약 종교집단이라면 절박한 상황에 처하게도 하고 희망도 주신 신을 찬양할 것이다. 만약 경제학적 상상력을 지닌 무리라면 "인간의 욕망은 무한한데 재화는 희소하다"라는 명제에서 출발했음 직하다. 물리학적 상상력을 지닌 사람들이라면 렌즈를 이용한 태양열로 통조림을 열려고 시도하지 않을까? 정책학적 상상력을 가진 사람들은 어떠한 반응을 보일까? 통조림 속의 내용물을 꺼내 먹을 합리적 대안을 찾으려 할까? 아니면 난국을 해결해 줄 수 있는 누군가와 통조림을 이용한 타협과 협상안을 모색할 것인가? 또는 통조림을 공정하게 배분할 방법을 궁리할 것인가? 내 생각에는 정책학적 상상력은 그 초점과 색깔이 매우 다양하여 전형적인 반응을 상정하기 어려울 것 같다. 정책학의 다양성과 동시에 개별성이라는 특성을 고려한다면 개개인마다 각각 다른 반응을 보이지는 않을까.

저자는 학생들에게 창의성을 길러주고 싶어 했다. 그리고 정책학도는 장차 그가 공공기관에서 근무하든 NGO나 민간기업에서 근무하든 또는 자유업을 하든 정책학적 시각으로 사회현상을 개념화 하고, 실생활 문제를 해결할 수 있는 능력을 길러야 한다고 강조해 왔다. 이 책이 사회문제를 정책학적 틀로 바라보는 상상력을 기르고, 사회문제를 창의적으로 해결할 수 있는 지식을 익히는 데 도움을 줄 수 있기를 기대한다.

책의 얼굴에 해당하는 머리말을 맨 마지막에 쓰면서 독자들의 이해를 돕기 위하여 이 책에 관련된 몇 가지 생각을 다음과 같이 정리하였다.

책을 쓰게 된 동기

지난 60여 년 동안 정책연구는 괄목할 만한 발전을 이룩하였다. 설명력이나 처방력이 높은 이론들이 풍성하게 개발되었고, 다양한 방법을 동원한 정책사례들도 많이 소개되었다. 정책연구가 이처럼 급속하게 발전되어 왔으며 앞으로도 달려가야 할 비전과 약속도 명확하지만 동시에 풀기 어려운 문제들도 상존하고 있다.

21세기 들어 정책환경의 복잡성과 급속한 변화는 일상적인 현상이 되었다. 그러나 반도체 메모리 용량이 1년마다 2배씩 증가할 만큼 과학기술 변화가 급속하게 이루어지고 있음을 나타내는 황의 법칙처럼 새롭고 복잡한 정책현상들을 설명하거나 처방할 수 있는 정책이론 용량은 그만큼 증가하지 못하였다. 정책학이 하나의 분과학문으로 출발하게 한 Lasswell이 사회적으로 적실성 있는 지식, 즉 사회에 존재하는 심각한 문제들을 해결할 수 있는 지식을 산출해야 한다는 주창은 오늘에 있어서도 여전히 그 자리에 머물고 있다.

새롭게 생겨나는 사회문제들 중에서 정부가 해결해야 할 문제로 걸러지는 과정에 대한 새로운 시각 개발이 시급하다. 미국과 유럽을 진원지로 한 금융의 위기가 전세계에 파급되고 이를 해결하기 위한 범지구적 거버넌스 과정에서 민간의 탐욕과 창의를 정부가 현명하게 규제하거나 촉진하기 위한 시각이 필요하다. 김정은 정권 이후의 일련의 사태들과 이에 대응한 주요 국가들과의 정책 변화를 설명하고 창의적 통일 시나리오와 정책 대안들을 탐색하는 상상력이 통일문제를 해결할 수 있는 디딤돌이 될 것이다.

정책학이 사회의 병을 고치는 사회의학으로서 역할을 수행하기에는 어려운 점들이 많다. 정책실무가와 정책학자와의 연계 곤란성도 하나의 요인이다. 정책실무자가 문제해결의 시급성으로 인하여 정책문제를 근원적으로 탐색하거나 새롭게 개발된 정책이론이나 사례를 습득하여 이를 원용하기 어려운 현실이다. 한편 정책학자는 정부 위원회 등 정책과정에 참여하지만 자료를 수집하거나 정책과정에 실질적으로 접근하기에는 한계가 있다. 임상경험과 자료를 바탕으로 지식을 개발하는 의학자와 개발된 지식을 임상에 접목하는 임상의(臨床醫)의 순환적 연계가 없다면 새로운 질병을 고치기가 어려울 것이다.

이러한 정책학의 큰 흐름에 대한 인식을 가지되, 이 책은 지금까지 개발된 정책학의 핵심적인 개념과 모형 그리고 이론들을 소개하였다. 이 책을 통하여 복잡한 정책문제들을 해결하기 위한 새로운 이론을 제시하려는 것은 아니다. 다만 정책실무자에게는 현실문제를 해결하는 데 기여할 정책이론을 알려 주고, 정책학도에게는 핵심 개념과 이론을 습득하게 하여 이를 바탕으로 정책문제를 해결하기 위한 상상력을 개발하는 데 기초를 제공해주고 싶다.

상상력이나 창의성은 모방에서부터 나온다. 모방적 연습을 통하여 점차 자신의 색깔을 찾게 된다. 암기보다는 이해를 해야 하고, 이해가 바탕이 되어야만 자신의 생각을 가질 수 있는 것이다. 그렇다면 교재도 뷔페식이 아닌 전문식당과 같아야 할 것이다. 이런 점에서 저자는 다른 교재에서 일반적으로 설명되는 내용들을 과감하게 삭제 · 축소하여 담론의 소재가 되는 메시지가 담긴 책을 만들고자 하였다. 그러나 결과적으로 집필과정에서 저자의 불필요한 욕심으로 인해 원래의 의도가 제대로 반영되지 못하였다는 점에서 독자들의 넓은 이해를 구한다.

이 책의 구성

이 책은 크게 네 가지 영역으로 구분되어 있다.

첫 번째 영역에서는, 정책학에 대한 일반적 이해를 위해 정책학의 대두 배경과 학문적 특성, 정책의 개념과 유형, 그리고 정책과정을 단계별로 설명하였다.

두 번째 영역에서는, 정책과정의 주요 참여자와 역할에 대하여 설명하였다. 참여자는 공식 참여자와 비공식 참여자로 구분하였다. 시대와 사회적 특성에 따라 참여자 유형 및 이들의 역할이 변할 것이며, 특히 우리 사회에서의 공식 · 비공식 참여자들의 실태와 특성 및 역할에 대한 논의를 위한 바탕이 되도록 하였다.

세 번째 영역에서는, 정책분석을 위한 이론들에 대하여 설명하였다. 정책분석은 정책결정자가 올바른 결정을 할 수 있도록 돕기 위한 전문가의 고객 지향적 활동으로 본다. 이에 따라 정책분석가가 전문적인 분석활동에 필요한 기초 지식, 정책분석의 기준 그리고 정책분석을 위한 기법들을 설명하였다.

네 번째 영역에서는, 정책과정을 정책의제설정, 정책결정, 정책집행, 정책평가 그리고 정책변동의 다섯 단계로 구분하여 각 단계별 주요 개념, 모형 및 이론들을 설명하였다.

감사의 글

원고 교정을 도와준 큰 딸 연정에게 그리고 편집을 맡아주신 배우리 선생님께 고마움을 전한다. 창의력과 신중함으로 조화를 이루고 살아가는 둘째 딸 수와 사위 라파엘, 질풍노도의 기간을 지나 이제는 자랑스럽고 든든한 아들 정무에게 나의 사랑을 전한다. 가정에서 뿐만 아니라 가르치는 일에도 나에게 항상 자극과 평안을 주고 이제는 믿음의 동역자인 아내 성림에게 이 결과물을 드린다. 이제는 연로하셔서 많이 쇠약하시지만 여전히 게이트볼로 정신적·육체적 건강을 가꾸시는 부모님의 헌신적 사랑으로 이만큼 집과 직장에서 그리고 사회에서 하나의 역할을 담당할 수 있음을 알기에 두 분께 깊이 감사드린다. 항상 기뻐하라고 명령하신 존귀하신 주님께 감사와 찬양을 드린다. 이 책을 통해 이론을 바탕으로 정책문제를 해결하고, 정책학적 상상력을 키워나갈 독자 여러분을 축복한다.

2014년 2월
저자 김 문 성

차 례

정책학에 대한
일반적 이해

정 / 책 / 학

1

정책학에 대한 일반적 이해

개 요

1951년에 미국에서 정책학이 독립된 분과학문으로 성립된 배경에 대하여 방법론과 철학적 관점에서 설명한다. 당시 행태주의에 대한 지나친 집착으로 인하여 학자들이 엄격한 과학적 방법을 적용하기 곤란한 사회문제들에 대한 연구를 기피하는 경향이 짙었다. 이로 인해 결국 사회적으로 중요한 문제들이 해결되지 못하게 되어 많은 학자들은 과학적 이론에 집착하기 보다는 사회적으로 적실성 있는 이론을 만들어야 한다는 인식이 높아졌다. 이와 더불어 미국사회에 널리 파급된 실용주의 사고에 입각하여 사회문제를 해결하려는 경향이 정책학의 성립 배경으로 작용하였다.

이러한 배경에서 성립된 정책학은 다른 학문에 비하여 독특한 학문적 특성을 지니고 있다. 사회문제 해결이라는 실천적 목적에서 성립된 정책학은 여러 학문의 다양한 시각과 이론을 동원하거나 융합하는 여러 학문적(multi or inter-disciplinary) 접근을 한다. 또한 정책의 과정적 측면 또는 분석적 측면에서 연계적 접근을 한다. 그리고 문제지향적일 뿐만 아니라 규범적 관점도 지닌다.

한편 정책이라는 용어는 다양한 의미로 사용되고 있다. 정책학자들의 정책 개념에 관한 정의도 매우 다양하지만, 대표적인 정의들을 소개하고, 목표-수단적 관점에서 정책 개념을 설명한다. 나아가 일정한 기준에 따라 정책을 유형화하고, 각 정책 유형별 특성에 대하여 설명한다.

Ⅰ. 정책학의 대두 배경과 학문적 특성

1. 정책학의 대두 배경

정책학은 1950년대에 성립되었다. 동서양을 막론하고 정부의 결정에 도움을 주기 위한 지식을 만들려는 노력은 오래전부터 있었다. 그러나 독립된 분과학문으로서의 정책학은 Lasswell이 정책과학의 필요성과 중요성을 강조하고, 추구해야 할 방법론을 제시한 "정책 지향"(Policy Orientation)이라는 논문을 발표한 1951년에 성립되었다. 그러면 왜 정책학이 1950년대에 이르러 미국에서 성립되었는가? 직접적인 계기는 이론을 위한 이론 이상의 현실문제 해결 위주의 학문에 대한 열망이 높아졌기 때문이었다. 1950년대에 이르러 미국에서 현실문제를 해결할 수 있는 학문에 대한 욕구가 팽배하게 된 원인을 크게 두 가지 측면에서 설명할 수 있다.

하나는, 방법론적 측면이다. 1930년대 후반부터 불어 닥친 행태주의 열풍으로 인해 미국의 사회과학은 사회문제의 실제적 해결보다는 방법론의 발전에만 치중하는 결과를 낳았다. 학자들은 점차 '무엇을 위한 지식인가?'라는 의문에서 극단적인 실증주의적 연구 경향에 대해 점차 회의를 품기 시작하였다. 당시 사회과학계를 휩쓴 행태주의 열풍으로 인하여 사회과학의 과학성은 높아졌지만 사회과학자들이 과학적 방법을 적용하기가 용이한 문제에만 연구를 치중하는 연구 경향이 나타났다.

결과적으로 중요한 현실문제이더라도 과학적으로 분석하기가 어려운 문제들은 ― 예컨대 민권운동, 빈부 격차, 월남전 반전운동, 도시폭동 등— 연구에서 제외되는 경향이 있었다. 반드시 해결해야만 하는 심각한 사회문제를 연구하기 보다는 행태주의적 방법으로 연구하기 용이한 문제들에 치중하여 연구하는 풍토가 형성되었던 것이다. 결과적으로 사회문제의 심층적 이해보다는 과학적 설명과 기술적 분석에만 치중하는 경향이 나타났다. 이러한 연구 경향에 대한 반성으로 지식의 궁극적 목적이 지식 그 자체를 위한 것이 아니라 보다 나은 사회 건설을 위한 것이어야 하며, 이를 위해서는 사회적으로 현실성 있는 지식을 산출할 수 있는 학문이 필요하다는 인식이 확산되었던 것이다. 결국 사회과학자들의 행태주의적 방법론에 대한 자성은 '사회적으로 현실성 있는 지식'(societally relevant knowledge)을 산출해야 한다는 열망으로 이어지게 되었다(DeLeon & Overman, 1989).

다른 하나는, 실용주의라는 새로운 이념의 대두이다. 즉 미국적 이념으로서의 실용주의는 정책학이 대두하게 된 이념적 배경이었다. 실용주의의 체계화에 기여한 Dewey에 의하면, 과학적 탐구의 목표는 진리의 추상적 해석이어서는 안 되며, 과학은 사회상황의 개선에 기여해야 한다고 보았다(Dewey, 1927). 문제 정의, 대안 탐색 및 평가 그리고 최종안 선택으로 이어지는 탐구과정에 대한 Dewey의 설명은 정책학에 그대로 원용되었다.

그러나 실용주의는 정책학의 철학적 원리를 제공하기도 하지만, 다른 한편으로는 정책학에 대한 비판의 원천이기도 하다. 실용적 지식을 산출하려는 정책학의 도구주의적 특성은 지식이 궁극적으로 누구의 이익에 봉사하는가에 대한 고려를 소홀하게 만든다. 실용주의에 입각하여 현실성 있는 지식을 산출하는 것만으로는 충분하지 못하다. 정책학이 지식 산출에만 치중하다보면 자칫 정치적 이익을 위한 도구로 전락할 위험이 있다. 정책학은 정책을 통해 누가, 무엇을, 언제, 어떻게, 얼마만큼 가지게 되는가에 대해 연구하는 것이다. 따라서 정책 연구는 가치배제적(value free)이기 어렵다. 정책 연구를 통해 바람직한 대안을 제시하는 것은 이미 연구자의 가치가 개입된 것이다. 정책학의 과학성을 높이기 위해서는 연구과정이 가능한 객관적이고 몰가치적으로 진행되어야 하지만 사회문제에 대한 진단과정에서는 이념적 논쟁이 불가피하다. 정책 연구자는 사회문제에 내재된 수많은 요인들 중에 주요 요인들을 추출하기 위한 기준과 절차가 신뢰성과 타당성을 갖추도록 노력한다. 또한 연구자는 자신이 설정한 분석의 범위와 기준에 의해 도출된 결과에 따라 대안을 제시하기 때문에 연구자가 분석과 대안에서 제외하였지만 현실적으로 중요한 것들도 많을 수밖에 없다.

　실용주의에서 기인된 도구적 특성 및 정책학의 한계 외에도 정책학은 다른 학문들에 비하여 몇 가지 독특성을 지닌다. Lasswell (1951)의 설명에 따라 정책학의 학문적 특성들을 다음에서 설명하기로 한다.

2. 정책학의 학문적 특성

1) 여러 학문간 접근

　복잡한 사회문제를 해결하기 위해서는 다양한 분야의 학자들이 공동으로 노력하는 '여러 학문간 접근'(interdisciplinary approach)이 필요하다. 여러 학문간 접근법은 개별 분과학문이나 전문가들이 각기 독자성을 유지하면서 다른 분야의 전문가와 협조관계를 이루어 특정 사회문제를 해결하려는 접근법이다. 유사 개념으로 '복합

학문적'(multidisciplinary) 접근법은 둘 이상의 학문이 각각 그 독자성을 버리고 융합하여 새로운 학문 또는 전공분야를 형성하여 어떤 문제를 해결하려는 방법이다(김형렬, 1990: 33).

환경문제를 해결하기 위해 행정학, 경제학, 법학 또는 산업공학을 전공한 학자들이 공동으로 노력하거나, 정책집행에 관한 책에서 관리분석(Management Science, OR)에 관한 내용을 수록하는 것은 정책연구에 있어 단일원리의 한계를 극복하기 위한 전자의 예이다. 정치학과 경제학을 배경으로 한 공공선택론은 후자의 예로 볼 수 있다.

한편 지금까지 정책연구에 원용된 이론들을 보면 정치학·행정학 이론이 가장 많았다. 이는 정책학이 정치학자와 행정학자들에 의해 개발된 학문이기 때문일 것이다. 정책분석을 위해 경제적 지표나 경제학적 계량모형이 빈번히 원용되기도 한다. 그러나 정책목표를 외부에서 주어진 것으로 보거나, 합리적 인간행태에 관한 적절하지 못한 가정, 효율성 및 최적화에 대한 지나친 강조, 정책과정에 대한 경시 등에서 경제학적 접근은 한계가 있다.

한편 Comte가 사회과학과 공학을 통합한 사회공학(Social Engineering)을 주창한 것과 같이, 정책학도 거대이론으로 개발해야 한다는 주장도 있다. Dror(1983)가 정책과학은 다양한 지식체를 통합하여 정책결정에 초점을 둔 거대학문(supra-discipline)이 되어야 한다고 본 것이 바로 이러한 관점이다. 그러나 정책학을 통합할 수 있는 이론 틀에 대한 합의가 어렵고, 거대이론 개발에 집착하다 보면 이론화에 치중하여 자칫 사회문제 해결을 위한 응용학문적 특성이 소홀히 될 수도 있다. 그러므로 현 수준에서는 정책학이라는 하나의 틀로 묶은 거대이론보다는 분과학문들이 각기 주체성을 유지하면서 여러 학문적 접근을 시도하는 것이 바람직할 것으로 보인다.

그러나 아직 여러 학문간 접근법이 정책문제에 대해 보완적 관점을 제공해 준다는 가설이 증명된 것은 아니다. 특정분야의 전문가가 이웃 학문의 전문가와 공동으로 연구를 할 수 있을 만큼 이웃 학문에 대한 인식이 높지 못한 현실적 한계도 있다.

2) 연계적 관점

사회문제는 그 문제가 존재하는 환경과 연계되어 있기 때문에, 정책학은 연계적 관점(contextual perspective)을 특징으로 한다. 여기서 연계성이란 시차 · 체계 · 하위 정책과정간의 긴밀한 관계를 의미한다. 시차의 연계성은 현재의 정책이 과거 및 미래의 정책과 직 · 간접적인 관련성을 의미한다. 현재 발생한 사회문제는 과거부터 존재하였던 요인들로 인하여 발생된 경우가 많으며, 현재 어떠한 식으로 그 문제를 해결하느냐에 따라 오랜 시간 후에 나타날 결과가 정해진다. 한편 체계의 연계성이란 어느 한 정책은 다른 정책에 영향을 끼칠 수 있다는 의미이다. 체계적 접근법에 의하면, 사회는 다양한 하부 체계들로 구성되며, 각 하부 체계들간에 그리고 체계와 하부 체계간에 상호작용을 한다. 정책문제도 다양한 하부체계로 분할되며, 각 하부체계와의 상호작용 과정에서 나타나는 일탈현상으로 볼 수 있다. 그리고 정책과정간의 연계성은 의제설정, 결정, 집행, 평가의 각 단계가 서로 연결된 순환과정이라는 것이다.

3) 문제지향적 관점

정책학은 인간의 존엄성을 실현하고, 인간이 가지는 근본 문제를 탐색하는 학문이다. Lasswell(1971: 1)은 정책학이 크게 두 가지 지향성을 가지고 발전해 가야 한다고 보았다. 하나는, 사회·심리적 탐구방법을 사용하여 정책이 행해지는 과정에 대하여 연구함으로써 '정책과정에 관한 지식'을 개발하는 것이다. 다른 하나는, 정책결정자에게 유용한 정보나 정책의 실체적 내용에 관한 이론, 즉 '정책과정에 필요한 지식'을 산출하는 것이다. Anderson(1990)은 실체적 정책과 절차적 정책으로 구분하였다. 실체적 정책은 정부가 개인이나 집단에 이익이나 불이익을 주려는 행동 계획인 반면, 절차적 정책은 어떻게 수행하며 또한 누가 할 것인지에 관한 것이다. 그러나 정책학을 너무 엄격하게 분리할 필요는 없으며, 통합적으로 연구해야 할 것이다. Lasswell이 주장한 '민주주의의 정책과학'에서 과학은 과정에 관한 분석을, 민주주의는 민주사회 속의 인본주의에 관한 내용 및 연구를 모두 포함하고자 한 것으로 볼 수 있다.

방법론적 관점에서 보면, 행태주의가 사회과학을 휩쓸던 시기에는 과정에 관한 분석에 치중하였고, 이에 대한 반작용이 일어났던 시기에는 내용에 관한 연구가 상대적으로 많았다. 즉 행태주의적 연구방법에 대한 자성으로 후기 행태주의(post-behavioralism)에 대한 논의로 본격화되면서 현실적으로 중요한 문제들을 정책학이 다루어야 한다는 의식이 높아졌다. 특히 Easton(1965)이 미국정치학회장에 취임하면서 행태주의에서 벗어난 새로운 연구의 필요성을 제기한 것을 기점으로 후기 행태주의적 관점에서의 정책연구가 본격화 되었다. 그는 연구의 인과적인 분석보다는 문제의 본질에 대한 이해를 강조하고, 그동안 행태주의가 현상태(status quo)를 암묵적 지지하였던 것에 대해 각성하고, 행태주의 연구에서 의도적으로 제외시켰던 가치(value)를 고려해야 한다고 보았다. 이런 시각에서 상아탑에서 논의되는 수준을 넘어 현실적 문제와 연계된 연구를 해야만 한다고 주장하였다.

한편 문제해결 위주의 학문적 성격에서 정책학은 행정학과 유사하다. 그러나 행정학이 "어떻게 할 것인가"(know how)에 주된 관심을 가진다면, 정책학은 이에 덧붙여 "무엇을 할 것인가"(know what) 그리고 "왜 해야 하는가"(know why)에 대해서도 연구하는 이론체계이다.

4) 규범적 관점

Lasswell은 정책과학의 목적을 민주주의의 발전 및 인간의 존엄성 실현에 필요한 지식을 산출하는 것이라고 강조하였다. 이는 정책학이 과학적 연구를 통해 정책현상을 설명ㆍ예측하는 데만 치중하지 않고 인간의 가치를 실현시킬 수 있는 조건들을 확립하는 데 기여하는 학문이어야 한다는 의미이다. 정책의 규범적ㆍ이념적 측면을 도외시하면 공허하거나 오도된 결론을 도출하게 될 가능성이 높다. 현실적으로 형평성에 대한 이해가 없는 사람이 복지정책을 결정하거나, 궁극적으로 누구에게 혜택을 주어야 할 것인가에 대한 고려 없이 대안을 탐색하는 경우가 종종 있다.

후기 행태주의적 관점은 사회적 사실(social fact)에 입각한 엄격한 과학적 방법의 적용을 인정하면서도 가치문제에 대해 연구해야만 한다는 것이다. 후기 행태주의적 시각에서 볼 때, 정책학은 사회적 사실을 바탕으로 한 과학적 방법뿐만 아니라 가치와 규범 등 질적 방법을 통해 사회에 대두되고 있는 문제를 밝혀내고 그 문제의 의미와 해결가능성 그리고 사회문제 해결을 위한 대안들을 탐색하는 학문이다. 혼돈과 무질서를 특성으로 하는 오늘날에 있어 합리적 분석과 창의적 추론 그리고 정치적 역량을 발휘해야만 정책문제를 해결할 가능성이 높으며 이러한 점에서 정책학은 과학(science)과 기예(art) 그리고 정치(politics)가 혼합된 학문이라 하겠다.

3. 정책학 연구의 필요성

불교에서 사람의 일생을 생로병사로 설명하듯이 우리는 일생 동안 각종 질환이나 문제를 안고 산다. 다양한 개인과 집단으로 구성된 사회도 개인과 마찬가지로 수많은 문제를 지니고 있다. 개인의 병은 의사가 고치지만, 사회의 병은 누가 고치는가? 우리는 사회 의사(social doctor)의 역할을 우선 정부에 기대하게 된다.

정부는 주택, 환경, 교통, 범죄, 복지, 경제 등 다양한 사회문제를 진단하고 치료해야 할 일차적 책임이 있다. 물론 정부가 모든 사회문제를 해결할 수는 없다. 사회문제는 다양한 이해관계 속에서 발생되는 경우가 일반적이기 때문에 정부를 포함한 관련 주체들이 연계하여 참여해야만 해결할 수 있는 경우가 많다. 때로는 정부의 개입으로 문제가 오히려 악화되거나 또 다른 문제를 가져오기도 한다. 이런 점에서 사회문제의 해결을 시장기능에 맡기고 가능한 한 정부의 역할을 축소시켜야 한다는 주장도 있다. 이처럼 정부의 활동범위에 대한 인식이 차이는 있지만, 정부가 사회문제를 해결하는 중요 주체임은 부인할 수 없다.

그렇다면 정부는 어떻게 사회문제를 해결하는가? 그것은 바로 정책을 통해서이다. 그러나 정부가 정책을 주먹구구식으로 결정하거나 탁상공론에 따라 집행해서는 사회문제를 해결할 수 없다. 인류의 질병을 해결하기 위해서는 의학이 계속 발전하고, 이를 습득한 의사의 다양한 임상적 경험이 있어야만 한다. 마찬가지로 사회문제를 해결하기 위해서는 정책에 관한 전문지식과 이를 습득한 정책 실무자의 경험을 필요로 한다.

시민이 정책에 대하여 이해하고, 실무자들이 제대로 정책을 결정하여 집행하고 있는지를 평가하기 위해서는 정책학적 지식을 갖추어야 한다. 또한 정책실무자는 정책학의 지식과 실무적 경험을 겸비할 때 정책문제를 성공적으로 해결할 수 있다.

또한 정책과정에 대한 연구를 통하여 정책과 관련된 다양한 제도와 공식적·비공식적 참여자들, 여론 등을 파악할 수 있다. 정책은 일정한 제도와 과정 안에서 다양한 참여자들간의 상호작용한 결과이기도 하다. 그 외에 정책 연구를 통하여 만들어진 정책이 의도한 결과를 실제로 가져 왔는지 또는 의도치 않은 효과가 발생된 것은 없는지 등을 평가할 수 있다.

4. 정책학의 전망

정책학이 성립된 후 60여 년이 지난 오늘까지 정책학은 급속히 발전되어 왔다. 정책과정적 측면에서 의제설정, 결정, 집행, 평가, 변화에 관련된 모형과 이론들을 개발하였다. 정책 내용의 측면에서도 국방, 지속가능한 개발, 형평성 확보, 환경 등을 포함한 다양한 정책사례들을 개발하였다. 또한 방법적 측면에서는 정책분석적 접근, 정책평가적 접근, 가설 검증 또는 통계 분석적 접근, 상황기초적 연구(situation-based policy research) 등을 원용한 이론들이 축적되었다. 그러나 사회 성격의 급속한 변화와 지금까지 경험하지 못한 새로운 사회 현상들이 지속적으로 출현함에 따라 정책학 연구의 접근법이나 시각도 확대될 것으로 보인다.

오늘날 정치, 경제, 사회, 문화를 포함한 사회 전 영역에서 기존과 다른 형태의 추세가 지속되고 있다. 우리가 살아가고 있는 사회를 포스트 모던사회라 부르는데, 현대사회와 구별되는 가장 큰 특성은 상대성과 복잡계이다. 상대성이란 절대적 기준을 인정하지 않는 것이다. 적과 아군의 구분이 상대적이며, 현상에 대한 인식도 상대적이다. 따라서 정책문제에 대한 인식도 상대적이며, 문제해결을 위한 객관적이거나 절대적인 기준은 존재하지 않는다. 한편 복잡계(chaos)란 무질서상태의 일상성을 의미한다. 20세기의 합리주의적 사고에서는 과학의 발전을 통하여 ― 목동들이 무질서한 하늘의 별들을 보며 북극성, 전갈자리 등과 같이 질서를 찾았듯이 ― 현재의 혼돈상태에서 질서를 찾아낼 수 있다고 믿었다. 예컨대 현대의학에서는 현재의 과학수준에서는 암을 완치할 수 없지만 향후 의학이 더 발전된다면 언젠가는 극복할 수 있을 것으로 믿었다.

하지만 오늘날의 과학계에서는 아무리 과학이 발전하더라도 해결할 수 없는 문제들이 존재한다는 과학의 한계에 대해 인식하는 분위기가 짙다. 아무리 의학이 발전되더라도 의학적으로 해결할 수 없는 병이 존재한다는 것이다. 이러한 사회적 특성으로 인하여 국가 간 다양한 형태의 블록화, 하나의 지도원리에 따르기보다는 상황에 따라 대응하려는 움직임, 상존하는 위기에 대응한 관리 등과 같은 현상들이 일상화되었다. 이에 따라 지금까지의 정책과정 위주의 연구에서 벗어나 탈현대주의(post-modernism)에 입각한 다양한 가치 수렴을 위한 방법론 개발이 정책연구의 주요 방향이 될 것이다. 예컨대 다양한 대체이론에 관한 연구, 논리와 이성적 사고를 관장하는 좌뇌에 의한 합리적 결정을 넘어 직관과 감정적·통합적 사고를 관장하는 우뇌적 사고를 통한 창의적 해결, 거버넌스과정에서 다양한 참여자들과의 조정, 협상 및 설득 전략 등이다.

II. 정책의 개념과 유형화

1. 정책의 개념

우리는 실생활에서 주택정책, 농업정책, 교통정책 등과 같이 각종 사회문제 뒤에 정책이라는 용어를 붙여서 사용하며, 이렇게 사용되는 정책의 의미도 사람이나 상황에 따라 다양하다. 이처럼 정책이라는 용어가 광범위하고 다양하게 사용되고 있기 때문에 보편성 있고 명확하게 정의하기가 곤란하다.

실생활에서는 정책을 '중요한 결정'이라는 의미로 사용되는 경우가 많다. 이외에도 국민들의 관심이 높은 결정, 장기적 안목을 지닌 결정, 정치적 이념에 관련된 결정이라는 의미로 사용되기도 한다.[1]

학자들도 각자의 강조점이나 관점에 따라 정책을 정의하고 있다. 극단적으로 말한다면, 정책학자마다 각자의 정의를 하고 있다

---

1 저자가 수 년간에 걸쳐 행정학과에 응시한 수험생들에게 질문한 결과이다.

고 할 정도이다. 여기서는 대표적인 몇몇 학자들의 정의를 소개하기로 한다.

Lasswell(1951)은 정책을 "가장 중요한 선택"이라고 단순하게 정의하였다. 정책이란 입법부나 행정부의 법률이나 명령 또는 규칙만을 의미하는 것이 아니라 다양한 조직에서 행하는 중요 결정은 모두 정책이라는 것이다.

이에 비해 Dye(2000)는 "정부의 하겠다 또는 하지 않겠다는 모든 결정"이라고 정의하였다. 이와 유사하게 Kraft와 Scott(2013)는 "정부 내의 공공 관료 및 시민대표자들이 공공문제에 대하여 하겠다 또는 하지 않겠다는 선택"이라고 정의하였다. 여기서 공공문제란 시민들은 개선할 수 없으며, 오직 정부의 개입으로 해결할 수 있다고 인식하는 문제이다. 이러한 정의는 정부가 하려는 의도와 실제로 행한 것과는 구분해야 하며, 정부의 부작위(governmental inactivity)도 정부의 적극적인 행위만큼 중요하다고 본 것이다. 하지만 Dye의 정의는 정책을 특정 목적을 위한 정부의 모든 활동으로 본 매우 포괄적인 정의이지만, 명확성과 한정성이라는 관점에서 한계가 있다.

"정부의 중요한 활동"이라고 한 Sharkansky(1975)의 정의는 보다 한정적으로 정책을 파악할 수 있게 한다. 이는 정책을 대단히 광범위하게 정의한 것이지만 두 가지 측면을 강조한 것이다. 첫째, 정책은 공식행위자(주로 정부관료)의 행동에 초점을 맞추었다. 둘째, 정부행위는 특정 의제와 관련된 것이다(Knill and Tosun, 2012). 그러나 정부에는 중앙정부와 지방정부 및 기타 공공과 민간의 중간적 성격을 지니는 준공공기관 등이 포함되는 것인지가 명확하지 않다. 또한 정부의 활동에는 공식적 행위자(formal actors)뿐만 아니라 비공식 행위자의 활동도 매우 중요한데 정책과정에 참여하는 다양한 행위자들에 대한 고려가 부족하다. 더욱이 중요한 활동이 무엇인가는 사람에 따라 다르게 해석될 수 있기 때문에 주관적이라는 한계가 있다.

이런 점에서, Anderson(2011)은 정책과정이 지니는 목표와 이의 달성을 위한 대안 탐색 및 결정에 관련된 측면을 강조하여 "개인이나 집단에게 지속적으로 제기되는 문제를 해결하기 위한 일련의 목적 있는 과정(a purposive course of action that an individual or group consistently follows in dealing with a problem)"이라고 정의하였다. 이는 정책을 목적과 목표를 달성하기 위한 일련의 의도된 행동으로 본 것이다.

한편 Easton(1953)은 "사회 전체를 위한 제가치(諸價値)의 권위있는 배분"이라고 정의하여, 정책과정의 정치적 측면을 부각시켰다. 정책은 궁극적으로 사회전체의 이익을 증진하고자 하는 것이다. 사회이익 달성을 위한 궁극적인 책임은 정부에게 있기 때문에 정부는 권위를 지닌다. 정부의 법에 의하여 부여된 권한에 따라 법적 절차에 따라 정책을 결정하고 집행한다. 정부가 행한 결정은 시민들이 따라야 하며 따르지 않을 경우에는 벌금이나 형벌을 가할 수 있는 강제력을 지니고 있다. 권위와 강제력을 소유하고 있는 정부가 사회 전체의 이익을 위하여 다양한 가치들 중에서 특정 가치에 대한 선택이 정책이라는 것이다.

Stewart 등(2008)은 이상과 같은 정책학자들의 정의들을 정리하고 공통 요소로 축약한 결과 정책을 "어떠한 공공 문제를 해결하기 위하여 고안된 정부의 활동이나 결정을 위한 과정 또는 형태"라고 정의하였다.

우리나라 학자들은 보다 구체적으로 정의하고 있다. 정책이란 "바람직한 사회상태를 이룩하려는 정책목표와 이를 달성하기 위해 필요한 정책수단에 대하여 권위 있는 행정기관이 공식적으로 결정한 기본방침"이라고 정의하는 학자들이 많다(정정길, 1999; 권기헌, 2008; 한석태, 2013). 이러한 정의는 정책을 목표와 수단이라는 계층적 관점에서 본 것이다. 즉 정책을 상위개념인 이상, 목적, 목표와

━━ 그림1-1 정책의 상·하위 개념 ━━━━━━━━━━

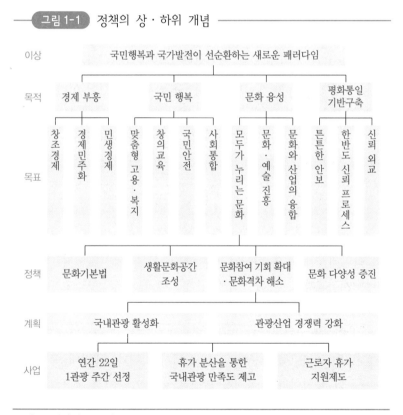

자료: 청와대 홈페이지(검색일: 2013. 11. 25); 문화체육관광부 보도자료(2014. 2. 3)
에서 재구성.

그 하위개념인 계획, 사업, 단위사업 그리고 활동으로 구분하고 이러한 관계 속에서 설명하는 것이다. 하지만 '목표·수단 계층제'적 관점에서 각 개념을 구분하더라도 개념적 차이는 절대적인 기준이기보다는 상대적이다.

[그림 1-1]은 목표·수단 계층제의 관점에서 본 정책과 그 상·하위 개념의 관계를 나타낸 것이다.

이상(vision)이란 특정 정권이나 정부가 내거는 미래에 대한 구상이다. 이상은 특정 정권이 임기 동안 나아가고자 하는 방향이며, 상징적 표어(catch phrase)이다. 특정 정부가 들어서면 임기동안 나아가고자 하는 국정 방향을 제시하게 되는데, 이를 이상이라 할 수 있다. 예컨대 미국의 케네디정부의 "뉴 프런티어 정신"이나 존슨정부의 "위대한 사회 건설"을 들 수 있다. 이명박정부에서는 국가비전을 "선진화를 통한 세계 일류국가"로, 박근혜정부에서는 "국민행복과 국가발전이 선순환하는 새로운 패러다임"으로 삼고 있다.

이상을 바탕으로 하여 목적(goal) 또는 국정과제를 수립한다. 즉 이상을 실천하기 위한 보다 구체적인 국정기조가 목적이다. 예를 들어 이명박정부는 국가비전을 실현하기 위한 철학과 실천규범으로 "화합적 자유주의"와 "창조적 실용주의"를 제시하였다. 박근혜정부에서는 "경제 부흥", "국민 행복", "문화 융성" 그리고 "평화통일 기반"으로 하였다.

추상적인 용어로 표시된 목적을 토대로 구체적으로 정책을 통해 실현하고자 하는 목표(objective)를 설정하게 된다. 예컨대 박근혜정부는 문화 융성이라는 목적을 달성하기 위한 구체적 목표로서 "모두가 누리는 문화", "문화·예술 진흥" 그리고 "문화와 산업의 융화"로 정하였다.

정책(policy)은 목표보다 하위개념으로 국가의 이상을 구현하기 위한 공권력을 지닌 정부의 결정이다. 예컨대, 이명박정부는 "신발전체계 구축"이라는 국가 목표를 달성하기 위한 부분별 정책들을 개발하였는데 그 중 하나는 인재를 양성하여 국가경쟁력을 향상시키기 위한 "인재대국정책"이다. 박근혜정부의 경우 "모두가 누리는 문화", "문화기본법 제정", "생활문화공간 조성", "문화참여 기회 확대 및 문화격차 해소" 그리고 "문화 다양성 증진" 정책을 결정하였다.

'계획'(plan)은 정책보다 더 특정성·구체성을 지니는 결정이다. 따라서 계획은 정책에 비해 적용 대상이나 파급효과가 적다. 계획의 수립과정을 기획(planning)이라고 하는데, 여기서는 정책과정보다 정치적 요인에 대한 고려가 상대적으로 적다. 그러나 실제에 있어 정책과 기획의 구분이 어려운 경우가 많다. 앞의 예에서, 문화참여기회 확대 및 문화격차 해소정책을 달성하기 위하여 국내 관광 활성화계획과 관광산업 경쟁력 강화계획을 수립하였다.

한편 '사업'은 계획보다 하위개념이다. 계획을 구체적으로 실천하기 위한 개별적 업무계획단위가 사업이다. 사업은 다시 규모를 기준으로 '대단위 사업'(program)과 '세부 사업'(project)으로 구분할 수 있다.

이상에서 정책을 목표-수단계층제적 관점에서 설명하였다. 물론 이들 용어는 실제 생활에서는 계획을 정책보다 상위 개념으로 혼용하여 사용하기도 한다. 또한 프로그램이 정책보다 더 넓은 개념으로 사용되기도 한다.

2. 정책의 유형

복잡하고 이질적 요소로 구성된 현상에 대해 인과적 설명을 위한 이론을 만들기가 어려울 때가 많다. 이런 경우에는 몇 개의 구별되는 집단으로 나누어 보면 그 현상의 특성을 보다 용이하게 파악할 수 있다. 마찬가지로 우리는 다양한 특성을 지니는 수많은 정책들을 유형화해 봄으로써 각 정책 유형별 특성을 보다 잘 이해할 수 있다.

사회가 복잡해지고 변화의 속도가 빠를수록 사회문제도 다양하게 발생하며 이를 해결하기 위한 정책도 지속적으로 확대되어 왔다. 정책마다 참여자가 다르며 정책의 내용과 과정도 다르기 때문에 모든 정책을 일반화하여 개념화 하기 어렵고, 과학적으로 분석하기도 어렵다. 이런 점에서 정책을 일정한 기준에 따라 유형화해 보면 정책에 대해 이해하기가 훨씬 수월할 것이다.

그러면 정책을 어떠한 기준에 의하여 유형화할 것인가? 유형화의 기준이 타당성을 지니기 위해서는 먼저 유형간 차이가 명확하고, 각 정책들을 하나의 유형에 포함시킬 수 있어야 한다. 또한 한 유형에 속한 정책은 다른 유형에는 포함되지 않는 배타성이 있어야 한다.

가장 간단한 유형화는 교통·국방·인력·노동 등과 같이 정책내용을 기준으로 하는 것이다. 이렇게 유형화하면 '주택정책은 주택문제에 관한 것', '노동정책은 노동부에서 하는 것'과 같이 정책의 내용 및 주관부서를 파악하기가 쉽다. 그러나 환경정책이나 대북정책과 같이 정책내용이나 주관부서를 파악하기 곤란한 경우도 있을 뿐만 아니라 정책의 특성을 밝히거나 비교하는 데 별 도움이 되지도 않는다. 따라서 정책의 분류는 공통의 특성을 지니는 정책

별로 유형화하는 것이 바람직하다.

정책 유형화에 관해 가장 잘 알려진 사람은 정치학자인 Lowi이다. 그는 정책 유형화를 통해 정치적으로 유의미한 통치의 특성을 파악하고자 했다. Lowi는 정부가 사용하는 강제력(coercion)이야말로 정부의 통치 특성을 파악할 수 있는 가장 유의미한 정치적 사실이라고 보고, 강제력을 "활용가능성"및 "대상"을 기준으로 다음과 같이 네 가지로 유형화하였다.

[그림 1-2]는 정부에서 활용할 수 있는 강제력의 유형을 논리적으로 분류한 것이다. 수직축은 강제력의 활용 가능성(likelihood of coercion)을 나타낸다. 만일 정부기관이 인·허가권이 없다면 그만큼 강제력에서 멀어져 있는 것이며, 보조금이나 서비스를 정해진 절차에 따라 배분하는 권한만 있는 기관은 간접적인 강제력을 행사할 수 있을 뿐이다.

수평축은 정책이 개인의 행위에 대한 것이냐 아니면 행위의 환경에 대한 것이냐에 대한 기준이다. 예컨대, 공정거래법은 불공정거래를 한 행위자에 대해서만 적용되지만, 중앙은행의 지불 준비율 변경은 통화량 조절이라는 경제 환경에 영향을 미치는 것이다.

───── 그림 1-2 Lowi의 정책 유형화 ──────────────

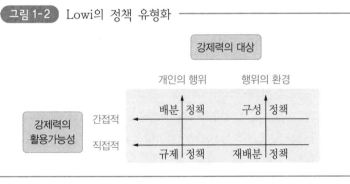

물론 지불 준비율 변경이 은행 이율을 변경시키게 되고 나아가서 개인의 투자전략에 영향을 미치기는 하지만, 이 정책과정에서 정책결정자는 개인의 존재나 그의 행태에 대해 공식적으로 인지할 필요가 없다(Lowi, 1972). 이러한 기준에 따라 Lowi는 정책을 배분정책, 규제정책, 재배분정책, 그리고 구성정책으로 유형화하였다.

'배분정책'은 국가가 자원, 권리, 서비스를 개인에게 배분하는 정책이다. 정책대상이 배분정책에 불응하더라도 정부는 강제적으로 이를 집행할 수 없다. 배분정책은 다른 정책들과 직접적인 연계없이 독립적으로 시행할 수 있기 때문에, 다른 부분과의 갈등이 비교적 적어서 시행이 용이하다.

'규제정책'은 개인에게 재산권 행사나 행동의 자유를 규제하여 반사적으로 공익을 보호하려는 목적을 가진 정책이다. 오늘날에는 이 유형에 속하는 정책들이 가장 높은 비중을 차지하고 있다. 규제정책의 특징은 정책대상자가 특정 개인이나 집단이며, 정책불응에 대해 직접적인 강제력을 행사할 수 있다. 따라서 규제정책을 집행하는 과정에서 행정부의 자의가 개입하지 못하도록 분명한 법적 근거가 있어야 한다.

한편 Salisbury(1968)는 자율규제정책이라는 유형을 설명한다. 그는 의사결정체계와 요구형태를 각각 분산적 · 통합적으로 구분하고, 결정체계는 분산적이면서 고도의 통합된 요구형태인 정책유형으로 자율규제정책을 제시하였다. 즉 자율규제정책이란 규제대상인 개인이나 집단에게 규제기준을 설정할 권한을 부여하고, 때로는 그 집행까지 위임하는 정책이다. 예컨대 청소년의 지나친 게임몰두를 규제하기 위하여 정부가 게임산업의 대표기관에게 게임시간과 비용 등에 관해 자율적으로 규제할 수 있는 권한을 위임하는 정책이다.

Ripley와 Franklin(1980)은 규제정책을 다시 보호적 규제정책과 경쟁적 규제정책으로 구분하였다. 전자는 공정거래법, 식품위생법과 같이 다수의 국민을 보호하기 위하여 개인 행동을 통제하는 정책을 말한다. 이에 비해 후자는 다수의 경쟁자 중에서 특정 개인이나 집단에게 서비스나 재화를 제공할 수 있도록 허용하는 대신에 공익을 위해 서비스 제공과 관련된 규제를 가하는 정책을 말한다. 예컨대 특정 조직에게 항공노선을 허가하거나, 방송국 개설을 허가하거나, 골프장 건설을 허가하는 대신에 그 운영과정에 일정한 규제를 하는 경우이다.

'재배분정책'이란 사회계층이나 집단 사이에 존재하는 소득, 권리, 지위 등의 분포상태를 변화시키는 정책이다. 누진세, 부(負)의 조세(negative tax), 사회보장정책 등이 여기에 속한다. 앞에서 설명한 정책들은 개인을 대상으로 하는데 비해 이 유형의 정책은 계층이나 집단을 대상으로 한다. 즉 특정 개인에게 이익이나 손실을 주기 위한 것이 아니고, 사회적으로 상대적 불이익 계층이나 집단을 위해서 특정 계층에게 재산이나 권력의 손실을 감수할 것을 요구한다. 그래서 계층, 집단간 이해관계가 첨예하게 대립되고 갈등이 많기 때문에 정책과정을 공개하여야 한다.

'구성정책'은 정부기구의 구조와 기능의 변화를 목적으로 하는 정책이다. 이는 새로운 기관의 설립이나 선전 등 정치체계에서 투입을 조직화하고 체계의 구조와 운영에 관련된 정책이므로 정당이 중요한 영향을 미친다.

이 외에 정책이 실체적인 것이냐 아니면 상징적인 것이냐를 기준으로 실체정책(material policy)과 상징정책(symbolic policy)으로 구분할 수 있다(Theodoulou and Cahn, 1995). 실체정책이란 정책대상자에

표 1-1 유형별 정책과정에 있어 참여자의 역할

정책유형	참여자 및 이들의 역할						
	주된 참여자	관련성	안정성	관료·전문가	로비	위원회	행정부
배 분 정 책	개 인	협 력	매우안정	미 미	활 발	결 정 적	보 조 적
규 제 정 책	이익단체	협 상	낮 음	미 미	활 발	창 의 적	보 조 적
재배분정책	중심조직	이념적동질성	안 정 적	미 미	활 발	보 조 적	주 도 적

자료: Lowi(1971, 305); Theodulou and Chan(2012, 18)에서 재구성.

게 보이는 자원이나 실체적인 권력을 제공하거나 인력이나 비용을 징수하는 정책이고, 상징정책은 사회 구성원들이 공유하는 특정 가치를 제공하거나 호소하는 것이다.

Lowi는 정책유형에 따라 참여자의 단위, 참여자간의 관계 그리고 개별 참여자의 역할이 달라진다는 점을 설명하였다. 17개의 정책을 유형화하여 각 유형에 속하는 정책의 참여자와 그들의 역할의 차이를 [표 1-1]과 같이 설명하였다.

배분정책에 있어서 주도적 행위 단위는 개인이며, 참여자간의 관계는 담합적(logrolling)이며 또한 매우 안정적이다. 이 유형에 속하는 대부분 사례에서 관료와 전문가의 역할은 미미한 반면에 로비는 활발하다. 또한 의회의 위원회가 결정적인 영향력을 발휘하는 반면, 행정부는 보조적 역할에 머물러 있다.

규제정책에서는 이익집단이 주된 참여자로 등장한다. 참여자간의 관계는 협상(bargaining)에 의존하며, 관계의 지속성은 대체로 불안정하다. 관료와 전문가의 역할은 분석되었던 다섯 사례 중 한 사례만 높고 나머지 사례에서는 모두 미미하다. 그리고 로비는 두 사례에서는 미미하지만, 나머지 사례에서는 매우 활발하다. 또한

의회의 위원회는 제안된 법안에 대해 대규모 수정을 가하는 등 창의적인 반면에 행정부는 대체로 보조적, 수동적 또는 조정적 역할을 수행한다.

재배분정책의 주된 참여 단위는 협회나 이익집단이고, 참여자간의 관계는 이념적으로 동질성을 지니며, 안정적인 상호관계를 유지한다. 정책과정에서 관료와 전문가의 역할은 상대적으로 미미한 반면, 로비의 역할이 위의 두 정책유형의 중간 정도이다. 그리고 의회보다는 행정부가 주도적인 역할을 수행한다.

Ⅲ. 정책과정

1. 정책과정 연구와 정책내용 연구

정책학은 바람직한 사회상태를 이룩하기 위해 정책과정 및 정책내용을 과학적 방법으로 연구하는 사회과학의 분과학문이다. 이러한 정책학은 크게 두 가지 차원에서 연구할 수 있다. 하나는, 정책과정에 관한 지식을 도출하기 위한 연구이며, 다른 하나는, 정책의 실체적 내용에 관한 연구이다.

많은 정책연구자들은 정책산출에 초점을 맞추고 있다. 이는 정부에서 만든 정책이 사회에 어떤 영향을 미치는지를 분석하고, 바람직한 사회를 위한 정책대안들을 개발하려는 것이다. 이에 비해 일단의 다른 학자들은 정책과정과 정책결과간의 관련성에 대해 연구하고자 한다. 정책과정에 대한 이해를 높이는 것이 정책을 연구하기 위한 좋은 방법이기 때문이다. 물론 정책과정에 대한 이해를 높이면서 정책개발 능력도 아울러 키울 수 있다면 이상적이다. 교육정책에 대한 전문가이면서 정책과정에 대한 깊은 이해를 하고 있는 사람이 교육부 장관을 맡으면 자신의 역할을 성공적으로 수행할 가능성이 높을 것이다.

그러므로 정책학을 공부하기 위해서는 두 방향에 대한 지식을 ― 정책과정에 관한 지식과 정책의 실체적 내용에 관한 지식― 모두 습득해야 한다. 대학에서 개설된 정책학 과목들을 보면 정책과정에 관련된 과목과 더불어 개별 정책에 관련된 과목들도 ― 환경정책, 인력정책, 문화정책 등― 개설되어 있는 경우가 많다. 그러나 본서에서는 정책과정에 대한 설명에 국한하기로 한다. 그리고 정책과정은 정책의제설정, 정책결정, 정책집행, 정책평가 그리고 정책변동이라는 다섯 단계로 구분한다.

2. 다차원적 · 순환적 정책과정

정책결정은 일회성 행사(event)가 아니고 끝없이 지속되는 과정이다(Cairney, 2012). 실제의 정책과정은 한 단계가 끝나야 다음 단계가 작동되는 단일 방향적 · 순차적 과정이 아니며, 앞 단계가 원인이 되어 다음 단계가 도출되어지는 것도 아니다. 정책과정은 한 단계가 끝나기도 전에 다음 단계의 활동들이 시작될 수 있으며, 때로는 둘 또는 그 이상의 단계의 정책활동이 혼합적으로 동시에 이루어지기도 한다. 또한 한 단계에서 이루어진 내용이 다른 과정에 영향을 주기도 하고 또한 다른 단계의 기능적 활동이나 산출물로부터 영향을 받기도 하는 다방향적(multi-directional)이고 순환적(cyclical)인 과정이다.

정책의제설정과정에서 정책문제의 본질을 어떻게 인식하느냐에 따라 정책결정과정에서 대안 탐색의 방향과 범위가 달라진다. 또한 정책결정을 하면서 집행과정에서 발생할 수 있는 문제점들을 고려하지 않으면 그 정책은 성공적인 집행이 어려울 것이다. 집행과정에서는 변화하는 상황에 맞게 정책의도가 달성될 수 있도록 계속적인 정책결정이 이루어져야 한다. 정책평가의 결과는 모든 단계에서 항상 고려해야 한다. 그럼에도 불구하고 정책과정을 순차적 관점에서 단계별로 설명하는 것은 복잡한 정책과정을 단순화함으로써 정책과정에 대해 명료하게 이해할 수 있고, 의사소통을 명확하게 해 주는 장점이 있다.

여기서는 다른 학자들의 정책과정에 대한 설명을 소개하지는 않겠지만, 여러 학자들의 설명에서 대체로 발견될 수 있는 단계와 각 단계별 명칭을 사용하여 정책과정을 설명하고자 한다.

[그림 1-3]은 정책과정의 주요 단계들의 흐름, 각 단계에서 이루어지는 주된 정책활동들 그리고 각 단계에서 정책활동이 성공적으로 이루어졌을 때 기대되는 산출물을 나타내고 있다. 여기서 단계란 특정 정책결과를 도출해 내기 위한 일련의 정책활동들의 집합을 의미한다. 그리고 정책활동이란 정책의 하위 단계에 참여하는 사람들에 의해 이루어지는 구체적인 활동이라 할 수 있다. 마지막으로 산출물은 각 단계의 산출 또는 최종 결과를 말한다.

정책과정은 크게 정책의제설정, 정책결정, 정책집행, 정책평가 그리고 정책변동의 다섯 단계로 나누어진다. 각 단계의 왼쪽 편 연결선들은 한 단계가 다른 단계와 영향을 주거나 받고 있다는 점을 나타낸 것이다.

요컨대 정책과정을 다차원적·순환적 관점에서 볼 때 정책과정

의 한 단계에서의 성공이 반드시 다음 단계에서의 성공으로 이어
지는 것은 아니다. 실제로 앞 단계에서의 정책활동들이 다음 단계
에서 발생될 현상들을 충분히 검토해서 이루어지지 않는 경우도 많
다. 예컨대 어떤 정책문제는 입법부에서의 통과나 다른 부처에서의
비협조를 고려하지 않고 선정될 수 있으며, 아무리 심사숙고하여
결정된 정책이라도 의도한 방향으로 집행되지 못하는 경우도 많다.

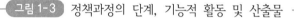

그림 1-3 정책과정의 단계, 기능적 활동 및 산출물

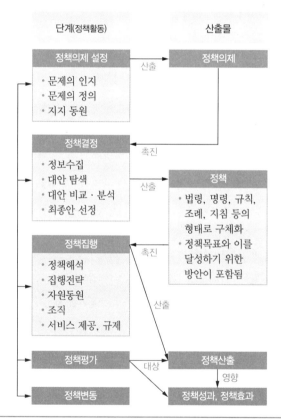

제 2 장

정책과정의 주요 참여자와 역할

정 / 책 / 학

2

정책과정의 주요 참여자와 역할

개 요

정책과정의 참여자는 공식 참여자와 비공식 참여자로 구분한다. 정책과정에서 공식적인 업무영역을 가지고 있는 참여자가 중요하다. 공식적인 참여자에는 대통령, 대통령 참모, 행정기관, 국회, 사법부가 포함된다. 이 장에서는 맨 먼저 관료제 내부의 정치적 행위자로서 직업관료, 대통령 그리고 임명직·선출직 관료에 대해서 '정치적 역할'과 '정치적 자원'이라는 두 측면에서 설명한다.

비공식 참여자로는 정책 네트워크에 포함될 수 있는 이익집단, 언론기관, 시민단체에 대하여 설명한다. 이들은 정책과정에서 공식적인 결정권을 지니고 있지는 않지만 정책과정에 참여하여 행정부를 포함한 주요 공식 참여자들과 상호영향을 주고 받는다. 예컨대, 이익집단이 정부기관에 대해 로비활동을 하지만, 이들 또한 정부기관들로부터 로비활동의 대상이 되기도 한다. 이런 점에서 정부 업무의 특성이나 공익개념이 점차 불분명해지고 있고, 공공목적을 위하여 ―예컨대 환경정책 수립을 위해 정부, 전문가, 시민단체 등으로 구성된― 민관조직이 많아지고 있기 때문에 정부의 안과 밖이라는 구분이 명확한 것은 아니다.

정책과정에서 공식 참여자와 비공식 참여자간의 아이디어 공유나 정보 교환도 점차 빨라지고 있다. 또한 전통적으로 정부관료의 의식구조나 행태로서 인식되어 왔던 특성들이 점차 사라지고 있다. 그럼에도 불구하고 정부의 내부와 외부의 구분은 여전히 중요한 의미를 지닌다. 정부 관료는 법에 의한 공식적인 권위를 가지고 있는 반면, 정치적 환경을 구성하는 집단은 행정업무에 관한 공식적 결정권이 없기 때문이다.

Ⅰ. 정책과정의 공식 참여자들과 그들의 역할

1. 직업관료

1) 정치적 역할

관료는 정책과정에서 주도적 역할을 담당하며, 관료들이 선택한 결정은 많은 사람의 이해관계에 큰 영향을 미친다. 의제설정과정에서 고위 관료가 특정 정책의제를 최우선적으로 고려한다면 다른 참여자들도 주목하게 되며, 주요 참여자가 발의했더라도 행정부가 받아들이지 않는다면 의제화 될 가능성은 낮아진다. 대통령은 임명직 공무원을 지배하고, 임명된 정무관은 직업관료를 통제하는 기제로 이루어져 있지만, 실제에 있어 직업관료가 정책결정 및 집행과정에서도 중요 역할을 담당한다.

관료(제)는 정책과정의 중요한 구성원, 권력의 중심, 변화의 역군, 이익의 결집자 등의 역할을 수행하고 있다. 관료제는 이러한 역할을 잘 수행하기 위하여 계층제를 구축하고 있다. 즉 관료제는 하향적 모형(top down model)에 입각한 수직적 역할 배분이 잘 이루어져 있다. 관료는 계층제 원리에 입각하여 법령이나 상관의 명령에 따라 업무를 수행하기도 하지만 실제의 정책과정에서 자신의 정치적인 이해관계도 고려한다. 관료는 공익을 위해 봉사한다는 목표 외에도 다양한 욕구를 지니고 있다. 즉 관료는 권력, 수입, 위신, 안전, 국가에 대한 충성, 업무에 대한 긍지 그리고 공익에 대한 봉사 등 다양한 욕구를 지니고 있다.

관료는 행정부의 내·외부 조직들과 관계 속에서 고유한 정치적 역할을 담당한다. 관료는 공익을 달성하고자 하는 기본적 욕구 외에도 다양한 욕구를 지닌다. 즉 관료는 업무를 성공적으로 수행함으로써 상관으로부터 인정을 받고 이를 통해 승진의 기회를 얻고자 하는 욕구, 보다 중요한 업무를 맡고 싶은 욕구, 자신이 속한 조직이 확대되고 강해지기를 바라는 욕구 등을 가지고 있다. 다양한 관계 속에서 자신의 목표를 달성하려는 관료의 욕구는 기본적으로 다음과 같은 두 요인에서 기인된다.

하나는, 영역 확장에 대한 욕구이다. 다양한 관계 속에서 특정 업무를 담당하는 관료는 다른 참여자와 업무적으로 관련된 공간(space)에서 일정한 영역을 점유하고 있는 셈이다. 원래 영역(territory)의 개념은 동물행동에 관한 연구에서부터 발전되었다. 동물학자의 연구에 의하면, 동물이 차지하고 있는 영역의 크기는 그 동물이 필요로 하는 음식의 양 그리고 점유동물의 힘과 공격성에 달려 있다고 한다(Toobaie and Grant, 2013; Parker and Parker, 1992). 동물학자의 이러한 관찰결과를 관료행태에 원용하여 설명할 수 있다. 즉 다양한 참여자들에 의해 수행되는 행정업무를 업무공간으로 보면, 공간은 다시 개별 참여자들이 차지하고 있는 영역권(Territorial Zones)으로 구성되어 있다. 여기서 관료의 영역권은 행정업무공간에서 관료가 발휘할 수 있는 영향력의 크기이다.

그런데 관료의 영역권에 있어 중요한 특성은 경계의 불명확성이다. 관료 영역의 불명확성은 업무 수행과정에서 나타나는 상호 의존성에서 야기된다. 행정업무란 한 부처에서 결정하고 이를 집행하면 되는 경우란 거의 없다. 하나의 업무를 처리하기 위해서는 관련된 많은 기관들로부터 협조를 받아야만 한다. 그렇기 때문에 어떤 업무의 주관부서라 할지라도 그 기관이 단독적으로 결정할 수 없으며, 다른 기관과의 관계나 결정을 고려해야만 한다. 또한 관료는 ─ 특히 상급관료계층에서 ─ 자신의 영역을 확장하려는 욕망이 있다. 영역의 경계가 불명확한 상황에서 영역을 확장하려는 욕망을 지닌 관료간의 영역싸움은 필연적이다. 더욱이 보상과 승진이 정책목표의 달성정도나 사회적 공헌과 같은 질적인 기준에 의하기보다는 상급 감독자에 의해서 결정될 때 영역싸움은 더욱 빈번해진다.

다른 하나는, 상대방에 대한 몰이해와 부처이기주의이다. 행정 부서는 고유한 업무기준이나 조직문화를 지니고 있기 때문에 특정 부서는 다른 부서와 정책목표나 목표의 달성방법에 대해 서로 상충되거나 반대적 입장을 보이는 경우가 많다. 설령 정책결정과정에서 비교적 쉽게 동의를 이끌어낼 수 있더라도, 집행방법에 대해서는 합의를 이루기가 어려운 경우도 많다. 또한 의제설정단계나 정책결정단계에서 잠재되어 있었거나 인식되지 못하였던 이해관계의 상충이 집행단계에서 표면화되기도 한다.

2) 정치적 자원

관료의 정치적 영향력의 원천을 세 가지 측면으로 나누어 볼 수 있다.

관료의 가장 큰 정치적 자원은 재임기간의 '장기성'(長期性, longevity)이다. 직업관료는 직업공무원제도에 의해 신분이 보장되어 있어 재임기간이 장기적이다. 직업관료는 대통령, 임명직 관료 또는 국회의원에 비해 상대적으로 오랜 기간 공직에서 활동할 수 있다. 그러므로 상대적으로 임기가 짧은 정무관은 새로운 정책의제나 장기적인 정책 개발을 위해 관료들을 통제하는 데는 한계가 있다.

관료들은 정권이 바뀌거나, 새로운 최고정책결정자가 급진적 개혁을 시도하거나 또는 관료적 이익에 상충되는 정책을 추진할 경우에는 보다 우호적인 상관이 올 때까지 소극적으로 업무를 수행하기도 한다.

두 번째 관료의 자원은 '전문성'이다. 직업관료는 소관 업무를 오랫동안 다루어 왔고, 이익집단과 국회 상임위원회와도 오랜 관계를 유지해 왔기 때문에 업무 수행방법을 터득하고 있다. 또한 관료는 행정업무와 관련된 중요정보의 흐름을 통제하고 있다. 물론 관료만이 전문성과 정보를 독점하고 있는 것은 아니지만 상대적으로 광범위한 정보와 오랜 경험에서 형성된 실무지식과 기술을 지니고 있다.

직업관료의 마지막 자원은 국회와 이익집단을 포함하여 행정공간에서 활동하는 다양한 참여자들과의 교류를 통해 형성된 '관계' (relationship)이다. 관료는 대체로 자신이 봉사하는 대상집단이 있으며, 또 업무적으로 연관된 국회 상임위원회가 있다. 이 삼자간의 — 관료, 상임위원회 그리고 이익집단 — 관계는 흔히 '철의 삼각관계(the relation of Iron Triangle)'라 일컫는다. 철의 삼각관계란 정책과정에서 행정관료, 의회 위원회, 그리고 관련 이익집단이 상호간의 이해관계를 보호하기 위하여 밀접한 관계를 형성하고 있는 현상을 말한다. 비록 대통령이라 하더라도 이들의 관계에 파고들기가 어려울 만큼 외부로부터 이 세 집단의 관계를 통제하기 어렵다는 의미이다.

2. 대 통 령

1) 정치적 역할

대통령은 국민 통합의 상징, 정치결사체의 중심 인물, 국가적 비전이나 과제 제시자, 정책 조정자 등 다양한 역할을 담당해야 하는 정부조직의 매우 중요한 존재이다. 특히 행정수반으로서의 대통령은 정부조직 내의 어떠한 참여자보다 정책과정에서 차지하는 역할이 크고 중요하다. 또한 대통령은 국무회의를 주재하거나 국회와의 관계 등을 통해 사회문제들 가운데 어떠한 문제가 중요하며, 정부가 이를 어떻게 해결해야 할 것인가를 결정하는데 있어 다른 참여자에 비해 훨씬 큰 영향력을 발휘한다.

대통령은 자신의 철학, 자신과 자신이 이끄는 정당의 정치적 이해관계 등을 고려하여 국정방향과 정책을 제시한다. 또한 자신이 추구하는 정책의 정당성을 국민에게 알리고 설득해야 하고, 추구하는 정책이나 법령이 통과되도록 야당을 포함한 국회와의 관계를 원만히 이끌어야 한다. 그러나 대통령이 모든 정책과정을 통제할 수는 없다. 정책유형과 정책과정에 따라 대통령의 영향력에 차이가 있다. 예컨대, 물가 등 경제정책보다는 대북정책이나 대미관계와 같은 외교정책에 대통령의 영향력이 더 많이 미친다. 그리고 정책과정의 측면에서 보면, 대통령은 정책의제설정과정에 가장 많은 영향을 미치고, 정책결정과정과 정책집행과정의 순으로 영향력이 줄어든다(Kingdon, 2011).

한편 대통령의 영향력은 대통령의 개입 여부 및 정도에 따라 달라진다. 대통령은 선거공약, 연두교서, 국무회의, 간담회 등에서 정책의제를 제기하기도 하고, 정책결정이나 집행 방향을 제시하기도 한다. 또한 의회에서 의결된 사항에 대하여 거부권을 행사할 수도 있다. 갈등을 해소·조정하는 협상력, 결단의 과단성, 미래 예측능력, 균형된 판단력 등 대통령으로서 갖추어야 할 리더십을 어느 정도 발휘하느냐에 따라 영향력은 달라진다.

2) 정치적 자원

정책과정에서 대통령이 발휘하는 정치적 역할이 어떤 다른 참여 자보다 큰 것은 대통령으로서 지니는 정치적 자원이 참여자들 중에서 가장 크기 때문이다. 대통령의 정치적 영향력이 가장 큰 첫 번째 이유는 제도적 자원이다. 대통령은 헌법에 의거한 거부권과 임면권을 가지고 있다. 국회에서 의결된 법률안이라도 대통령은 거부권을 행사하여 재심의를 요구할 수 있다. 또한 대통령은 정부 조직 내에서 장관을 포함한 핵심 공직에 자신의 뜻을 실천할 수 있는 사람을 임명할 수 있다. 만약 대통령이 임명한 사람이 효율적으로 국정을 운영하지 못한다고 생각하면, 그를 파면시킬 수도 있다.

두 번째 정치적 자원의 원천은 조직의 힘이다. 국회나 법원에 비해 행정부의 조직은 단일적 의사결정체계의 특징을 지닌다. 대통령의 관료조직에 대한 지나친 영향력을 우려하는 논의들이 많음에도 불구하고, 정치적 중립을 표방하는 관료조직은 실제에 있어 대통령의 관심을 최우선 순위로 하여 업무를 수행하고 있다.

세 번째 정치적 자원은 공중의 여론을 환기하는 능력이다. 대통령은 사회여론을 이끄는 능력이 크며, 사회문제들 중 특정 문제를 가장 시급히 해결해야 할 과제로 지목한다. 그리고 국가가 나아가야 할 방향을 국민들에게 제시하고, 이에 대한 언론기관이나 여론의 반응을 통하여 국회나 행정부에 영향을 미친다.

마지막으로, 대통령은 특정 문제에 직접 관여하여 문제 해결을 주도한다. 대통령이 서면이나 담화를 통해 특정 문제에 대해 언급을 하면 이는 형식적인 언급 이상의 정치적 영향력을 발휘한다.

3. 임명직 및 선출직 공무원

1) 정치적 역할

장관, 청장, 국가정보원이나 감사원 그리고 금융감독원 원장 등 임명직 관료와 지방자치단체장과 같은 선출직 공무원은 자신이 관할하는 부서 또는 지역의 최고 정책결정자이다. 이들은 정책과정에서 공식적인 정책결정권을 가지고 있을 뿐만 아니라 막강한 정치적 영향력을 지니고 있다. 이들은 자신의 조직을 통괄하고, 다른 부처와의 연관된 업무를 추진하는 과정에서 조직의 입장을 대변하고, 청와대와의 긴밀한 관계 속에서 정책 조정자로서의 역할을 담당한다. Kingdon(2011)은 정책의제설정과정에서 대통령과 행정부의 비중을 거의 같은 수준으로 분석하였다.

그런데 특히 임명직 공무원은 관료조직에 의해 포획되거나, 관료조직의 역사나 관습에 의해 활동의 제한을 받을 가능성이 높다. 어떤 조직이든지 조직의 역사, 명성, 과거 업적에 의해 형성된 고유한 조직문화를 형성하고 있다. 또한 시민이나 이익집단 또는 다른 정부기관들이 그 조직에 대해 어떠한 역할을 해 줄 것이라는 기대를 가지고 있다. 임명직 공무원은 직업관료에 비해 임기가 짧고 전문성도 낮기 때문에 현실적으로 조직문화나 외부의 기대에서 크게 벗어난 결정을 하기 어렵다. 때때로 전문성을 지닌 인사가 최고 정책결정자로 임명되기도 하지만, 임기가 직업관료나 중진 국회의원에 비해 상대적으로 짧기 때문에 관료조직을 통솔하는데 있어 한계가 있다.

또한 관료조직은 소관업무를 수행하는 고유한 방법이나 기술을 축적하고 있기 때문에 최고 정책결정자라 하더라도 조직에서 이미 확립된 표준운영절차, 업무 분장이나 승진순위, 업무 처리방식으로부터 자유롭지 못하다. 이러한 한계로 인해 계층제 조직에서 공식적으로는 상관의 위치에 있음에도 불구하고 실제로는 자신의 부하를 통제하지 못하는 사례들도 많다. 때로는 임명직·선출직 공무원은 직업관료로부터 자문을 받아야 하는 경우도 많다. 그런데 자문을 하는 관료는 일반적으로 조직의 이해관계에 치중하는 한정적 시각을 지니고 있기 때문에 임명직 및 선출직 공무원이 조직의 큰 변화를 시도하려는 경우 종종 한계에 부딪힌다. 더욱이 직업관료는 정치적, 행정적 또는 기술적 요인을 모두 고려할 수 있는 능력이 부족할 뿐만 아니라 조직이 지닌 근본 문제의 개혁에 관한 조언을 하지 않으려 하는 경향이 있다(Heymann, 1989).

그러므로 임명직·선출직 관료는 추진하고 있는 정책의 특성, 업무 추진상황, 조직의 능력, 관련 조직이나 지역의 관심과 영향력을 가능한 빨리 파악하는 것이 바람직하다. 그리고 임명직 관리자는 자신의 임명권자로부터, 선출직 공무원은 지역 주민으로부터 정치적 지지를 지속적으로 확보하는 데도 많은 노력을 기울여야 한다. 아울러 이들이 자신의 역할을 잘 수행하기 위해서는 국회(지방의회), 다른 부처, 언론이나 이익집단 그리고 시민집단 등과 정치적 관계를 충분히 고려해야 한다. 마지막으로 자신이 속한 대규모 행정조직을 효율적으로 이끌 수 있는 지도력이 있어야 한다.

이와 더불어 임명직·선출직 공무원은 자신의 역할을 수행하는 과정에서 다음과 같은 의무를 지닌다.

첫째, 임명직 관료는 임명권자의 명령을 단순히 수행하는 것이 아니라 그 이상의 역할을 담당하게 된다. 조직목표를 설정하는데 도움을 주어야 하고, 대통령의 공약을 포함한 상위정책 및 다른 부서들의 정책과 자신이 속한 부서의 정책을 조율하고, 정책과정의 공식·비공식 참여자들과 업무를 조정하는 역할을 수행해야 한다.

둘째, 최고 정책결정자의 의무는 법을 준수하는 것이다. 입법부에서 이미 만든 법은 물론 사법부의 판결에도 어긋나지 않아야 한다.

셋째, 조직의 전통이나 가치를 따라야 하며, 다른 조직이나 개인과 맺어온 공통의 이해관계를 급격하게 변화시키지 않는 것도 최고 관리자가 가져야 할 의무이다.

❖ 직업관료에 대한 통제의 어려움에 대한 사례

미국의 어느 부서 장관이 부하관료를 통제하기 어려웠던 일화를 다음과 같이 설명했다(Kingdon, 2011). "내가 그에게 X방안을 이야기 하지만, 그는 Y방안을 선호하는 것 같았다. 그 후 그를 다시 불러 X를 하도록 명령하자, 그는 Y를 추진해야 하는 불가피성을 역설하였다. 결국 마지막에는 나는 Y를 받아들이는 것이 낫겠다는 결론을 내렸다."

우리나라에서는 미국과는 달리 유교적 전통으로 하의상달이 자유롭지 못하기 때문에 장관이 부하에 대한 통제의 어려움이 상대적으로 적을 것이다. 그러나 부하는 법적 책임을 지게 될 경우가 아니고는 장관에 직접 반대하기보다는 다른 사람을 통해 우회적으로 전달하는 등의 방법을 사용하는 경우가 많다.

2) 정치적 자원

선출직 공무원의 경우, 자신이 지닌 권위의 원천은 '선거'이다. 또한 대통령과의 관계, 정당에서의 위치와 역할 등에 따라 그의 정치적 영향력이 달라진다. 그러므로 선출직 공무원은 자신의 활동이 선거구민에 미치는 영향이나 이들의 반응에 많은 관심을 가질 뿐만 아니라 대통령과 정당으로부터 지속적인 후원을 얻으려 노력한다.

임명직 공무원의 정치적 자원은 임명자의 '정치적 후원'이다. 이들은 대통령의 지지와 관심을 얻기 위해 자신에게 부여된 임무를 완수하려는 도덕적·정치적 동기를 지니고 있다.

4. 국   회

1) 정치적 역할

입법부와 행정부의 관계는 견제와 균형의 관계이다. 국회가 입법권을, 행정부가 집행권을 담당하도록 권력을 분립하고, 서로 견제할 때 권력의 균형이 유지될 수 있다는 '삼권분립 원리'는 오늘날에 있어서도 그대로 적용된다. 그러나 두 기관은 상호 견제관계인 동시에 협조관계이기도 하다. 국회에서 행하는 활동은 직·간접적으로 행정부에 영향을 미치기 때문에 행정부로서는 국회의 운영체계나 국회의원의 특성에 대해 이해하고 이들과 협력관계를 유지하고자 노력해야 한다. 국회 역시 행정부의 지원 없이는 정책활동을 수행하기 곤란하다. 우선 행정부에 영향을 미치는 국회의 중요 활동들을 살펴보면 다음과 같다.

첫째, 국회는 행정부가 사용할 예산액을 심의·확정한다. 더 많은 예산을 확보하고자 하는 행정부는 국회의 예산 심의과정에서 자신의 입장을 반영시키기 위하여 적극적인 로비를 하게 된다.

둘째, 국회는 법률안을 제·개정한다. 행정부는 국회가 만든 법률안에 따라 정책을 집행해야 한다. 또 국회가 행정기관의 권한 축소에 관한 법률안을 만들면 행정부는 이에 따라 기구나 인원을 감축하여야 한다.

셋째, 국회는 국정감사나 청문회 등을 통해 관료(제)의 정책 내용과 과정에 대해 평가하고, 정책 실패 또는 부정을 밝힌다.

넷째, 국회는 헌법이 정한 특정한 정부의 행위를 승인하거나 거부할 수 있다.

다섯째, 국회는 다양한 이익집단들의 이익을 수렴하거나, 특정 이익집단을 대변하기도 한다. 행정부도 국회에 정책방향을 설명하고 국회가 입법이나 예산 책정 등을 통해 지원해 주도록 설득할 필요가 있다.

그러나 국회가 이러한 일들을 항상 잘 수행하고 있는 것만은 아니다. 국회가 의결한 법률안에 대하여 대통령이 거부권을 행사할 수 있으며, 야당의 반대로 인해 법률안이 상정되지 못하거나 위원회와 본회의에서 심의되지 못하는 경우도 있다. 일반적으로 행정 관료에 비해 국회의원은 전문성이 낮기 때문에 형식적인 질책에 그치거나 호통을 치고 마는 경우가 빈번하다. 그리고 행정부의 반대로 인하여 각종 위원회에 의원입법안이 상정되어도 통과되지 않고 계류되거나, 법이 통과되더라도 법 집행을 위한 시행령이 만들어지지 않아 사문화되는 경우도 있다. 그럼에도 여전히 국회는 국민의 대표기관으로서 행정부를 통제하는 입장에 있고, 다양한 통제권한을 가지고 있다. 행정부로서는 이러한 국회 운영의 특성을 파악하고 이에 적절히 대처할 필요가 있다.

2) 국회의 정치적 자원

국회가 지닌 첫 번째 정치적 자원은 법적 권한이다. 선거를 통해 선출된 국민의 대표자인 국회의원으로 구성된 국회는 헌법에 의해 법률안을 제안·수정하거나 행정부의 예산을 삭감할 수 있는 법적 권한을 지니고 있다. 사회문제 해결을 위해 행정부가 주도적으로 정책의제로 채택하여 정책으로 결정하기도 하지만, 국회의원이 발안하고 법률로 제정하는 경우도 많다.

두 번째 자원은 가공할 만한 공개성(publicity)이다. 국회는 사회적 현안 심의, 청문회 개최, 연설 등의 다양한 정치활동을 한다. 이러한 활동은 언론을 통해 시민이나 이해관계자들에게 전달되어 여론을 형성시킨다. 또한 국회의원의 활동은 언론매체를 통하여 효과적으로 홍보된다.

세 번째 자원은 국회가 수집하고 있는 다양한 정보이다. 일반적으로 국회가 가지고 있는 정보는 행정부의 오랜 경험을 통해서 또는 연구기관의 체계적인 연구에 의해 만들어진 정보에 비해서는 전문성이 낮다. 하지만 국회는 이익집단이나 시민 또는 지역구민 등 다양한 정보원으로부터 정보를 수집하기 때문에 매우 다양하고 현실적인 정보가 많다. 국회의 역할은 다양한 관점과 이해관계에 의해 산출된 각종 정보를 수합하고 이에 대해 정치적 판단을 하는 것이다. 국회에서 다루어지는 정보는 다양하지만 때로는 체계적인 수집과정을 통하여 획득된 것이 아니기 때문에 전문성이 낮고, 또한 정보원(the source of information)의 신뢰성이 낮은 경우도 있다.

국회가 행정부에 관한 전문적 정보를 확보하기 위해서는 입법 활동을 지원하기 위한 제도를 확충할 필요가 있다.

마지막으로 국회의원의 장기성이다. 물론 단임으로 끝나는 국회의원도 많고 직업관료에 비해서 근무 연한도 짧지만, 재선 또는 그 이상의 중진의원들은 임명직 공무원이나 대통령에 비해 더 오랜 기간 동안 국정에 참여하게 된다. 이러한 국회의원직의 장기성으로 인해 정책의 일관성이나 행정부와의 관계에 대한 경험을 축적할 수 있다.

❖ 회계감사국(General Accounting Office: GAO)

미국 국회에서 행정기관들에 대한 회계 검사 및 사업 평가를 실시하는 기관이다. GAO는 우리나라의 감사원처럼 회계 검사, 경제성·능률성 감사, 성과·효과성 감사 등의 활동을 한다. 감사원은 대통령 직속기관이지만 GAO는 국회 소속이며, 감사원이 회계 검사에 치중하는 데 반하여 GAO는 성과·효과성 감사에 많은 업무를 할당하고 있다. GAO는 중요한 프로그램들만을 평가하며, 심사 분석결과는 관련 의원들에게 보고되는 동시에 관련 부처에 시정방안을 권고한다. 부처는 권고 받은 사항에 대하여 그 조치결과를 주기적으로 보고하게 되어 있다.

3) 국회와 행정부와의 관계

행정부의 입장에서는 국회가 어떠한 원칙에 의해 움직이고 있으며, 이들이 구사하는 전략은 어떠한가를 이해하는 것이 대단히 중요하다. 그러나 이를 체계적으로 설명하기는 대단히 힘들 뿐만 아니라 오랜 연구가 필요하다. 여기서는 국회의원의 공통적인 동기 요인들을 살펴보고, 국회에 영향을 미치기 위한 행정부의 전략에 대하여 설명한다.

(1) 국회의원의 기본적 동기요인들

국회의원은 많은 집단들과 —예컨대, 정당, 위원회, 정치적 신념, 특정문제에 대한 공통적 견해, 출신지역 및 학교— 사회적·정치적으로 상호 연관되어 있다. 상호 연관된 각 집단은 국회의원에게 자신의 입장을 대변 또는 이해시키거나, 전략적 연대를 하고자 한다. 그런데 문제는 국회의원에 대한 각 집단의 요구가 상충되는 경우가 많다는 것이다. 이런 면에서 국회의원의 의정활동은 자신의 욕구와 상충된 외부의 요구들을 조정하는 과정으로 볼 수도 있다. 국회의원이 투표, 정치적 견해 표명, 특정 집단(개인)과 정치적 관계 형성 등의 정치활동을 하게 하는 동기부여 요인은 개인과 사안에 따라 다양하겠지만, 공통적인 요인들을 다음과 같이 네 가지로 분류해 볼 수 있다. 국회와 밀접한 관계를 유지하기 위해서는 적어도 이러한 국회의원의 공통적 욕구들을(needs) 이해하고 이들을 가능한 한 충족시킬 필요가 있다.

가. 좋은 정책에 대한 자신의 철학 실현

국회의원은 특정 의안의 가치에 대한 자신의 판단에 근거하여 찬성 또는 반대 입장을 취할 것이다. 국회의원은 누구나 좋은 정책에 대한 자신의 철학이 있으며, 이를 의정활동을 통해 실현시키고자 할 것이다. 좋은 정책에 대한 판단의 기준은 얼마나 국가와 지역구에 이익이 될 것인가 또는 안건이 통과될 경우 초래할 결과에 대한 자신의 예측 등이 될 수 있다. 때로는 국회의 결정이 여러 집단간에 미칠 수혜 및 부담 정도, 즉 공정성을 판단의 기준으로 삼을 수 있다. 그러나 국가나 지역구의 이익 혹은 특정 집단이 부담할 이익 또는 손실이 무엇이며 그리고 어느 정도인지 명확하지 않은 경우도 많기 때문에 자신의 판단이나 신념을 명확히 하기 곤란한 경우도 많을 것이다. 그래서 누가 제안했으며 그것이 누구에게 유리할 것인가를 판단의 기준으로 하거나, 자신과 가까운 집단이나 소속 정당의 방침, 의안에 소요될 비용의 규모 등을 고려하여 판단하는 경우가 많다(Heymann, 1989).

나. 정치적 지원: 선거에서의 승리

국회의원의 중요한 정치적 목표들 중의 하나는 지역주민을 만족시키는 것이다. 국회의원은 자신의 의정활동을 지역주민에게 알려 국회의 공개성을 이용하여 지속적인 정치적 지원을 얻어 다음 선거에서 승리하려는 욕구를 지니고 있다. 때로는 선거활동에 도움을 주거나 정치활동에 필요한 재정적 지원을 담당하는 이익집단과 선거구민의 욕구가 상충되는 경우도 있을 수 있는데, 이러한 경우는 국회의원의 조정능력과 선거에의 영향력에 대한 판단에 의해 행동할 것이다.

다. 정치적 명성

국회의원은 소속 정당에 충성심을 가지고, 당의 기본 정책과 명령을 존중하고, 국가기관으로서의 위치와 영향력을 — 특히 자신의 행동이 소속 정당에 미칠 영향 — 고려하여 처신할 의무가 있다. 이러한 의무와 더불어 국회의원은 정당 내에서 자신의 위치를 확고히 하고 영향력을 증대하려는 욕구를 가진다. 위원회에 배속되어 자신의 전문성 증대 및 다른 의원들과의 친분을 쌓고자 하며, 당의 중요 보직을 맡거나 중진으로서 성장하고자 하는 욕구를 지닌다. 또한 중요 사회문제를 제기하고, 이를 해결하는 과정에서 주도적인 역할을 함으로써 정치적 명성을 쌓고자 하는 욕구가 있다.

라. 국회의 발전적 변화

국회의원은 국회의 입법과정이나 국회의 규칙 또는 문화를 발전적 방향으로 변화시키고자 하는 욕구에 의해 동기부여 되기도 한다. 국회의원은 자신뿐만 아니라 소속위원회 나아가 국회 전체의 대표성과 전문성을 높이기 위해 노력한다. 나아가 많은 안건을 제약된 시간 내에 처리할 수 있는 효율적 방법을 모색하기도 하는 등의 노력은 이러한 요인의 발로이다.

(2) 행정부의 국회에 영향력을 행사하기 위한 전략

행정부가 국회의 의안이나 예산안 심의과정에 자신의 요구가 반영되도록 하기 위해서는 우선 관련 국회의원들을 설득해야 한다. 설득을 위해서는 위에서 설명한 국회의원의 동기요인들의 전부 또는 일부가 충족될 수 있는 전략을 세울 필요가 있다. 행정부가 국회에 영향력을 미치기 위해서는 국회의원의 의정활동을 몇 단계로 구분하여 각 단계별로 전략을 세워야 한다.

맨 먼저 특정 정책안에 대한 개인적 선호가 결정되지 않은 단계이다. 그러나 국회의원은 소속 정당의 방침이나 개인의 정치적 철학이 있기 때문에 특정 문제가 공식적으로 거론되기 전에 이미 자신의 견해를 가질 수 있다. 행정부가 국회의원의 철학을 바꿀 수는 없지만, 행정부에서 추진하고 있는 정책이 자신의 철학과 상통하는 '좋은 정책'이라는 점을 이해하고 정부안을 지지하도록 해야 한다.

다음으로 상임위원회에서 의안이 심의되는 단계이다. 대개 정부 부처별로 관련된 상임위원회가 있으므로, 해당 상임위원회 위원들에게 행정부의 정책방향을 설명하고 관련 정책자료를 제공하는 등 국회의원의 위원회 활동에 도움을 주어야 한다. 또한 각종 위원회의 —예컨대, 법안심사소위원회, 예산결산위원회— 위원장과 위원들과 원만한 관계를 유지하여 행정부의 의지가 관철되도록 노력해야 한다. 위원회에서는 간사위원이 의안의 상정시기를 조정, 위원회 회의진행 및 의결에 중추적인 역할을 하기 때문에 이들과 긴밀한 협조체계를 유지해야 한다. 행정부는 국회의 반대를 피할 수 있는 내용이나 용어를 선별하여 국회에 제출하고, 제출된 내용도 협의과정에서 일부 수정되거나 법률로 제정될 가능성이 없을 경우에는 중단되기도 한다.

마지막으로 여당 정책위원회에서 각 부처를 담당하는 전문위원들에 대한 적극적인 정책 협력 및 실무 협의를 하는 단계이다. 행정부의 각 부처는 주요 정책, 법률안 제정, 시행령 및 시행규칙의 제·개정을 위해 여당 정책위원회와 당정협의회를 개최하는 등의 사전 조율을 하게 되어 있다. 여러 부처에 관련되거나 매우 중요한 현안들에 대해서는 국무총리와 관계부처 장관, 여당 총재단 및 정책위원회 간부들이 참석하는 '고위 당정협의회의'를 개최하여 정책 조율을 해야 한다.

❖ 법안심사소위원회와 예산결산위원회의 구성과 기능

법안심사소위원회는 보통 각 상임위원회에서 상정된 법안들에 대하여 심도 있는 논의를 위해서 여야간 보통 3 : 3 비율로 이루어지며, 위원장은 대개 여당 간사위원이 담당한다.

예산결산위원회는 예산(안) 최종심의를 위해서 여야의원 약 50여명으로 구성되는데, 특히 국회가 최종적으로 예산(안)을 확정짓는 계수조정회의가 중요하다.

II. 정책과정의 비공식 참여자들과 그들의 역할

1. 이익집단

1) 개념 및 기능

이익집단(interest group)은 압력단체(pressure group)라고도 한다. 압력단체는 행정부에 그 의사를 반영시키고자 행사하는 수단에 중점을 두는 개념인 반면, 이익집단은 집단의 이익과 이익의 표출과정을 보다 강조하는 개념이다. 이익집단은 특정의 가치나 이익을 유지·향상시키기 위하여 정부에 영향을 미치고자 노력하는 집단이다.

이익집단은 특정한 정책문제에 대해 자신의 견해나 태도를 밝히거나, 언론 등을 통해 시민에게 자신의 주장의 가치나 근거를 확산시키려 하며, 정부의 현존 정책의 수정을 요구한다. 나아가 공기업이나 기업 및 산업별 노동조합의 경우에서 볼 수 있듯이, 자신의 이익이나 기득권을 침해할 가능성이 있는 새로운 정책의제나 정책결정에 대하여 반대하는 활동을 한다. 그러나 이익집단이 사회적 이슈를 만든다 해도, 이슈가 되고 난 후에 대안 검토나 정책결정과정에 직접적인 영향을 미칠 수는 없다.

이익집단의 활동은 정부가 특정 의제나 정책 대안에 관심을 가지게 하여 긍정적 영향을 미친다. 행정부는 이익집단들의 다양한 이익이 수렴될 수 있도록 이들의 참여를 제도화하고, 다양한 이익에 대한 조정자로서의 역할을 함으로써 소수의 이익에 편중되지 않은 균형 잡힌 정책을 수행할 수 있다. 그러나 이익집단의 활동주체가 사회 상위층이나 기득권에 치우쳐 있어서 조직화가 어려운 집단이나 빈민층의 요구가 무시될 가능성이 있다. 이와 더불어 로비에 사용되는 불미스러운 기법으로 이익집단의 영향력을 확대시킬 가능성 등 역기능에 대해서도 주의해야 한다.

2) 이익집단의 유형

행정부와 상호작용하는 이익집단은 그 수가 많을 뿐만 아니라 형태도 다양하다. 따라서 이들을 구성원의 직업, 이들이 추구하는 이익의 성격, 집단의 규모, 활동방식 등을 기준으로 분류해 볼 필요가 있다.

이익집단의 구성원의 특성을 기준으로 하면 가장 높은 비율을 차지하는 유형은 기업 및 산업부문의 이익집단이다. 이러한 이익집단은 급료, 직업 안전 등과 같은 물질적 편익을 획득하는데 목적이 있다. 그 다음으로 많은 것은 조직화된 근로자단체(한국노총, 민주노총, 전국공무원노조 등), 전문가단체(의사회, 약사회 등)이다. 최근에는 정부 관료들에 의한 —특히 지방자치단체장— 로비활동도 점차 많아지고 있다. 이들은 중앙정부의 정책에 지방자치단체의 이익을 반영시키거나 중앙정부로부터 더 많은 예산을 할당받기 위해 노력한다. 한편 소비자단체나 환경단체와 같은 '공익 이익집단'도 있다. 이들은 보건, 환경, 인권, 정부 감시 등의 활동을 통해 공익 또는 시민의 이익을 증진시키기 위하여 정치적·도덕적 가치를 공론화하거나 정부활동에 영향을 미치고자 노력한다.

3) 이익집단의 활동방식과 활동대상

(1) 활동방식

이익집단의 활동방식은 매우 다양하다. 어떤 활동은 행정기관이 제도적으로 보장하거나 법규에 의해 허용된 활동이 있는가 하면, 때로는 법으로 금지되어 있는 경우도 있다. 즉 이익집단의 활동은 합법성을 기준으로 합법적 활동과 비합법적 활동으로 구분할 수 있다.

합법적 활동은 정책과정에 이익집단의 참여가 법적으로 보장된 활동이다. 이는 다시 공식적 활동과 비공식적 활동으로 구분할 수 있다. 정부와 이익집단이 공동 참여하는 간담회·공청회·위원회 출석, 민원 제기, 이의 신청, 대표자 방문 등이 전자의 예이다. 후자에는 편지 보내기, 지지자들과 연대, 여론 조성, 합법적 시위가 포함된다. 그런데 교통기관이나 의료기관의 준법투쟁과 같이 합법적 활동이기는 하지만 시민에게 불편과 손해를 끼칠 경우에는 사회적 문제가 된다. 폭력이나 항의, 비합법적 시위는 비합법적 활동의 전형적 방법이다. 또한 이익집단이 공무원에게 개인적 이익을 제공하거나 제공할 것을 약속하고 그 대가로 특혜를 받으려는 행위도 비합법적 활동이다. 비합법적 활동은 사회질서를 교란하거나 부정부패를 초래할 가능성이 높다.

한편 행정부에 영향을 미치는 경로를 기준으로 직접 방식과 간접 방식으로 구분할 수 있다. 전자는 이익집단이 정책과정에 직접 참여하는 방식인데, 이는 다시 공개적 방식과 비공개적 방식으로 구별할 수 있다. 간접 방식은 시민이나 언론에 호소, 성명서 발표,

집회 개최 등의 방법으로 집단의 의사를 표명하고 이를 통해 정책과정에 영향을 미치고자 하는 방식이다. 또한 이익집단이 보유한 인적 망(network)을 통해 선거에 영향을 미칠 수 있다. 어떠한 방식이 더 효과적으로 정책과정에 영향을 미칠 것인가에 대해서는 아직 정확히 밝혀진 것이 없지만, 이익집단의 영향력의 크기, 목적, 다른 참여자와의 관계 등을 고려해서 결정해야 할 것이다.

이익집단이 관계 기관을 자주 방문하거나 시끄럽게 할수록 정책결정자는 이익집단의 주장에 대해 더욱 심각하게 인식하게 된다. 단식, 항의 방문, 납부 거부 등의 극단적인 행동이나 시민생활에 큰 영향을 미치는 파업은 행정부의 즉각적이고 적극적인 반응을 얻어낼 가능성이 높다. 그러나 이는 시민들의 반대나 윤리적 비난을 받게 되어 장기적으로는 영향력을 감소시키는 결과를 초래할 수도 있다. 그래서 이익집단은 극단적인 방법을 사용하기보다는 다른 참여자들의 반응을 살펴가며 조심스럽게 접근하는 경우가 많다. 새로운 안을 먼저 제시하거나 특정 안에 직접적으로 반대하기보다는 관련 문제가 대두되고 난 후 자신의 이익을 표명하거나, 다른 집단에서 대안을 제시하면 이를 검토하여 수정안이나 자신의 대안을 제시하는 것이다(Kingdon, 2011).

(2) 활동대상

전통적으로 이익집단의 활동은 국회를 대상으로 치중되었으나 오늘날에는 오히려 행정부에 치중되고 있다. 그런데 이익집단이 행정부의 정책과정 중 어떤 단계에 더 많은 영향을 미치는가 하는 점은 정책유형에 따라 그리고 정책문화에 따라 다르다. 비민주적 정책문화를 지닌 국가에서는 정책과정에 이익집단의 참여가 제한되어 있다. 비민주적 국가의 정책과정에서 나타나는 특징은 행정부가 독점적으로 만든 급진적 정책으로 인해 이익집단이 중대한 영향을 받게 된다는 점이다. 따라서 비민주적 정책문화를 지닌 국가에서 이익집단의 활동은 정책집행과정에 집중된다. 의제설정과정이나 정책결정과정에 참여하여 자신의 이익을 반영시키지 못한 이익집단은 자신에게 유리한 방향으로 정책집행이 이루어지도록 행정부에 로비활동을 하게 된다.

정책문화가 민주화될수록 정책과정의 모든 단계에서 이익집단의 참여가 확대된다. 행정기관의 의제설정과정에 자신이 원하는 안을 포함시키고자 하거나 혹은 원하지 않는 안이 제기되지 못하게 하거나 상정이 지연되도록 노력한다. 예컨대 댐 건설을 주장하는 이익집단은 이를 반대하는 환경보호단체의 주장이 정책의제에 포함되지 않도록 노력할 것이다. 이러한 현상은 '무의사결정이론'에서 잘 설명하고 있다. 또한 정책결정과정에 자신의 이익을 반영하기 위하여 고위 정책결정자를 대상으로 로비활동을 하거나 전문지식과 관계 자료를 제공하는 등의 노력을 한다. 정책집행 단계는 민주화된 국가에 있어서도 마찬가지로 중요한 활동대상이다.

4) 행정부와 이익집단의 정치적 관계에 관한 관점

행정부는 공익적 견지에서 중립적 역할을 수행해야 하는데 비해 이익집단은 자신의 특수 이익을 위하여 행정부에 접근하기 때문에 정부 관료제와 이익집단의 관계는 원칙적으로 상반적이다. 그러나 이러한 기능 차이에도 불구하고 양자가 반드시 대립적인 것은 아니다. 이익집단의 지지는 행정부의 대외관계에서 정치적 힘이 되며, 이익집단의 협조가 없다면 행정업무를 원활히 수행하기 곤란하기 때문에 행정부는 이익집단과 공존하거나 때로는 적극적으로 협조하는 경우도 있다.

특정 국가에 있어서 행정부와 이익집단의 정치적 관계는 적극 대립을 한 끝으로 하고 적극 협조를 다른 끝으로 하는 연속선상의 어느 점에 위치하게 될 것이다. 그리고 이를 보다 단순화하면 행정부가 이익집단에 수동적으로 이끌리는 관계, 행정부와 이익집단이 공존하는 관계 그리고 관료제가 독자적으로 행동하거나 주도권을 가지는 관계로 구별할 수 있다.

첫 번째 범주는 다원주의적 관점에서 설명되는 관계이다. 개인이나 단체는 자기의 이익을 위하여 자발적으로 이익집단을 구성하고자 하는 동기를 지닌다. 즉 이익집단이란 공동 이익에 기초하여 자발적으로 형성된 조직으로 보는 것이 다원주의적 시각이다. 그러나 이익집단의 형성과 유지를 위해서는 비용이 들기 때문에 공동 이익이 있다고 해서 이익집단이 형성되는 것은 아니다.

다원주의자들은 정책은 다양한 이익집단간의 갈등과 타협의 결과이고, 정책과정은 이익집단간에 협상이 이루어지는 중립적인 장(neutral field)이며, 행정기관은 이익집단들 중의 하나이기 때문에 주도적인 역할을 하지 못한다고 본다. 행정기관이 자신이 통제하거나 규제해야 할 이익집단에 오히려 지배되거나 이들을 위해 봉사하는 현상에 관한 '관료적 포획'(bureaucratic capture) 이론은 기본적으로 이러한 관점에 속한다.

그런데 다원주의적 시각으로 한국의 이익집단을 설명하는 데는 한계가 있다. 정부의 인·허가없이 자생적으로 형성된 영향력 있는 이익집단이 많지 않기 때문이다. 건설인협회, 의사협회, 변호사협회 등의 예에서 볼 수 있듯이 단체 설립이 의무화되어 있으며 다원주의에서 가정하는 자율적으로 만들어진 단체가 아니다.

두 번째 범주는 '하위정부'(subgovernment) 이론이나 '논제 연계망'(issue network) 이론에서 보는 관점이다. 하위정부이론은 하위정부들은 각기 독립성을 지니는 자신의 영역을 확보하여 분할하고, 독립된 영역에서 행정부와 이익집단이 상호 밀착된 협력관계를 형성하고 외부세력을 차단하여 해당 분야를 실질적으로 지배하는 현상을 설명한다. 철의 삼각관계는 하위정부 중 행정기관, 국회 상임위원회 그리고 이익집단의 관계를 설명한 것이다. 이에 비해 논제 연계망이론에서는 특정 논제와 관련된 다양한 이익집단들이 정책과정에 유동적으로 참여하는 현상을 설명하고자 했다. 이러한 관계는 업무영역의 경계가 불분명한 망으로 볼 수 있으며, 논제 연계망에 참여하는 이익집단은 갈등의 표면화 또는 복잡한 협상과정을 거치게 되어 합의를 도출하기가 대단히 어렵다.

마지막으로 행정부가 주도적인 입장에서 이익집단을 통제하는 관계는 '관료정치'(bureaucratic politics) 이론이나 '조합주의적 시각'이다. 국가가 규제에 의하여 이익집단을 설립하며, 그 활동에 대하여도 국가가 규제를 하는 관계이다. 정부의 규제에 의하여 이익집단이 만들어지는 경우 이익집단이 정부의 규제를 수용하는 대가로 정부는 해당 이익집단에 대하여 이익대표권의 독점을 부여한다. 정부가 규제를 통하여 이익집단의 형성과 운영을 통제한다는 것은 정부가 이익집단의 상위에 있음을 의미한다.

관료정치이론은 직업관료제와 임명직 공무원이 정책과정에서 핵심 주체이기 때문에 이익집단의 행정부에 대한 영향력은 미미하다고 본다. 한편 다원주의에 대칭적 시각인 '조합주의'(corporatism)는 국가를 정책과정에서 주도적 영향력을 발휘하는 실체로 본다.

조합주의는 다시 국가 조합주의와 사회 조합주의로 구분된다. 국가 조합주의는 국가가 이익집단들을 강압적으로 편성하기 때문에 이익집단의 상향적 투입 기능보다는 정부가 이익집단을 동원·통제하는 특성을 설명하는 시각이다. 그러므로 국가 조합주의는 개발도상국가의 정부와 이익집단간의 관계를 설명하려는 이론이다. 이에 비해 사회 조합주의는 사회 경제적 위기를 해소하고 사회를 통합하려는 정부의 의도와 사회 경제체제의 변화에 순응하려는 이익집단과 맞물려 생성된 관계를 설명하는 이론체계이다. 이 이론은 선진 자본주의의 정부와 이익집단간의 관계에 대한 설명력이 높다.

한국의 경우 이익집단현상은 주로 국가 조합주의에 의하여 설명해 왔으며, 이는 정부주도의 경제 개발을 위하여 불가피한 것으로 평가해 왔다(사공영호, 2004). 그러나 행정부와 이익집단의 관계를 조합주의적으로 설명하는 데는 다음과 같은 이유에서 한계가 있다.

첫째, 이익집단이 존재하는 영역에서 정부의 인가를 받아 경쟁적인 이익집단을 설립하는 것이 쉽지 않기는 하지만 이익의 세분화·경쟁화에 따른 경쟁적 이익집단들이 설립되고 있는 추세이다.

둘째, 우리 사회는 지속적으로 다원화되고 있으며, 행정부와 이익집단간의 관계도 다원화되고 있다. 조합주의적 이익대표방식의 핵심이라 할 수 있는 독점적·비경쟁적 이익대표방식은 성장기에는 수단이 될 수 있으나 오늘날에는 오히려 이익표출의 기회를 차단하고 비용을 증가시키는 요인이 될 수 있다.

셋째, 집단이익의 틈바구니에서 국민 전체의 이익을 배제하거나, 이익집단의 힘이 정부의 통제력을 무력화시키는 관료적 포획 현상이 나타나고 있다.

5) 이익집단의 정치적 자원

이익집단의 영향력은 자신이 지닌 자원의 종류와 크기에 달려 있다. 그러나 정치적 자원이 많다고 해서 어떠한 상황에서든 그만큼의 영향력을 발휘한다는 것은 아니고, 권위적 행정결정에 영향을 미치는데 유용할 수 있다는 의미이다. 이익집단이 지닌 정치적 자원은 대단히 다양하지만 여기서는 대표적 몇 가지에 대해서만 설명하기로 한다.

이익집단의 자원 중 가장 중요한 것은 구성원이다. 구성원의 수, 이들의 전문성, 경제력, 전국적 분포도가 이익집단의 인적 자원을 평가하기 위한 구체적 변수들이다. 또한 정부 관료는 이익집단의 집단행동이 여론이나 국민경제에 미칠 영향력도 고려할 것이다. 마지막으로 집단의 응집력도 중요한 자원이다. 집행부의 동원능력과 구성원의 참여 욕구, 집행부의 권위, 재원 등이 응집력을 결정하는 변수이다.

2. 언 론

언론은 사회에 대해 엄청난 중요성을 갖고 있기 때문에 흔히 '제4부'라고 불린다. 대중 언론은 기존의 사회질서 유지에 기여하고, 사회현상들을 감시하는 순기능을 수행하고 있지만 때로는 사회 안정을 위협하거나 개인생활에 해를 끼치는 역기능도 있다. 최근 들어 언론의 자유 못지않게 언론의 책임을 강조하거나 언론 개혁의 시급성을 주장하는 목소리가 높아지고 있는 것은 과장·왜곡 보도의 피해 사례가 그만큼 많아졌기 때문이다. 그러므로 행정부가 언론이 하는 일에 관심을 갖는 것은 자연스러운 일이다. 나라에 따라 다르지만 대개의 정부는 언론활동에 대해 지원과 제재를 다양하게 전개해 왔다.

행정부와 관련된 언론의 역할을 보면 다음과 같다.

첫째, 행정활동의 내용을 대중에 전달한다. 언론은 대중에게 행정부와 관련하여 신속하게 변화하는 뉴스들을 ― 대통령 동정, 주요 정책, 스캔들, 위기나 재난 보도 등― 전달한다. 그런데 언론은 진실되고 보편타당한 사건들을 보도해야 한다. 그럼에도 불구하고 언론이 중요 사건들을 모두 보도하는 것은 불가능하기 때문에 언론기관의 판단에 의해 보도 내용이 선택된다. 또한 뉴스 기사는 독자의 흥미를 끌 수 있어야 하기 때문에 흥미 위주로 보도하게 된다. 기자는 정책관련 정보 중 상당부분은 관료들로부터 얻기 때문에 특정 기관의 출입기자는 당해 기관의 공무원들과 친분을 쌓게 된다. 이러한 요인들로 인하여 자칫 보도 내용이 특정 방향으로 편향되거나 왜곡될 수도 있다.

둘째, 정책의제설정 및 정책결정에 필요한 정보를 제공한다. 언론은 특정한 사회문제에 대한 시민들의 주의를 집중시키고, 사회문제의 해결책을 제시한다. 사람들은 이러한 언론활동을 통해 정보를 얻고, 이 정보를 바탕으로 의견을 형성하고 나아가 여론을 형성하게 된다. 사건 보도, 대담, 토론 등을 통하여 사회문제가 시민이나 관련 집단으로 인식이 확산되고 정부의 정책의제로 채택되도록 하는 통로가 된다. 행정부는 언론의 보도에 관심을 기울이고 언론의 논조나 문제 제기에 의해 정책의제설정이나 정책결정에 영향을 받는다.

셋째, 언론은 시민과 행정부를 연계해 주는 역할을 한다. 언론은 행정기관의 정책방향을 설명하고, 이에 대한 시민의 반응을 보도한다. 대통령, 국회의원, 관료 등 정책과정의 공식 참여자들은 언론의 보도와 조사결과에 관심을 가진다.

넷째, 행정부를 감시한다. 언론은 부정부패나 정책실패를 폭로함으로써 행정부에 대한 감시기능을 수행한다. 언론은 개인을 대신해서 사회의 각종 정보를 수집·분석하여 대중에게 전달해 주고, 국정의 각 부분을 감시하며, 잘못된 정책이나 행위를 바로잡아 계도하고, 공명정대한 보도로 국민의 알권리를 충족시켜 준다.

다섯째, 정부 정책의 환류 및 홍보기능을 담당한다. 정책입안자들이나 결정자들은 과연 정책효과가 있는지, 정책효과를 거두기 위해 행정홍보가 제대로 이루어지고 있는지 등에 관심이 많다. 정부 정책은 언론의 보도에 영향을 받게 되고, 언론의 보도 태도에 따라 잘못된 방향에 대해서는 수정을 한다. 정부가 특정 정책을 개발하는 과정에서 보도자료를 언론기관에 배포하는 것은 최종안을 확정할 때까지 많은 지적과 비판을 공론화하여 수용하기 위해서이다. 때때로 기자들은 취재과정에서 확정되지 않은 정책을 미리 보도하는 경우가 있다. 이때 정책관계자는 이를 부인하지만, 실제적으로는 보도된 정책에 대한 시민들의 반응을 파악하여 정책결정과정에서 일어날 수 있는 오류와 비판을 미리 점검해 보기도 한다.

3. NGO

1) NGO의 정의

비정부조직을 지칭하는 NGO(Non Governmental Organization)는 시민들의 비영리 활동을 위한 자발적 민간단체를 의미한다. 제3섹터

(the third sector)라고도 하는데, 이는 정부와 시장을 대비하는 새로운 제도권이라는 의미를 강조한 용어이다. NGO는 민간 비영리의 입장에서 공공서비스를 제공하는 조직, 교육, 의료, 사회적 서비스 등의 공익적 활동을 행하는 단체나 이러한 단체를 조성하는 재단을 의미한다. 이와 유사한 개념으로 사용되는 NPO(Non Profit Organization)는 비영리를 추구하는 점을 강조한 영리기관과 대칭적 개념이라면, NGO는 비정부적인 특성 즉 정부에 대한 대체적인 기능을 강조한 개념이다. 때로는 NGO는 범지구적 문제를 해결하기 위해 국경을 넘어 활동하는 비영리 민간조직을 ―예컨대, 기아, 인권, 환경문제 등― 일컫기도 한다.

2) NGO와 정부와의 관계

NGO와 정부와의 관계는 크게 상호 의존적 관계, NGO주도적 관계, 정부주도적 관계, 그리고 상호 독립적 관계로 구분할 수 있다. 상호 의존적 관계는 다시 보완적, 협조적, 그리고 대립적 관계로 유형화할 수 있다.

보완적 관계는 정부실패로 인하여 정부가 공급하기 어려운 공공재에 대한 수요를 NGO가 충족시키는 경우이다. 이 유형에서 정부가 공공재 공급을 증가시킬수록 NGO의 역할은 그만큼 줄어들게 된다. 근래에 정부의 복지분야에서 서비스를 확대하고 있는데, 이로 인해 복지분야 NGO의 역할 축소로 이어질 수 있다. 다만 정부가 재원 공급자로서 역할만 확대할 뿐이고 서비스 전달자로서의 역할은 여전히 민간부분에 맡겨진다면 복지예산의 증대와 NGO의 역할 범위는 높은 상관성을 가지지 못한다. 협조적 관계는 정부가 NGO를 동반자적 관계로 간주하여 재원의 상당 부분을 지원하고,

NGO는 서비스 전달기능을 수행하는 이원화된 서비스 전달체계를 구축함으로써 형성되는 관계이다. 한편 대립적 관계는 NGO가 정책과정에 참여하여 정책변동을 유도하거나, 정부의 책임성을 높이기 위하여 감독자의 역할을 하면서 나타나는 관계이다. 예산 감시운동, 의정 감시, 환경 감시활동을 하는 NGO들은 정부와 대립적 관계에 있는 경우가 많다.

NGO주도적 관계는 오늘날 유·무형 자원에 있어 NGO가 정부보다 우위에 있게 되면 NGO가 정부를 주도하게 된다. 재원과 인력, 신망, 전문성 등을 갖춘 NGO가 실험적인 사회복지프로그램을 운영하고, 정부가 이러한 혁신적인 제도 개선에 의존하는 관계가 바로 이것이다. 정부의 NGO에의 의존도가 높을 경우 정책의 지지기반 확보를 NGO의 협조를 통하여 얻거나, 정부의 재정 축소를 위하여 공공서비스 공급을 NGO에 이전할 때 존재한다(김준기, 2000). 전자는 깨끗한 선거운동을 위하여 NGO의 감시활동에 의존하는 사례에서, 후자는 정부가 민간과 공동생산을 통하여 비용을 줄이는 사례에서 발견할 수 있다.

정부주도적 관계는 NGO가 정부의 재정 보조에 일방적으로 의존하는 경우에 나타난다. NGO가 정부의 직·간접적 지원에 의존하는 경우 정부의 영향력으로부터 자유롭기가 어렵다. 과거 우리나라에는 정부에 의존적인 관변단체들이 많았다.

상호 독립적인 관계가 유지되기 위해서는 정부는 NGO의 기능과 역할을 인정해야 하고, NGO도 전문성 확보, 소득원 확보, 시민의식 고양 등의 노력을 통하여 자율적 활동능력을 키워야 한다. 정부는 과거 압축 성장과정에서 기업을 지원하였던 방식으로 NGO를 지원하려고 하면 안 된다. 이는 NGO의 자율성과 독립성을 침해하여 고유의 역할을 수행하기 어렵게 할 것이기 때문이다.

4. 시　　민

1) 시민에 대한 인식 변화

민주주의이론의 핵심 논리는 시민에게 최대한의 안전과 만족을 주는 정부가 최선의 정부라는 믿음에서 출발한다. 이 논리의 연장으로, 민주적 행정이 되기 위해서는 정책과정에 시민의 참여를 증대시키고 정책과정에 시민의 의사를 충분히 반영해야만 한다. 다시 말해 정책과정에 시민의 참여를 지나치게 제한하거나 시민의 의견을 반영하지 않은 정부는 그만큼 시민이 바라는 수준의 서비스를 제공할 수 없게 된다.

그러나 우리나라에서 시민단체의 활동이 본격화되고, 정책과정에 시민의 참여통로가 마련되어 정책과정에서 시민의 목소리에 귀기울이기 시작한 것은 그리 오래되지 않았다. 민주적 정부형태를 갖추고 있었음에도 상당 기간 동안 시민을 통제·규제의 대상으로 간주하고, 정책과정에 시민을 참여시키는 것을 비능률적이고 불안정한 것으로 생각하였다. 1987년 6월 항쟁을 계기로 민주화가 크게 진전되면서 정책과정에 시민참여가 적극화되기 시작하였다. 그후 지식·정보화와 세계화에 따른 세계적인 NGO와의 연계 확대 등과 같은 사회변화에 따라 시민단체의 수나 활동영역이 급속히 확대되었다.

오늘날에 있어서는 정책을 서비스 차원으로 생각하게 되었고, 나아가 시민을 고객으로 여겨야 한다는 주장이 낯설지 않게 되었다. 또한 정부와 시민의 관계가 규제 및 서비스 제공이라는 일차

원적 관계에서 다음에서 설명하는 바와 같이 다차원적인 관계로
변하였다.

2) 시민과 관련된 용어

사회를 구성하는 주체는 국가, 기업 그리고 시민으로 나누어 볼
수 있다. 이러한 세 주체로 구성된 사회에서 시민운동이 보다 적
극적이고 확대된 사회를 시민사회라 하겠다. 물론 시민사회에 대
한 정의는 시민사회를 보는 시각에 ―신보수주의에서 신자유주의
에 이르기까지― 따라 다양하지만 여기에서는 시민사회를 이와
같이 간단하게 정의하고 이와 관련된 몇 가지 용어들에 대해 설명
하기로 한다: 시민활동, 시민운동, 주민운동 그리고 시민참여.

우선 시민활동이란 사회적인 문제의식을 갖고 있는 시민이 자발
적·계속적으로 행하는 활동을 말한다. 스스로 과제의 해결방법을
찾아 그것에 전념하는 것에 중점을 둔 개념이며, 거주지에 관계없
이 문제의식을 공유하는 사람들에 의해 이루어지는 활동이다. 정
부나 기업 등의 권력에 대하여 반대하거나 요구하는 일에 중점을
둔 시민활동을 시민운동이라고 할 수 있다. 행정에 대한 영향력
행사라는 제도화 및 정형화의 정도에 따라 시민운동과 시민참여로
구분할 수 있다. 이에 비해 주민운동은 같은 지역 혹은 일정한 지
역에 거주하고 있는 사람들이 지역과 관련된 과제를 해결하기 위
하여 행하는 활동을 의미한다.

3) 시민과 행정과의 관계

전통적인 시민은 행정으로부터 규제를 받거나 행정부가 제공하
는 서비스를 받기만 하는 수동적 존재였다. 그러나 오늘날에 있어

서 시민은 능동적이고 다양한 방식으로 행정기관과 관련을 맺고 있다. 여기서는 시민이 행정과 관련된 형태를 기준으로 세 가지로 구분하기로 한다: 특정 이익의 표출, 자원 봉사, 공공서비스의 공동 생산.

(1) 특정 이익의 표출

오늘날 시민들이 다양한 방식으로 거버넌스 과정에 참여하고 있다. 이처럼 시민이 개인적으로 또는 단체를 구성하여 청원, 진정, 시위, 서명운동, 공청회나 위원회 참가 등의 방법으로 특정 이익을 표출하여 정책과정에 직·간접적으로 영향을 미치고 있다. 이런 점에서 오늘날을 시민사회라 할 수 있다. 또한 전자정부를 통해 정책과정에 시민들이 참여할 수 있는 통로가 확대되고 있다. 정부기관의 홈페이지를 통해 민원 및 정책이나 공공 서비스 전달 체계에 대한 의견을 제시할 수 있다. 전자정부화가 될수록 인터넷을 통한 시민참여를 위한 효율적 도구들이 개발될 것이고, 이로 인해 보다 다양한 시민참여가 가능해질 것이다.

또한 전자정부를 통해 시민의 의사를 보다 충실히 반영할 수 있는 투표방식이 개발될 것이다. 이러한 투표방식의 변화는 수동적 존재로서의 시민이 보다 적극적으로 정치·정책과정에 참여할 수 있게 될 것이다. 대의민주주의에서는 민의를 반영하거나 갈등적 문제 해결에 있어 정당성을 부여하기 위한 시민참여의 방법으로 투표를 실시해 왔다. 그런데 현재의 투표제도는 시민참여의 범위 확대에 초점을 둔 것이기 때문에 시민의 선호 강도와 다양성을 반영할 수 없다. 즉 현재의 투표제도는 여러 후보자들 중 한 사람 또는 특정안에 대한 가부(可否)만을 표시할 수 있다.

이런 점에서 시민이 자신에게 유리하거나 또는 정당하다고 생각하는 이익을 결집할 수 있는 새로운 투표방법으로 '복합 투표' (complex voting) 방식을 생각할 수 있다. 복합 투표방식이란 복수의 제약 속에서 상호 관련된 문제들을 동시에 고려할 수 있도록 고안된 투표용지에 자신의 의견을 나타낼 수 있는 방식이다. 투표자가 일련의 대안들에 대해 여러 개의 선택을 할 수 있고, 각 선택에 있어 자신의 선호 강도를 표시할 수 있다. 예컨대 학교 운영방식에 대해 열 가지 안을 제시하고, 학교 운영에 도움을 주기 위한 찬조금의 부담 정도를 다섯 단계로 구분하는 것이다.

그러나 아직도 공무원들 중에는 시민의 참여를 비용 소모적이거나 전문성을 해치는 것으로 보는 경우가 있다. 행정부에 내재해 있는 시민참여의 장애요인을 크게 세 측면에서 설명할 수 있다: 일상생활, 행정체계 및 과정, 그리고 참여 기술.

첫째, 많은 공무원과 시민들은 오랫동안 익숙해진 시민의 수동적 역할에서 벗어나지 못하고 있다. 이와 더불어 시민들의 바쁜 일상에서의 무관심이 시민참여의 현실적 장애가 된다.

둘째, 적극적인 시민참여를 활성화하기 위한 정부 제도나 정책 과정의 변화가 없다. 시민참여의 중요성을 강조하는 공무원이라 하더라도 자신의 현상태(status quo)나 기득권이 침해 받을 가능성이 있다고 인식할 경우에는 시민참여의 부정적인 측면을 강조하여 시민참여를 제한하거나 형식화 하려고 한다(King & Stivers, 2001). 이런 점에서, 행정부는 시민참여를 촉진시킬 수 있는 제도들을 개발해야 한다.

셋째, 행정부나 시민 모두 적극적인 시민참여의 기술이 부족하다. 바람직한 시민참여 방법이나 기술에 관한 훈련·교육기관을 만들고, 교육프로그램을 개발해야 한다.

❖ **시민참여 제도의 외국의 예**

'지역사회활동프로그램'(community action program)은 불이익을 당한 시민의 진정한 대변인 역할을 지역의 정치인이나 공무원보다 이웃이 더 잘 수행할 수 있다는 점에서 공공주택 개발, 범죄 등의 분야에서 주민들이 정책과정에 적극 참여토록 하는 프로그램이다. 정부는 시민활동의 전문성을 높이기 위해 전문가, 법률가, 회계사 등이 시민과 함께 활동할 수 있는 제도적 장치들을 마련해 주기도 한다. 또한 행정부에서 계획하고 있는 사업에 시민들의 참여를 촉진시킬 수 있는 방안을 연구하는 정식 직원을 채용하기도 한다(Rosenbloom & Kravchuk, 2002).

(2) 자원 봉사

시민의 자원 봉사활동이 행정과 관련하여 주목을 받게 된 것은 신보수주의 시대가 상징하고 있는 '작은 정부'로 이행하는 하나의 수단으로서 민간의 기술이나 자본 등을 정책과정에 도입하기 시작하면서부터이다. 정부의 규제 완화와 동시에 시민의 자발적 참여 확대는 관료제의 한계를 보완하고자 하는 의미가 내포되어 있다. 오늘날에 있어서는 시민단체의 정부활동에 대한 모니터링, 특정 정책에 대한 시민단체의 의견 제시, 공공기관의 부패지수 측정, 주민들의 지역 발전을 위한 자원 봉사 등 보다 다양하고 전문화된 형태의 시민단체들에 의한 자원 봉사활동들이 증대되고 있다.

(3) 공동 생산: 민-관 파트너십

공동 생산(coproduction)이란 행정 서비스의 수혜자 혹은 소비자라고 생각할 수 있는 시민을 '서비스의 공동 생산자'로 전환시킨 개념이라고 할 수 있다. 전통적으로 행정서비스 생산은 서비스 공급자로서의 행정기관과 소비자로서의 시민으로 구분되어 왔다. 그러나 공급과 소비의 일원적 관계는 행정기관의 재정적 부담, 서비스의 질 저하 등의 문제점이 있었다. 이러한 문제들을 해결하기 위한 하나의 방법은 행정기관과 시민 두 주체가 각자의 요구와 평가기준을 가지고 공공 서비스의 생산을 위하여 협동·조정하는 것이다.

예를 들어 주민조직이 지역의 가로등을 설치하는 것은 경찰의 순찰활동에 도움을 주게 됨으로써 치안서비스의 공동 생산이 이루어진다. 그리고 정부의 복지서비스와 연계된 자원 봉사조직의 활동, 학부모 조직에 의한 학교행사 참가, 주민조직에 의한 쓰레기 수집장소의 설정과 청소행정 등이 공동 생산의 구체적인 예가 될 수 있다.

공동 생산은 민-관 파트너십(private-public partnership)을 형성하여 이루어진다. 민-관 파트너십은 정부, 비영리기관, 기업, 시민 등 다양한 조직들이 각자의 목표 달성이나 문제 해결을 위해 함께 작업하는 협동관계이다. 공동 생산은 재정적 부담 및 수익 배분에 대한 권한은 물론이고 위험도 공유하는 지속적인 협동관계를 통하여 이루어지지만, 구체적 협력 내용에 대해 상세히 문서화하지는 않는다는 점에서 위탁계약과 구별된다(김동원, 2002).

공동 생산을 위한 민-관 파트너십은 권한이 분산되고 통제기제가 약화되기 때문에 책임성 확보의 어려움이 노정될 가능성이 있다. 또한 공동 생산과정에의 참여가 특정 집단을 중심으로 이루어질 경우 오히려 공익을 저해할 수도 있다. 따라서 생산적인 민-관 파트너십을 형성하기 위해서는 공공부문과 민간부문간에 목표나 가치 등에 있어 차이점을 서로 적극적으로 이해하고, 역할과 책임을 가능한 명확히 해야 한다.

5. 여 론

여론은 중요한 사회적 문제에 대해 서로 다른 집단이나 개인의 관점과 입장의 총체라 할 수 있다. 시민들의 의견이 하나의 같은 집단으로 구성되는 경우는 드물며, 서로 다른 의견을 지닌 '대중들'로 구성된다. 행정부가 새로운 정책을 제시할 때 이러한 다양한 대중들을 염두에 두게 된다. 언론은 행정부의 활동이나 하지 않는 활동, 시민생활에 충격을 주는 일련의 사건들, 공직을 위해 출마하는 후보들의 견해 등을 보도한다. 행정가는 중요 정책에 대한 시민의 관심사를 언론을 통해 얻을 수 있다.

언론기관이나 여론 조사기관을 통해 파악될 수 있는 여론은 기본적으로 다섯 가지 — 강경성, 유동성, 지속성, 잠재성, 적정성 — 특성을 지닌다.

강경성이란 주어진 현안과 나름의 생각들을 사람들이 얼마나 공개적으로 표현하려 하고, 강렬히 느끼는가 하는 정도이다. 강경한 집단은 무관심하고 비활동적인 다수보다는 정책의제설정이나 정책결정에 더 큰 영향을 미칠 수 있다.

유동성은 여론이 짧은 시간 동안 갑자기 변하는 것을 의미한다. 특정의 사건을 계기로 여론이 반전되는 경우는 허다하다.

지속성은 여론이 오랫동안 그대로 유지되는 특성을 말한다. 사람의 생각이 급격히 바뀌는 경우도 있지만, 몇 세대에 걸쳐 대물림하는 경우도 있다.

잠재성이란 보이지 않거나 드러나지 않는 여론은 빈번한 정보 교환이나 극적 사건에 의해 ― 특히 대중매체에 의해 확산되지 않는 한 ― 표면화되지 않는 특성을 일컫는다.

마지막으로 적정성이란 여론이 특정 문제가 개개인에게 얼마나 중요한지에 대해 의견을 수렴하여 적정한 수준을 제시하는 것이다. 예컨대 노인들은 노인복지에 대해 관심을 가질 것이지만, 군에 가지 않은 청년층은 군복무기간에 대해 관심을 가진 것이다.

Ⅲ. 정책공동체, 하위정부, 정책망

정책과정에 참여하는 사람들 간의 관계에는 일정한 유형(pattern)을 발견할 수 있다. 헌법과 법률에서도 각 참여자 간의 관계에 대해 규정하고 있지만, 굳이 법적 관계의 틀이 아니더라도 오랫동안 지속되어 오면서 자연적으로 관계적 특성이 형성되었다. 정책과정에서의 참여자간의 지속적 관계를 정책공동체, 하위정부, 그리고 정책망 개념을 통해 설명한다.

1. 정책공동체(policy community)

정책과정에 참여하는 사람들간의 관계적 특성을 이해하기 위하여 우선 정책영역(policy domain) 개념을 파악해야 한다. 정책영역은 참여자들이 정책과정에서 경쟁하고 타협하는 정책의 실체적 구역이다(Lauman & Knoke, 1987). 대기오염영역, 정신보건영역, 민간경비영역 등이 그 예이다. 정책영역에서 행해지는 행태는 다른 영역으로부터 영향을 받으며, 특정 정책영역에서의 논제나 아이디어가 다른 영역으로 파급되기도 한다. 국가의 정치적 문화나 법적 환경 또는 정책이념(doctrine)이 정책영역에서 이루어지는 정책과정에 영향을 미친다. 이러한 영역에서 이루어지는 정치적 관계는 상당히 안정적이고 지속적이다. 예컨대 환경정책영역에서 정부는 1970년대 이전에는 환경문제에 대하여 무관심 하였다면, 그 이후부터는 긍정적인 단계를 거쳐 대단히 적극적으로 변하였다. 또한 정책영역은 시민들이 문제의 본질과 주요 원인 및 해결책의 범위에 대하여 어떻게 인식하고 있는가에 의해 영향 받는다(Birkland, 2005).

특정 영역에서 정책결정과정에 적극적으로 참여하는 사람들로 구성된 정책공동체는 정책영역의 일부분을 구성한다.

정책공동체란 정부기관과 이익집단을 포함한 다수의 참여자로 구성된 공동체를 말한다. 이는 특정 논제에 대하여 참여할 수 있는 사람들의 소규모 집합(a small subset of people)집단이다. 정책공동체는 특정 논제에 대하여 연구하거나, 협상하거나 설명할 수 있는 전문가들로 구성된다. 일반적으로 특정 사회적 논제에 대하여 전문성을 갖추거나 업무를 담당하고 있는 관료, 국회의원, 교수, 전문연구원, 이익단체 등으로 구성된다. 예컨대 중앙토지수용위원회는 국가가 토지를 수용하는 과정에서 발생되는 민원을 해결하기 위하여 관련 정부관료, 판사, 회계사, 감정평가사, 학자, 전문 연구원으로 구성되어 있다. 매달 회의가 개최되는데, 담당 공무원은 관련 민원사항을 정리하고 민원내용에 대하여 기초 조사를 하며, 위원들은 제공된 자료를 바탕으로 자유롭게 토의하여 판결을 내린다. 정책공동체의 특성과 구성원은 고정적이지는 않으며, 정책공동체별로 편차가 많다.

정책공동체의 참여자들은 공통의 관심과 상대방에게 부족한 자원을 가지고 있으며, 공동체 구성원 간의 지속적 관계를 통해 공통된 이해와 관점을 가지게 되고 공동체라는 심리적 유대감을 지닌다. 다음에 설명할 정책망과 비교할 때 다음과 같은 특징을 지닌다(오석홍, 2013).

첫째, 참여자가 제한적이다.

둘째, 모든 참여자가 자원을 가지고 교환관계를 형성한다.

셋째, 참여자들 사이에 권력균형이 이루어져 있다.

넷째, 참여자들이 기본 가치를 공유하며, 그들 사이의 접촉 빈도가 높다.

다섯째, 구성원간의 관계가 지속적·안정적이며, 그에 대한 예측가능성이 높다.

여섯째, 구성원간의 관계방식은 공동의 이익을 추구하는 포지티브섬 게임(positive-sum game)이다.

2. 하위정부(subgovernment)

정책공동체의 구성원은 자신의 이익을 달성하기 위하여 다른 구성원들과 연계(connection), 연합(alliance) 또는 연정(coalition)하는 경우가 많다. 하위정부는 소수의 정책공동체 구성원들이 연계하여 특정 정책영역의 정책결정을 지배하는 관계이다. [그림 2-1]은 하위정부의 전형적 형태인 철의 삼각 하위정부(iron triangle subgovernment)를 설명한 것이다.

국회위원회는 이익집단에 대하여 직접적으로 수혜를 제공하거나 수혜를 제공할 수 있는 법령을 제정한다. 한편 이익집단은 위

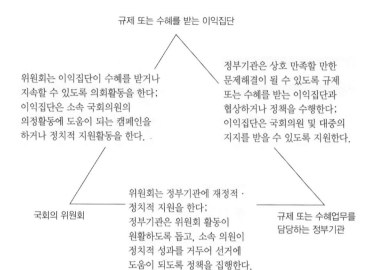

그림 2-1 철의 삼각 하위정부

규제 또는 수혜를 받는 이익집단

위원회는 이익집단이 수혜를 받거나
지속할 수 있도록 의회활동을 한다;
이익집단은 소속 국회의원의
의정활동에 도움이 되는 캠페인을
하거나 정치적 지원활동을 한다. .

정부기관은 상호 만족할 만한
문제해결이 될 수 있도록 규제
또는 수혜를 받는 이익집단과
협상하거나 정책을 수행한다;
이익집단은 국회의원 및 대중의
지지를 받을 수 있도록 지원한다.

국회의 위원회

위원회는 정부기관에 재정적 ·
정치적 지원을 한다;
정부기관은 위원회 활동이
원활하도록 돕고, 소속 의원이
정치적 성과를 거두어 선거에
도움이 되도록 정책을 집행한다.

규제 또는 수혜업무를
담당하는 정부기관

원회 소속 국회의원들을 지지하는 캠페인을 벌이거나 다른 정치적
지원을 제공한다. 또 국회 상임위에서는 관련 정부기관에 대하여
재정적 · 정치적 지원을 하는 반면, 정부기관에서는 국회에서 제정
한 법령의 집행을 담당한다. 특히 이러한 수혜행위가 선거에 영향
을 미칠 경우 더욱 적극적으로 집행한다. 그리고 정부와 이익집단
간의 관계에서는 담당기관은 상호 만족할 만한 해결책을 도출하기
위하여 협상하고, 이익집단은 국회 및 공중과의 관계가 원만해질
수 있도록 정치적 지지를 제공한다.

하위정부 참여자들은 협력관계를 지속적으로 유지하기 때문에
관계의 안정성과 자율성이 높다. 하위정부에서의 정책결정은 참여
자들 사이의 협상과 합의로 이루어진다. 하위정부 개념은 시민과

언론의 관심이 미치지 못하는 정책영역에서 적용될 수 있다. 그러나 이익집단이 증가하고, 시민운동이 활발하고, 정책과정의 투명성이 높은 정책영역에서는 적실성이 낮다. 정책과정에 새로운 참여자들에 의해 새로운 주장이 제기되면 보다 복잡해지고 갈등이 심화된다. 특정 정책영역에 보다 많은 참여자들이 진입하고 있는 정치적 관계를 설명하기 위하여 정책망 또는 정책하위체계(policy subsystem) 개념이 대두되었다.

3. 정책망(policy network)

정책망이란 자원의존성에 의해서 서로 연결되어 있는 조직의 복합체이다(유훈, 2009). 특정한 정책문제에 이해관계 및 관심이 있는 시민, 관련 전문가 등이 주로 참여하지만 문호가 개방적이어서 누구나 참여할 수 있는 연결체이다. 따라서 참여자간의 공동체 의식이나 연계성은 약하다.

정책과정에 누구나 참여할 수 있는 것은 아니기 때문에 학자들은 논제망(issue network) 보다는 정책공동체에 더 많은 관심을 가졌었다. 그러나 시민운동이나 NGO 활동이 급격히 증대됨에 따라 이들에 의해 정책변동이 이루어지는 사례가 많아졌다. 더욱이 인터넷 및 월드와이드웹 기반의 서비스인 SNS(Social Network Service)가 폭발적으로 성장하면서 정책과정은 더욱 개방되었다. 조직화된 이익집단뿐만 아니라 시민과 NGO가 정책과정에 영향력을 미치는 영향력이 확대됨에 따라 이러한 참여자간의 상호 작용을 중시하는 정책망에 대한 관심이 증대된 것이다.

망분석(network analysis)은 특정 사람이 관계망의 기능에 얼마나 중요한 역할을 하는지, 관계망에 하위 그룹이 존재하는지, 특정 관계망의 전체적인 연결 관계가 무엇인지 등을 분석하여 관계의 패턴과 개인의 상대적 위치를 보여주는 분석방법이다. 이러한 분석방법을 정책과정에 적용한 것이 정책망모형이다.

정책망모형에서는 정책행위자, 행위자간의 상호 작용방식, 관심 사건(focusing event)을 주요 구성요소로 본다. 정책행위자는 다른 행위자에게 선택되는 정도와 빈도, 집단구성원들이 집단에 어느 정도 포함되어 있는지를 나타내는 내포성(inclusiveness), 집단 구성원간의 관계가 어느 정도 밀접한 가를 나타내는 밀도(density)를 측정함으로써 구성원과 집단의 특성지수를 산출한다. 행위자간 상호 작용에 대한 분석 초점은 중심성과 연계성이다. 중심성(centrality)은 어떤 사람이 인간 관계의 중심에서 다른 사람에게 강한 영향을 주는지를 분석하는 것이며, 연계성(connectivity)은 사람과 사람의 관계가 어떻게 맺어지는지를 분석하는 것이다. 관심 사건은 갑자기 공중 의제로 대두된 사건을 말한다. 관심 사건은 참여자들이 정책망에서 활동하게 하는 점화장치적 역할을 하여 집단들이 그 의제에 관심을 갖고 변화를 위해 노력하는 기회를 제공한다(Birkland, 2005).

제 **3** 장

정책분석을 위한 이론들

정/책/학

3

정책분석을 위한 이론들

개 요

정책분석은 정책결정자가 올바른 정책을 결정할 수 있도록 돕기 위한 전문가의 고객 지향적 활동이다. 정책을 통한 막대한 정부예산을 투입하기 전에 고려해야 할 정책대안들을 탐색하고, 적절한 분석 기준을 설정하고, 이러한 기준에 따라 바람직한 정책을 도출하는 작업은 대단히 중요하다. 정책분석을 영리단체에서 사적 목적에서 행할 수도 있지만, 여기서는 사회적 가치에 관한 공적 결정에 관련된 활동에 초점을 두어 설명한다. 정책분석은 정책과정에 공식적으로 참여하는 사람에 의해 이루어질 수도 있지만 대개는 외부의 전문가에 의해 이루어진다. 이러한 점에서 정책분석에 관련된 이론들을 다음 장에서 설명할 정책과정이론에 포함시키지 않았다.

먼저 정책분석의 개념과 정책분석가의 윤리에 대하여 설명한다. 정책분석은 사회적 가치에 관련된 정보를 제공하거나 공적 결정에 도움을 주기 위한 고객 지향적 활동이다. 정책분석은 개인적 의사결정 이상의 사회적이고 정치적 활동이라는 점에서 시민의 안녕과 복지문제를 다루는 것인 동시에 고객의 이익을 고려해야 하는 전문적인 활동이다.

전문가로서 정책분석을 수행하기 위해서는 기본적으로 정부의 역할과 한계에 대한 시각을 갖추어야 한다. 이런 점에서 우선 시장실패이론과 정부실패이론을 소개하고, 오늘날 요구되는 접근법은 무엇인가에 대해 검토한다.

다음으로 정책분석의 기준으로서 정책의 소망성과 실현 가능성을 설명한다. 정책소망성도 실제적 분석과정에서는 다양한 기준들을 적용할 수 있겠지만, 여기에서는 효율성과 형평성 및 정책의 실현 가능성을 분석하기 위한 기준으로서 가외성에 대하여 설명한다.

마지막으로 정책분석과정에서 활용될 수 있는 방법들로서 선형이론, CPM과 PERT, 게임이론, 비용-효과 분석 등을 포함한 관리과학에 대하여 다룬다.

I. 정책분석의 개념 및 정책분석가의 역할

1. 정책분석이란 무엇인가?

정책분석이란 정책결정자가 보다 나은 판단을 할 수 있도록 이에 필요한 정보를 창출하고 제시하는 일체의 분석형태를 말한다. 정책분석활동은 순수 이론적 차원에서 행해지기도 하지만 정책결정자가 정책을 결정할 때 조언을 주기 위해 하는 경우가 일반적이다. 정책분석가는 만들어질 정책과 그 정책을 통해 달성 가능한 결과와의 연계성에 대하여 분석한다. 그리고 정책결정자에게 정책문제를 인지하고, A대안을 채택하면 X결과가 야기될 것이라는 정보뿐만 아니라 이로 인해 누가 얼마만큼 유리해 질 것이라는 정보도 제공한다. 이러한 점에서, 정책분석활동은 과학이기도 하지만 기예(art)적 성격이 더 짙다(Badach, 2011).

정책분석가는 "S전략을 통해 A정책을 만들면, 사회 전체적으로 C라는 비용이 소요되지만 B의 효용을 얻을 수 있고, 이로 인해 정책결정자는 D만큼 이익을 얻을 것이다"라는 조언을 한다. 정책분석은 사회적 가치에 관련된 정보를 제공하거나 공적 결정에 도움을 주기 위한 고객 지향적 활동이며(Weimer & Vining, 2010), 사회적이면서 또한 정치적인 활동이다(Badach, 2011). 정책분석의 결과를 직접적으로 활용하는 주체는 고객이다. 장기적으로는 정책분석 결과에 대하여 찬성하거나 반대하는 다양한 하위집단들이 생기겠지만, 정책분석의 결과를 직접적으로 활용하는 주체는 고객이다. 고객은 조직계층의 상관이거나 경제적 보상을 하는 외부 정책기관인 경우가 일상적이다.

2. 정책분석가의 역할

정책결정자는 사회봉사를 위한 신념을 가질 뿐만 아니라 자신의 정치적 생존·발전을 위해 정치권, 선거구민 또는 대상집단의 반응에도 관심을 가진다. 그러므로 정책분석가는 단일 가치만을 — 예컨대 경제적 효율성 — 정책분석의 기준으로 삼아서는 안 된다. 만약 정책분석가가 다양한 정책참여자들의 이익을 무시한 정책대안을 제시한다면 정책결정자에 의해 채택되지 않거나, 설령 채택되더라도 집행과정에서 많은 문제에 봉착하게 될 것이다. 정책분석가는 자신의 고객이 정책결정과 집행을 잘할 수 있을 뿐만 아니라 그가 정책영역을 유지·확대할 수 있도록 조언해야 한다.

이런 점에서 정책분석가는 경쟁적 가치들로 갈등을 겪는 상황에 직면하게 되는 경우가 많다. 사회적 편익이 비용을 초과하는 것으로 분석하였지만, 정책과정에서 이해관계자의 극심한 반대가 예상될 때 정책분석가는 그 정책을 채택해야 한다고 조언해야 할 것인가? 정책분석가가 지향하는 정책가치가 고객의 그것과 차이가 심할 때 정책분석가는 어떻게 해야 할 것인가? 이러한 갈등적 상황에 대처하는 방법은 정책분석가의 유형과 그의 지향성에 따라 다르다.

Weimer와 Vining(2010)은 다양한 입장에서 활동해야 하는 정책분석가를 가치와 분석의 두 기준으로 유형화하였다. [표 3-1]은 정책분석가의 유형을 객관적 기술자(objective technician), 고객 옹호자(client advocate) 그리고 의제 옹호자(issue advocate)로 유형화하고, 각 유형의 분석가가 '분석적 통합', '고객에 대한 책임' 그리고 '좋은 사회에 대한 자신의 신념에 대한 집착'이라는 세 가치 사이에서 직면하게 되는 갈등상황을 설명한 것이다.

객관적 기술자는 자신의 가치에 비교적 중립적인 동시에 고객에 대하여도 일정한 거리를 유지하고자 한다. 이러한 유형의 정책분석가는 정책분석을 개관적 기준으로 하여 사회적으로 가치 있는 대안을 제시하고자 노력한다. 이에 비해 고객옹호자는 고객이 추구하는 가치를 우선시하며, 고객가치를 실현할 수 있는 대안 탐색을 위하여 정책분석을 한다. 이러한 유형의 정책분석가는 정책분

표 3-1   정책분석가의 역할에 대한 세 가지 관점

정책분석가 가치 / 정책분석가 유형	기본적 가치들		
	분석적 통합	고객에 대한 책임	자신의 신념에 대한 집착
객관적 기술자	• 분석가가 문제에 대해 주도적으로 이야기한다. • 일차적 초점은 정책대안들의 결과를 예측하는 것이다.	• 고객은 필요악이다. • 자신의 정치적 입장은 이차적으로 생각한다. 고객과 일정한 거리를 유지하며, 가능하면 자신이 고객을 선택한다.	• 추구해야 할 가치들을 구체화하고, 고객이 최소한 지녀야 할 가치들 중에서 현실과 협상한다.
고 객 옹호자	• 명확한 결론을 유보한다. 고객의 입장을 고려하여 융통성 있는 방안을 제시한다.	• 고객의 분석가에 대한 배려에 상응한 충성심을 지닌다.	• 양립 가능한 가치를 지닌 고객을 선택하고, 오랜 인간관계를 유지하며 고객의 선에 대한 개념을 바꾸고자 한다.
의 제 옹호자	• 명확한 결론을 유보한다. 분석결과가 부정적일 때는 분석적 불확실성이나 배제된 가치를 강조한다.	• 고객이 제공하는 분석의 기회에 기회주의적으로 대처하며, 개인적 관심을 위해 고객을 바꾼다.	• 분석은 좋은 사회에 대한 자신의 개념을 증진시키기 위한 수단이다.

석활동을 정해진 방향이나 목표를 달성하기 위한 과정에 놓여 있는 문제들을 해결하는 과정으로 보고, 분석결과를 통해 고객이 지향하는 가치를 객관화 내지 정당화하려 한다. 마지막으로 의제옹호자유형은 자신이 추구하는 가치나 사회상태를 달성할 수 있는 대안을 탐색하고 이를 현실적으로 실현시키고자 한다. 자신의 활동을 지지해 줄 자신의 지향성과 유사한 고객을 찾는다. 만약 분석의 결과가 자신이 추구하는 것과 괴리가 있다면 분석 결과의 불확실성이나 분석과정에 배제된 가치를 강조하며 자신이 원하는 방향의 대안을 도출하고자 한다.

3. 정책분석가의 윤리

가치 판단은 정책결정자의 고유영역이며, 정책분석가는 가능한 가치 중립적이어야 한다는 주장도 있을 수 있다. 그러나 정책분석가도 정책의 목표나 이념에 대해 공개적으로 논의하는 등 가치 판단을 해야 할 경우가 많다. 만약 정책분석가가 대립되는 가치들 중 하나를 선택해야 할 상황에 직면하게 된다면 고객의 요구, 공익 등을 통합적으로 고려해야 한다. 이를 바탕으로 정책분석가는 소신에 따라 조언하고, 이것이 정책결정자에 의하여 받아들여지지 않을 경우에는 선택의 필연성을 재강조하거나, 맡은 업무에서 사임하거나, 조직에서 이탈 또는 외부에 공개하는 등의 방법들을 고려해야 한다(Weimer & Vining, 2010).

Ⅱ. 정책분석을 위한 기초이론

1. 시장실패이론

1) 시장실패란 무엇인가?

시장이란 물건을 사고 파는 장소라는 물리적 의미가 아니라 수요와 공급에 의해 자율적으로 상품의 양과 가격이 결정되는 시장기제(market mechanism)가 작동되는 곳을 의미한다. 시장기제가 완벽하게 작동하는 이상적 시장에서는 모든 개인이 자신의 이익(self-interest)을 추구하지만 이로 인해 결국 사회복지(social welfare)가 극대화된다. 그러나 현실의 시장에는 보이지 않는 손이 제대로 작동하지 못하는 요인들이 존재한다. 시장기능에 의해 자원 배분이 최적으로 이루어지는 파레토 최적 상태를 달성하더라도 분배문제로 인한 사회적 불평등이 필연적으로 발생한다. 완전경쟁 시장이론의 전제들이 제대로 작동하지 못하는 요인들로 인해 수요와 공급에 의한 가격과 공급량이 자동 조절 되지 못하는 현상을 '시장실패'(market failure)라 한다(Wolf, Jr., 1991).

시장실패가 발생하면 시장이 자율적으로 이를 시정할 수 없기 때문에 이를 시정하기 위해서는 정부가 개입해야 한다. 그러나 시장실패는 정부 개입을 정당화하는 주요 이유이지만, 이는 필요조건이지 충분조건은 아니다. 20세기 중반부터 정부의 기능과 규모가 확대되었던 현상에는 시장실패를 줄이기 위해 정부가 개입하는 것이 정당하다는 전제가 일반화되었기 때문이었다. 예컨대 공장이 상품을 생산하면서 물과 공기를 오염시키면서 이에 대한 보상을 하지 않는다면 결국 정부가 세금이나 징벌 등의 방식으로 규제해야 한다는 시각이 일반적이었다. 상품 생산과정에서 발생한 환경오염을 시장이 자율적으로 막을 수 없기 때문에 정부가 해당 산업체에 대해 규제를 해서 사회적 피해를 막아야 한다고 본 것이다.

그러나 20세기 말로 접어들면서부터 정부실패가 더 큰 문제라는 인식이 확산되었다. 시장기제의 결함만큼이나 정부 활동에도 본질적인 한계가 있다는 것이다. 정부의 정책결정자는 특정 이익집단에 사로잡힐 가능성이 항상 있으며, 공익의 이름으로 사익을 추구하기도 한다. 정부는 관료주의와 예산제도로 인하여 사기업에 비해 더 경직적이고 비효율적인 방식으로 업무를 처리한다. 시장의 병을 고치기 위한 정부의 정책이 오히려 시장실패 보다 더 큰 해악을 초래할 가능성이 있다. 때문에 정부 개입으로 인해 발생하게 될 부작용이 시장실패로부터 야기되는 것보다 더 클 수도 있다는 인식이 확산되었다(Balleisen and David, 2010). 시장기제를 대치하여 명령과 통제기제가 작동하는 정부의 역할에 대한 부정적 시각이 점차 확대되었고, 정부의 규제는 과중하고 경직적(heavy handed)이라는 인식이 확산되었다.

정부의 역할에 대한 부정적 시각의 확산은 시장기제에 대해 상대적으로 긍정적으로 보는 결과를 초래하였다. 정부실패적 접근은 시장실패요인으로 인해 시장에 비록 문제가 있더라도 정부가 이를 시정하려다가는 오히려 더 큰 문제를 야기시킬 수 있다고 보는 것이다. 그러나 21세기 들어 미국의 금융위기를 진원지로 한 경제위기의 범지구적 파급에 이은 유럽의 재정 위기, 그리고 이러한 경제 위기를 극복하기 위한 각국 정부의 대대적인 시장 개입과 적극적인 국제 공조현상이 나타나면서 정부의 역할에 대한 인식이 다시 변화하고 있다. 자본주의와 시장경제를 지탱하게 하는 개인의 탐욕(selfishness)과 이윤 동기(profit motive)에 대해 다시 검토하는 작업도 일어나고 있다(Brook and Watkins, 2013).

2) 시장실패의 요인들

완전경쟁 이론에 따르면 효용 극대화를 추구하는 소비자와 이윤을 극대화하려는 기업의 행태에 의해 자동적으로 가격과 생산량이 결정된다. 사회의 모든 자원들이 이러한 시장기능, 소위 '보이지 않는 손'에 의해 파레토 최적상태에 자동적으로 도달하게 된다. 그러나 현실적으로는 시장기능이 제대로 작동할 수 없는 요인들이 존재하는데, 여기서는 대표적인 요인으로서 공공재, 외부성, 독과점 그리고 정보 불균형에 대해서 설명하고자 한다.

(1) 공 공 재

왜 특정 재화는 시장기제에 의한 효율적 배분이 이루어질 수 없는 것일까? 이는 경합성과 배제성을 지니는 일반재(private goods)와 다른 특성을 지니는 공공재(公共財, public goods) 또는 집합재(集合財, collective goods)가 존재하기 때문이다.

한 사람이 재화를 소비하면 다른 사람은 그 재화를 소비할 수 없는 것이 경합성(rivalry)이다. 배제성(excludability)은 재화를 구입한 사람이 배타적으로 지배하기 때문에 다른 사람은 그 재화의 소비나 사용이 배제되는 특성이다. 공공재는 비경합적이거나 비배제적 또는 이 두 특성을 모두 지니는 재화이다. 즉 공공재는 동시에 여러 사람이 소비할 수 있거나, 값을 지불하지 않은 다른 사람의 소비를 막지 못하는 재화이다. 재화를 분류하는 또 하나의 기준은 혼잡성 또는 고갈성(congestion)이다. 이는 재화를 재생능력 이상으로 과다하게 사용함으로써 자원이 고갈되는 특성을 말한다.

경합성과 배제성 그리고 고갈성을 기준으로 재화를 [그림 3-1]과 같이 분류할 수 있다.

가. 경합적 · 배제적 재화: 사적 재화

구두를 예로 들어보자. 구두는 다른 사람과 공동으로 신을 수 없기 때문에 경합성을 지니며, 또한 소유자가 허락하지 않는 한 아무도 그 구두를 신을 수 없다는 점에서 배제성을 지닌다. 경합적이며 배제적인 특성을 지니는 일반 재화는 시장원리에 의해 생산량과 가격이 결정되어 사회 전체적으로 파레토 최적상태를 이루기 때문에 시장실패가 일어나지 않는다. 만일 이러한 재화에 대해 정부가 가격이나 공급량에 대해 개입한다면 효율성보다는 다른 기준에 의해 정당성이 인정되어야 한다.

그러나 경합적 · 배제적이지만 고갈적 특성을 지닌 재화의 경우

그림 3-1 재화의 분류

	경합적	비경합적
배제적	**경합적 · 배제적** 비고갈적: 사적재화 고갈적: 사적재화 (과소비로 인한 외부효과 발생)	**비경합적 · 배제적** 비혼잡적: 거래 가능한 공공재 (유료공원) 혼잡적: 거래 가능한 공공재 (도로, 교량)
비배제적	**경합적 · 비배제적** 비고갈적: 자유재 고갈적: 공공자산(과소비 또는 저투자로 인한 외부효과 발생)	**비경합적 · 비배제적** 비고갈적: 순수 공공재(국방) 고갈적: 환경적 공공재(물, 공기)

는 소비가 적정 수준 이상이 되면 가격이 생산의 한계 비용이 아닌 소비의 한계 비용에 따라 결정되기 때문에 시장실패가 발생한다. 하지만 특정 재화의 고갈성으로 인한 시장실패는 공공재적 특성 보다는 외부성으로 보아야 한다.

나. 비경합적 · 배제적 재화: 거래 가능한 공공재

도로, 교량, 유료공원과 같은 거래 가능한 공공재(marketable public goods)가 여기에 속한다. 도로를 예로 들면, 교통량이 적을 때는 개인의 통행이 다른 사람에게 거의 영향을 미치지 않으므로 비경합적이다. 그러나 어느 수준 이상으로 교통량이 증가하여 혼잡하게 되면, 그때부터 지체로 인한 시간적 비용을 포함한 혼잡비용이 발생된다. 그러나 대부분의 운전자는 혼잡비용을 고려하지 않는다. 왜냐하면 다른 운전자가 부담하는 추가적 시간비용은 운전자가 지불할 필요가 없는 외부비용이기 때문이다. 운전자가 도로를 이용할 때 자신의 편익과 도로를 통과할 때 드는 시간 지체를 포함한 비용을 고려하여 편익이 크다고 판단하면, 혼잡하더라도 그 도로를 이용할 것이다. 이는 결국 외부성을 발생시켜 자원배분의 왜곡을 초래하게 된다.

이러한 거래 가능한 공공재의 혼잡성으로 인한 비효율성을 줄이기 위해서는 시장기제로는 해결할 수 없기 때문에 정부가 개입해야 한다. 예컨대 정부가 개입하는 방법으로는 ① 도로시설 확충, ② 혼잡통행료의 부과, ③ 출퇴근 시차제, ④ 10부제와 같은 차량 운행 제한 등과 같은 정책을 시행하는 것이다.

다. 경합적 · 비배제적 재화: 자유재

내가 소비하면 다른 사람은 그 재화를 소비할 수 없지만, 사용은 누구에게나 개방된 재화이다. 이 유형의 재화는 공급이 소비를 훨씬 초과하여 소비를 위해 가격을 지불할 필요가 없기 때문에 자유재라고 한다. 공기, 물 또는 강가에서 잡은 고기는 여기에 속한다. 그러나 자유재도 무제한적으로 공급이 가능한 것은 아니기 때문에 일정 수준 이상의 소비는 공공자산 문제를 야기한다. 예를 들어 강가에서 누구든 고기를 자유롭게 잡을 수 있지만, 너무 많이 잡으면 결국 고기가 고갈된다. 산림이나 초원 등의 자유재를 재생될 수 있는 수준을 넘게 소비하면 결국 누구도 사용할 수 없게 황폐화된다.

Hardin(1968)은 '공유지의 비극'이라는 이야기를 통해 이러한 특성을 지니는 공공자산의 문제를 잘 설명하였다.

❖ Hardin의 공유지의 비극(tragedy of commons)

초원에서 가축을 방목하는 사람은 자신의 가축 수가 많을수록 자기에게 이익이 된다고 생각할 것이다. 또한 방목자는 과다한 방목으로 초지가 황폐화된다 해도 그 피해는 초지를 이용하는 모든 사람에게 분산될 것이므로 자신에게 돌아올 피해는 일부분에 불과하다고 생각한다. 이러한 판단에 따라 방목자는 가능한 한 방목하는 가축의 수를 늘리려고 한다. 문제는 이 초원에서 방목하고 있는 모든 사람들이 같은 생각을 한다는 것이다. 모든 방목자들이 초지가 유한하다는 것을 알면서도 방목 가축 수를 무제한적으로 늘리면, 결국 초지가 황폐화되어 단 한 마리의 가축도 방목할 수 없는 비극적인 결과가 모두에게 초래된다.

이러한 공멸을 피할 수는 없는가? 기본적으로는, 방목자가 도덕적 양심이나 윤리적 판단에 의해 가축의 수를 제한해야 한다. 그러나 Hardin은 이에 대해 비관적 견해를 가졌다. 장기적으로 보면, 도덕이나 양심을 지키는 사람이 그렇지 않은 사람보다 손해를 보게 된다는 것이 그 이유이다. 단기적으로도, 도덕적 양심에 따라 행동하는 사람은 그렇지 않은 사람이 이익을 극대화하는 동안 자신은 그대로 있다는 상대적 박탈감 내지 사회적 모순에 대한 심리적 갈등 때문에 정신적 고통을 겪게 된다는 점이 또 다른 이유이다. 양심에 호소하여 자제를 유도하는 것은 결국 개인에게 자신의 이익에 반하는 행동을 아무런 대가도 지불하지 않고 요구하는 것이기 때문에 비극적 결과를 해결할 수 없다.

이런 점에서, Hardin은 '동의된 강제'의 영역을 넓혀야 한다고 주장한다. 개인의 권리와 자유에 대한 인식의 전환이 필요하며, 상호간 '동의의 강제'에 의해 공동의 이익이 지켜질 수 있다는 것이다.

라. 비경쟁적 · 비배재적 재화: 순수 공공재

국방은 비경합성과 비배제성을 지니는 순수공공재의 예가 된다. 즉 국방의 혜택은 한 국가 내의 모든 사람이 동시에 누릴 수 있으며, 또한 국민은 누구나 국방의 혜택을 받을 권리가 있다. 순수공공재를 소비하는 사람은 그 재화의 소비를 위해 얼마만큼을 기꺼이 '지불할 용의'(willingness to pay: WTP)가 있는지를 밝히지 않는다. 또한 공짜로 공공재를 소비하는 것을 막을 수 없기 때문에 아무도 공공재의 비용을 부담하려 하지 않는다. 이러한 요인들 때문에 공공재에 있어서는 무임승차자(free rider)의 문제가 발생한다. 또한 정당한 대가를 치르지 않고 수요하기 때문에 공급의 질에 대한 수요자의 선호가 적극적으로 반영될 수 없다. 예컨대 국방력 수준을 어느 정도로 할 것인가 하는 점은 시장원리에 의해 결정될 수 없다.

그렇다면 공공재의 생산비용은 누가 부담하며, 그 질은 누구에 의해 어느 정도에서 결정되는가? 우선 투표와 같은 방법을 통해 소비자의 선호가 표시되도록 하는 제도적 장치를 마련하는 방법을 생각할 수 있다. 이에 대해서는 제7장의 공공선택론에서 설명하였다.

(2) 외부성: 외부효과

가. 외부경제와 외부비경제

어떤 경제주체의 생산 혹은 소비활동이 다른 경제주체의 활동에 영향을 미치지만, 이렇게 발생한 편익이나 비용에 대한 보상이 이루어지지 않는 현상이 외부성(externalities)이며, 흔히 외부효과라고 불리운다. 여기서 '외부'란 가격기구의 작동영역 외부에 존재한다는 의미인데, 이는 다시 외부에 편익을 주는 외부경제와 비용이나 손실을 초래하는 외부비경제로 구분할 수 있다. 교육이 전자의 예라면, 환경오염은 후자의 예이다.

나. 외부성에 의한 시장실패

외부성이 있을 경우에는 개인비용과 사회적 비용간에 차이가 있다. 기업이 제품생산과정에서 발생시킨 오염에 대해 비용을 부담하지 않는 경우를 생각해 보자.

[그림 3-2]는 생산과정에서 외부비용을 초래하는 재화에 대한 수요와 공급을 나타낸다. S_P는 외부비용을 고려하지 않고 생산자가 실제

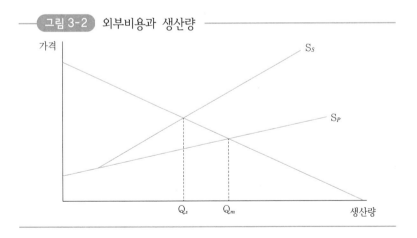

그림 3-2 외부비용과 생산량

로 지불하는 내부 생산비용을 생산량과 관계지어 나타낸 한계비용곡선 또는 공급곡선이다. S_s는 생산자의 내부비용에 외부비용을 합한 사회적 생산비용을 나타내는 공급곡선이다. 시장체제에서는 외부비용이 내재화되지 않은 채 S_p와 수요곡선 D가 만나는 점에서 균형이 이루어져 Q_m의 양이 생산된다. 그러나 이것은 사회적 최적기준보다 많은 양이다. 생산과정에서 발생한 환경오염에 대한 비용을 감안한다면 S_s와 D가 일치하는 Q_s양이 생산되어야 하는 것이다.

이와 유사한 방식으로 외부편익을 지니는 재화의 공급과 수요를 보면 개인 생산자의 공급곡선이 외부편익을 감안한 공급곡선보다 높게 나타나 사회적 최적량보다 적은 생산량에서 균형이 이루어진다.

이처럼 외부성을 지니는 경제활동에 있어서는 시장 기능만으로 효율적 자원 배분이 보장되지 못한다. 그러면 외부성으로 인한 시장실패 현상은 어떻게 해결할 수 있는가?

다. 외부성으로 인한 시장실패의 해결방법

외부성을 지니는 생산활동에 있어서는 시장기능만으로는 효율적인 자원배분이 보장되지 않으므로 정부의 개입이 요구된다. 외부편익이 발생하는 활동에 대해서는 정부가 보조금을 지급하여 생산량을 늘려야 한다. 반대로 외부비용을 초래하는 활동에 대해서는 정부가 세금을 부과하여 생산량을 줄임으로써 사회적 최적량에 도달할 수 있다. 즉 외부성으로 인한 개인적 비용과 사회적 비용의 차이에 대해 조세를 부과함으로써 두 비용을 같게 하여 효율적 배분이 달성될 수 있다. 이를 이론적으로 분석하였던 Pigou의 이름을 따서 'Pigou 조세'라 한다. 조세를 통해 개인적 비용과 사회적 비용을 일치시키도록 하는 것은 이론적으로는 설득력이 있으나 실행하는 데에는 상당한 어려움이 따른다. 가장 큰 어려움은 외부성에 따른 한계비용을 측정하는 것이다. 예컨대 각종 재화마다 생산과정에서 배출되는 오염량이 한 단위씩 증가할 때에 초래되는 국민건강과 자연생태계의 파괴비용을 측정하는 것은 매우 힘든 일이며 가치판단이 개입되지 않을 수 없다.

다음으로는 정부가 나서서 외부비경제를 야기한 사람들에 대해 강력한 규제를 하는 것이다. 정부의 각종 환경규제는 여기에 속한다. 문제는 정부가 행정규제를 통해 외부비경제를 없애거나 줄일 수 있는가 하는 점이다. 외부비경제를 발생시키는 모든 사람을 규제하기는 현실적으로 어려움이 많으며, 지나친 규제는 또 다른 문제를 야기할 수도 있다.

그 다음에는 전통적 시장기구 안에서 해결하는 방법이다. Coase는 이러한 논리를 전개한 대표적 학자이다. 그는 재산권이 명확히 설정되어 있고, 거래비용이 존재하지 않는다면 재산권이 누구에게 설정되었든 관계없이 당사자간 협상을 통하여 효율적 배분을 달성할 수 있다는 'Coase 정리'(Coase Theorem)를 주장하였다.

❖ Coase 정리의 예

강 상류에 위치해 있는 염색공장으로 인해 강물이 오염되었다고 하자. 그런데 맑은 물의 재산권이 하류에 거주하는 주민들에게 있다면, 염색공장은 강물의 오염에 대해 보상해야 한다. 반대로 강물의 오염권이 염색업자에게 있다면, 주민들은 염색공장에 보상하여 오염량을 줄이도록 요청할 수 있다. 염색업자는 생산량을 줄이더라도 시민으로부터 충분히 보상을 받는다면 합의한 수준까지 줄이려 할 것이다. 그러나 재산권을 명확히 설정한다거나, 협상을 위한 거래비용이 없다는 Coase의 가설은 현실적으로 불가능하다는 비판을 받고 있다.

마지막으로는, 환경재의 경우에 논의가 되는 오염권 제도이다. 이는 특정 오염물질의 총량적 오염기준을 설정하고, 이 총량에서 오염주체의 수로 나눈 오염권을 발행하여 할당하는 제도이다.

❖ **기후변화협약에서 오염권 제도**

기후변화협약에서 지구 전체적으로 이산화탄소를 배출할 수 있는 총량을 산정하고, 이를 국가별로 나눈 일정량까지는 각국에게 오염권을 교부한다. 각국가는 허용 범위까지는 이산화탄소를 배출할 수 있지만 더 많은 양을 배출하고자 할 때는 오염권 시장에서 오염권을 구입해야 한다. 허용기준 이상으로 배출하려는 국가가 많을수록 오염권은 비싸게 거래될 것이므로, 각국은 이산화탄소 배출량을 줄이고 이를 오염권 시장에서 팔 것인지 여부를 결정할 것이다. 이는 결국 오염권 가치를 반영하는 시장기능에 의해 오염량이 결정되므로 정부개입으로 인한 파생적 문제를 줄일 수 있다. 그러나 오염 총량을 설정하거나, 오염권을 할당하는 기준을 설정하기 어렵고, 또 일정기준까지는 외부효과를 용인한다는 점에서도 비판의 여지가 있다.

(3) 독 과 점

독과점이란 한두 개의 기업이 전 시장을 점유하는 것을 말한다. 특정 산업에 진입·퇴출이 자유롭지 못하다면 이도 독과점에 해당한다. 독과점은 생산량을 제한하여 소비자 후생을 감소시키고, 이로 인해 분배문제를 야기시킨다. 정부는 타기업들의 독점산업으로 진입 촉진, 가격과 수량 규제, 조세정책 등을 통해 독과점의 피해를 줄일 수 있다.

농촌지역 의료 서비스와 적자지역에서 운행되는 교통산업과 같이 공급가격이 너무 낮기 때문에 민간시장에서 재화나 서비스를 공급하지 못하는 산업, 통신·전력·철도와 같이 막대한 고정비용을 필요로 하지만 생산량이 증가할수록 평균비용이 하락하는 비용체감산업은 독과점과 마찬가지로 시장실패를 야기한다.

(4) 불완전한 정보

가. 불완전한 정보

완전경쟁 시장이론에서 소비자가 상품가격, 품질 등을 정확하게 알고 있다는 가정은 비현실적이다. 대부분의 소비자들은 과대광고 등으로 상품에 관해 충분한 지식을 갖고 있지 못하며, 생산자 역시 소비자의 선호를 완벽하게 반영하지 못한다. 이러한 정보의 불완전성은 주로 정보를 얻거나 제공하는데 많은 비용이 소요되기 때문이다. 또한 현재뿐만 아니라 미래에 사용될 상품에 관한 완전한 정보를 갖기는 불가능하다. 예를 들면 선물시장(先物市場, futures market)의 할인율, 보험과 같이 미래의 재난에 대비하는 조건부 시장(contingency market)의 가격 등이다.

이러한 불완전한 정보는 소비자의 효용극대화를 저해할 뿐만 아니라 효율적 자원배분을 왜곡시킨다. 정부는 정보 수집의 대가를 지불하지 않은 사람도 정보의 이득을 누릴 수 있도록 공공재적 특성을 지니는 정보를 제공하거나, 과대 광고·표준가격·제품의 질 등을 규제함으로써 공정거래 질서 확립을 통해 정보 불완전성으로 인한 시장실패를 시정할 수 있다.

나. 비대칭적 정보: 역선택과 도덕적 해이

불완전한 정보를 지닌 상황 중에서 거래하는 한쪽이 다른 쪽보다 상대적으로 더 적은 정보를 보유하고 있는, 즉 비대칭적 정보(asymmetric information)의 상황도 시장실패를 야기한다. 정보의 비대칭적 상황은 상품의 특성을 한쪽만 알고 있는 경우와 한 당사자의 행동을 다른 쪽에서 관찰할 수 없기 때문에 정보를 알 수 없는 경우로 대별할 수 있다. 전자의 상황에서는 '역선택'(adverse selection)의 문제가, 후자에서는 '도덕적 해이'(moral hazard)가 발생한다.

정보의 비대칭성으로 인해 발생한 역선택을 극복하기 위해 정보가 없는 쪽에서는 부정확하지만 상품이나 서비스를 선별(screening)하거나 판매자가 상품의 우수성 알리기(signaling) 또는 자신의 상표에 대한 평판(reputation) 만들기 등을 하여야 한다.

한편 정부로서는 모든 당사자들을 강제적으로 거래하게 할 수 있다. 현재 시행 중인 자동차 책임보험제도, 의료보험제도 또는 국민연금제도는 문제 발생시 당사자를 보호하기 위한 복지정책적 의미도 있지만, 역선택 문제도 아울러 해결하는 부수적 효과도 있다.

당사자 모두에게 영향을 미치는 한쪽 당사자의 행동을 상대방이 관찰, 통제할 수 없기 때문에 발생하는 도덕적 해이 문제는 '본인-대리인 모형'(principle agent model)을 통하여 분석 · 설명할 수 있다. 거래관계자 중 한쪽의 행동이 다른 쪽에 영향을 미치는 관계를 대리관계라고 하는데 행동을 취하는 쪽을 대리인, 대리행위로 인하여 영향을 받는 쪽을 본인이라 한다.

예를 들면 민주사회에서 정부는 본인인 국민을 대신하여 국가를 관리하는 대리인에 해당한다. 본인을 위해 임무를 수행해야 할 대리인이 본인과 상충되는 이해를 가지게 될 때, 대리인은 자신의 이익을 위해 본인의 이익을 포기할 가능성이 높다. 본인이 대리인의 행동을 완전히 감독 · 통제할 수 있다면 이러한 가능성을 줄일 수 있을 것이지만, 현실적으로 이는 불가능하다. 이렇게 본인이 대리인의 행동을 감독 · 통제하지 못하여 대리인이 본인보다는 자신의 이익을 위해 행동하는 것을 도덕적 해이라고 한다.

❖ 중고차 시장에서의 역선택(레몬의 문제)

중고차는 동일 연도의 차종이라 하더라도 사고 여부, 관리 정도에 따라 그 상태에 있어 차이가 난다. 원소유자는 중고차의 결함을 잘 알고 있겠지만, 구매자는 한두 번 타보는 것으로는 차의 품질을 알기 어렵다. 더욱이 중고차 시장에는 상등품과 하등품의 차가 섞여 있기 때문에 정보력이 약한 구매자는 구입가격이나 차종 선택에 있어 어려움이 많다. 판매자도 거래가격이 자신의 평가액에 부합하면 팔겠지만, 낮은 경우에는 팔지 않을 것이다.

그런데 판매자는 자신의 차의 품질을 알고 있지만 구매자가 이를 판단할 수 없는 상황에서는, 모든 판매자는 높은 가격을 받기 위해 자신의 차가 상등품이라고 주장할 것이다. 이로 인해 중고차 시장에서는 품질 구분이 어려우며, 구매자는 중간수준의 차량가격에서 구매하려 한다. 이러한 상황에서는 상등품차량 소유자는 판매를 포기하게 되므로, 상등품차량이 중고차 시장에서 사라지게 된다. 구매자들은 점차 중고차 시장에는 하등품만 있다는 것을 알게 되고, 하등품 가격 이상을 지불하지 않게 될 것이다.

이처럼 시장에서 거래되는 제품품질에 차이가 있고, 오직 거래의 한쪽 당사자만 그 품질을 알고 있을 때, 시장에서는 저질의 상품만 거래되는 결과를 '역선택'이라 한다. 이로 인해 상등품의 거래를 통해 발생할 이익이 사라지게 된다. 미국에서는 상등품 중고차를 복숭아(peach), 하등품을 레몬(lemon)이라 부르기 때문에 역선택의 문제를 레몬의 문제라 부른다.

❖ 중고차 시장에서의 도덕적 해이의 예

중고차를 사려는 사람이 품질을 믿지 못하여 망설일 때, 판매자가 판매 후 1년 내에 중대한 고장이 있으면 수리비를 부담하는 품질보증을 해 주었다고 하자. 그런데 1년 이내에 중대한 고장이 났다면 그 고장이 거래당시 중고차의 상태가 좋지 않았기 때문인지, 아니면 매입자가 품질보증을 믿고 차를 거칠게 몰았기 때문인지 알기 어렵다. 이때 구입자가 품질보증을 받았기 때문에 과거와는 달리 거칠게 차를 몰았다면 이는 도덕적 해이에 해당된다.

2. 정부실패이론

1) 정부실패란 무엇인가?

시장기제가 제대로 작동하지 못하는 시장실패의 상황에서는 정부가 개입하여 이를 시정할 수 있다. 정부가 개입하는 형태는 규제, 순수공공재 공급, 준공공재 공급 그리고 이전지출 관리라는 네 가지가 일상적이다(Wolf, Jr., 1993). 그러나 정부의 수요와 공급 구조의 본질적인 결함 때문에 정부의 개입이 오히려 역효과를 가져오기도 하는데, 이를 시장실패에 대비하여 정부실패(government failure) 또는 비시장실패라 한다.[1]

2) 정부 산출물의 수요와 공급의 특성

정부실패 요인을 설명하기 전에, 정부 산출물에 대한 수요와 공급측면에서의 특성에 대해 먼저 이해할 필요가 있다.

(1) 정부 수요의 특성

가. 시장실패에 대한 사회적 인식 증대

소비자, 환경, 교통 등 많은 사회문제들이 시장기능으로는 해결될 수 없다는 인식이 사회적으로 확산되면서 많은 사람들은 정부

---

1 Wolf(1993)는 시장실패와 대칭하여 '비시장실패'(non-market failure) 개념을 사용한다. 이에는 정부 외에 공공단체나 비영리조직이 포함된다.

가 이에 대한 적극적인 대책을 마련해 줄 것을 기대하게 된다. 정부의 조정자 또는 문제 해결자로서의 역할에 대한 기대가 증대되고, 정부의 개입을 요구하는 정치적 압력이 커지면 그만큼 정부수요도 확대된다.

나. 정치적 조직화와 정치적 권익 신장

오늘날 각종 이익집단이나 시민단체들이 조직화되고, 또 이들의 정치적 권익이 신장되고 있다. 정치적 민주화로 인해 정책과정에서 소외되었거나 소극적이었던 집단들이 적극적으로 참여하여 시장실패를 시정하도록 정부에 압력을 가하게 된다.

다. 정치적 보상체계의 왜곡

정부는 정부에 대한 요구를 해결해 줌으로써 얻게 될 정치적 보상에 일차적 관심을 가진다. 이들은 문제의 본질에 대한 심층적 분석이나 문제해결을 위한 체계적 검토를 하지 않고, 문제의 해악과 문제해결의 당위성만을 강조하여 집행문제를 고려하지 않고 무책임하게 정책을 만든다.

라. 정책결정자의 단견

단기적 성과에 치중된 평가체계, 선출직 정책결정자의 짧은 임기 등으로 미래를 내다보는 장기적인 정책개발보다는 임기 중에 결과를 낼 수 있는 단기계획에 치중한다. 이러한 관료의 근시안적 시각 때문에 백년대계를 바라보고 수립해야 할 정책들이 기피되거나 연기된다.

마. 편익과 부담의 분리

시장에서는 이익을 보는 사람이 비용을 부담하지만, 정부수요에서는 수혜집단과 비용부담 집단이 다른 경우가 많다. 이를 미시적 분리(micro-decoupling)와 거시적 분리(macro-decoupling)로 나눌 수 있다. 전자는 정책으로 인한 편익은 특정 집단에 집중되어 있으나, 그 비용은 납세자나 일반 소비자인 경우이다. 정책수요는 다수이지만 그 재원을 소수에 의존하는 경우는 후자에 해당한다. 이런 경우 잠재적 수혜집단과 잠재적 손실집단은 정치적 조직화나 로비를 통해 자신의 이익을 극대화시키거나 손실을 극소화시키려고 노력할 것이다. 이러한 '이익집단 정치'(interest group politics)를 통해 산출된 정책은 불공정성 문제를 야기할 수 있다.

(2) 정부 공급의 특성

가. 정부산출의 정의 및 측정의 곤란성

정부업무를 정의하거나 정부산출을 측정·평가하기가 곤란한 경우가 많다. 교육이나 국방이 무엇인지 정의를 내리기가 어렵고, 교육부의 연간사업을 측정·평가하기가 곤란하다. 이런 경우 정부산출물 그 자체에 대해 정의·측정하기보다는 총예산 중 교육예산의 비율과 같이 투입된 비용이나 자원의 양이 무형적 산출물을 대신할 수 있다. 그러나 이러한 대용물이 정책산출을 어느 정도 반영하고 있는지를 파악하기 어렵다.

이 때문에 관료들은 궁극적 목표보다는 중간적·실천적 목표에 따른 부분 최적화(sub-optimization)를 추구하게 된다. 이는 현실적으로 불가피한 면도 있지만, 이것이 관례처럼 된다면 목표 대치(目標代置, goal displacement) ─ 수단을 통하여 달성하고자 했던 목표를 도외시하고 수단을 달성해야 할 궁극적 목표로 삼는 것 ─ 가 빈번히 일어나게 될 것이다. 또한 완전한 최적화나 X-효율성을 추구할 유인들도 사라지게 된다.

나. 단일 원천에 의한 생산: 경쟁기제의 결여

공공서비스나 공적재화는 법률적 또는 행정적으로 독점적 관할권이 위임된 기관에서 공급한다. 법률이나 행정력에 의해 경쟁기제가 이루어져 있지 않기 때문에 산출물의 질에 대한 평가가 어렵다. 공공과 민간부문에서 공급하는 재화나 서비스의 효율성을 비교한 연구들의 공통적인 결론은 ─ 다른 조건이 동일하다면─ 공공부문에서 보다 민간부문에서 공급하는 경우가 더 효율적이라는 것이다.

그러나 민영화가 공공부문을 개혁하기 위한 유일한 대안은 아니라는 지적들도 많다. 즉 공공보다 민간부문에서의 공급이 더 효율적인 이유는 소유권 요인(ownership factor)보다는 자원배분에 있어 경쟁이 존재하기 때문이다(Lane, 2000). 따라서 공공부문에 경쟁기제(competition mechanism)를 도입한다면 공공성을 배제하지 않더라도 효율성을 높일 수 있을 것이다.

다. 생산기술의 불확실성

정부산출물은 그것의 생산기술이 알려져 있지 않은 것이 보통이고, 설령 알려져 있다 하더라도 불확실하고 애매모호하다. 더욱이 정책과정에 관한 자료가 없거나 비공개적인 경우도 많다. 정부가 정책과정에 필요한 기술이 불확실함으로 인해 적절한 품질을 갖춘 정책을 결정하고 공정하고 효율적으로 집행하지 못한다.

라. '최저선' 또는 최종 기제의 결여

기업의 손익계산서와 같은 업적평가를 위한 최저선(bottom line)이 정해져 있지 않고, 정부활동이 성공적이지 못할 때 그것을 종결시킬 수 있는 기제도 마련되어 있지 않다.

정부부문에는 재화나 서비스 공급을 확대하려는 본질적 요인들이 존재한다. 불균형이론(asymmetry theory)에서는 공급 확대를 야기하는 정부의 제도적 요인을 의사결정, 생산 그리고 재정이라는 세 측면에서 설명하고 있다(Lane, 2000).

첫째, 의사결정 불균형(the decision asymmetry)은 정책과정에서 시민의 이익과 특정 이익집단의 그것 간에 균형을 이루게 하는 제도적 장치가 취약하기 때문에 시민보다는 특정 이익집단에 유리한 정책을 산출하는 경우가 많다.

둘째, 정부산출물을 생산하는 생산자 집단과 이를 소비하는 집단의 이익을 조정할 수 있는 효율성 기준이 ―시장기제에서 수요·공급곡선과 같은― 없다. 또한 효과성이나 생산성을 명확히 측정할 수 없기 때문에 공적 자원이 효율적으로 배분되지 못하고 생산 불균형(the production asymmetry)이 발생한다.

셋째, 재정 불균형(financial asymmetry)이란 공공부문에서 산출하는 재화나 서비스의 수요와 이를 공급하기 위해 소요되는 지출과의 차이를 말한다. 이는 '편익과 부담의 분리'와 유사한 설명이다.

3) 정부실패의 요인들

Wolf는 이상과 같은 정부의 수요와 공급 특성들로 인한 정부실패의 원천으로서 비용과 수입의 분리, 내부성(internality), 파생적 외부성(derived externality) 그리고 분배적 불공평을 든다. 여기서는 예산기제(budget mechanism)의 비효율성도 덧붙여 설명하기로 한다.

(1) 비용과 수입의 분리

민간부문에서는 제품의 가격과 생산원가가 어떠한 형태로든 연계되어 있는데 비해 정부활동은 비용과 수입이 분리되어 있는 것이 일반적이다. 즉 세금은 정부의 주된 수입(收入, revenue)인데, 이는 공공서비스나 정부산출물을 생산하는데 소요된 비용과 연계되어 있지 않다. 이처럼 공공부문의 수입과 비용의 분리는 공공서비스의 생산과정에 있어 비효율성 발생의 원천이 된다. 그러므로 가능하다면 공공서비스 공급기관을 독립채산제로 운영하거나 민영화하면 정부실패의 가능성이 줄어든다.

(2) 내부조직 목표와 사회적 목표와의 괴리: 내부성

민간조직이 분명한 경영목표를 지니고 있는데 비해, 정부조직은 내부목표가 없거나 있더라도 추상적이다. 정부조직의 내부목표는 정부기관으로서 당연히 추구해야 할 공익목적과 연계되지 않는 경우가 많다. 또한 정부조직 성과에 대한 객관적 효과성 측정이 어렵고, 정부 활동은 경쟁이 없거나 제한되어 있기 때문에 생산성 향상을 위한 비용 절감의 유인이 별로 없다. 더욱이 정부활동이 비효율적이라 하더라도 이를 종결시키기가 어렵다. 이처럼 정부조직의 목표는 사회적 목표나 공익과 무관하게 사익적(私益的)인 경우가 많은데, 이를 내부성(internality)이라 한다. 비용이나 편익이 외부, 즉 생산자에게 돌아가는 '외부효과'와는 반대 개념으로 내부성은 생산자가 대가를 치르지 않은 편익을 향유한다는 의미이다.

정부조직이 갖게 되는 구체적 내부 목표들을 보면 다음과 같다.

가. 더 많은 예산의 확보

정부기관은 가능한 많은 예산, 수입, 인력을 확보하기 위해 노력한다. 이는 조직이 확보한 인력과 예산의 크기가 곧 조직성과를 대변하는 것으로 간주되고, 또 조직이나 조직구성원의 영향력이나 위신 정도를 나타내는 것으로 간주되기 때문이다. 물론 업무를 보다 충실히 하거나 더 많이 하기 위하여 인력과 예산이 많이 필요한 경우도 있겠지만, 정부조직의 성과 측정을 위한 객관적 지표가 존재하지 않는 한 인력이나 예산 확대의 필요성을 객관화하기 어렵다. 결국 "많을수록 더 좋다"는 식으로 되거나, 누구를 위한 증원·증액인가가 모호하게 된다.

❖ **파킨슨의 법칙(Parkinson's Law)**

Parkinson이 공무원 수의 증가에 관한 관찰을 통해 "공무원의 수는 업무량의 증가와는 관계없이 증가한다"는 법칙을 발견하였다. 이 법칙은 조직 관리자가 무작정 자기 부하의 숫자를 늘리려는 성향, 즉 '관료적 제국주의' (bureaucratic imperialism)를 지적한 것이다.

나. 최신 기술에의 집착

정부조직은 "새롭거나 복잡한 것이 더 좋다"는 관점에서 새로운 기술이 더 좋을 것이라는 관점을 추구한다. 이는 정부조직에 대한 효율성 측정이 어렵기 때문에 비용이나 조직상황에의 적합성 등에 대한 고려가 민간에 비해 상대적으로 취약하기 때문이다.

다. 정보 획득과 통제

정부조직은 정보를 일종의 권력을 유지·확대하는 원천으로 보아, 다른 사람과 정보를 공유하지 않으려 한다. 이러한 현상은 특히 외교·안보분야에서 뚜렷하다.

(3) 파생적 외부성

파생적 외부성(derived externality)이란 시장실패를 시정하려는 정부 개입이 초래하는 예기치 못한 결과를 의미한다. 이는 정부가 예기치 못하거나 비의도적인 파급효과를 일으킨다는 점에서, 다른 사람에게 아무런 대가없이 편익이나 손실을 초래하는 시장기제의 외부성과 유사한 속성이다. 파생적 외부효과는 인간의 예측능력 한계에서 그 원천을 찾을 수 있겠지만, 보다 직접적으로는 정책결정과정에서 다양한 집단들로부터 정치적 영향을 많이 받기 때문에 발생한다. 그 외에 정책결정의 조급성과 정책결정자의 근시안적 사고방식이 파생적 외부성을 일으킨다.

(4) 분배적 불공평

정부 개입의 중요 이유들 중의 하나는 시장기제에 의해 야기된 자원 배분의 불공평을 시정하기 위해서이다. 그러나 정부 활동으로 인해 오히려 또 다른 분배적 불공평이 생겨난다. 시장에 의해 야기된 불공평이 주로 소득과 부에 관련된 것이라면, 정부 개입은 '권력과 특혜'의 측면에서 나타난다. 그 이유는 정책이 이루어지기 위해서는 정책결정자나 집행자가 권한을 가지게 되는데 ― 물론 이들의 권한 행사를 규제하기 위한 법령이나 감시기관이 있지만 ― 그 과정에서 부정과 비리가 행해지거나 교묘하게 특정 집단이나 사람에게 이익을 줄 수 있기 때문이다.

(5) 예산기제의 비효율성

공공부문이란 기본적으로 자원을 동원하여 이를 재화, 서비스 또는 화폐형태로 배분·재배분하는 체계이다. 이러한 체계를 운용하는 기본 기제는 예산이다. 예산기제에 의한 자원 배분은 시장기제에 의한 경우와 여러 면에서 다르다. 예산에는 수요를 구체적으로 파악할 수 있는 절차가 없으며 단지 비용만을 파악할 수 있다. 예산항목의 한계가치와 한계비용이 일치하는 점을 누가 알 수 있겠는가? 이로 인해 생산자는 "아무리 많아도 충분치 않다"거나 "더 많은 예산이 더 큰 효과를 가져올 수 있다"고 주장하게 된다.

공공부문에 내재되어 있는 불균형이 정부실패를 야기시킨다면, 이를 어떻게 치유할 수 있을 것인가? 많은 학자들은 민영화를 대안으로 제시한다. 공공보다는 민간부문이 더 효율적이라는 가설을 지지하는 경험적 연구들도 많다. 그러나 시장실패의 우려 때문에 또는 이익집단이나 시민의 반대로 인하여 민영화가 곤란한 경우도 있다. 그래서 또 다른 학자들은 분권화가 또 다른 대안이라고 주장한다(Lane, 2000).

3. 정부의 역할범위에 관한 논의

우리는 시장실패와 정부실패가 야기되는 원인들에 대해 이해하였다. 이러한 이해를 바탕으로 정책이 시장원리를 따라 정부의 역할을 최소화해 나가야 하느냐, 아니면 정부가 어느 범위까지 민간활동에 개입해야 하느냐, 시장원리에 충실하더라도 정부가 해야 할 역할범위는 어디까지인가에 대해 논의할 차례가 되었다. 그러나 이러한 논의를 위해서는 시장원리가 충실히 작동할 수 있는 경제제도가 어느 정도 정비되어 있는가 하는 점과, 시장기능이 원활히 작동할 수 있도록 하는 정부의 역량을 어느 정도 갖추고 있는지에 대한 검토가 먼저 이루어져야 한다.

시장경제가 잘 운용되기 위해서는 우선 시장다운 시장이 형성되어야 한다. 여기서 시장다운 시장이란 파는 사람들과 사는 사람들이 자유롭게 모여 정보를 교환하고 흥정을 해 균형가격을 형성하고, 그 가격 하에서 재화의 이동이 정상적이고 순조롭게 이루어지는 장소 또는 조직이 마련되어야 한다는 의미이다.

둘째, 시장이 형성되기 위해서는 거래에 관한 규칙이 설정되어 있어야 하고, 이러한 규칙에 따라 원활히 시장기능이 작동되도록 하는 관리자가 있어야 한다. 마치 운동경기에서 공정한 규칙이 있어야 하고, 경기자들이 규칙에 따라 시합이 잘 진행되도록 하는 심판이 있어야 하는 것과 같다.

셋째, 시장기능이 원활히 작동될 수 있도록 규칙을 집행하는 유능한 정부가 있어야 한다. 정부가 시장기능이 잘 작동될 수 있는 기반을 조성하고, 저해하는 요인들을 제거하는 역할을 담당해야 한다.

시장실패이론에 입각한 접근은 공공재, 외부성, 독과점, 불완전한 정보와 같은 요인들에 의한 시장 교란을 병으로 보고, 경험이 많고 전문성이 높은 사회의사로서 정부가 이러한 병을 잘 진단하고 처방할 수 있다고 보는 것이다. 그런데 시장실패적 접근은 정부에 의하여 방해 받지 않는다면 시장은 항상 변화적이고 발전적이라는 시장의 동태적 측면을 경시한 것이라는 점을 유의해야 한다. 시장은 상황에 따라 보다 정교해질 수 있으며 수많은 개인의 욕구를 더 잘 충족해 줄 수 있다는 점을 인식할 필요가 있다(Tanzi,

2011).

물론 개인적 탐욕으로 인한 배분의 불균형과 시장기제의 붕괴가 능성을 정부의 규제로 어느 정도 보정되어야 한다. 또한 환경, 국제금융, 테러, 범죄 등과 같은 문제들은 지역별 그리고 국가간의 거버넌스에 의해서만 해결가능하다. 이런 점에서 정부의 역할의 중요성을 감안한다면, 필요한 범위와 수준에서 시장에 대한 적절한 정부의 규제가 확대되어야 한다. 정부의 현명한 규제(smart regulation)를 위한 사회적 담론이 활발히 이루어지고, 이를 위한 이해관계자의 선호가 충분히 반영되도록 정책을 상황 적응적으로 수립해야 할 것이다.

Ⅲ. 정책분석의 기준

1. 분석기준으로서 소망성과 실현 가능성

정책분석의 대상이 되는 정책대안의 궁극적인 가치는 그 정책이 가져올 사회적 편익의 정도와 정책대안의 실현 가능성에 의해 정해진다. 즉 정책대안의 소망성과 실현 가능성은 정책분석의 중요한 기준이다.

소망성(desirability)이란 정책대안의 바람직스러운 정도를 의미한다. 그런데 소망성은 누구의 입장에서 분석하느냐에 따라 분석의 기준과 결과가 달라진다. 정책분석의 기준으로서 소망성은 다양하지만 여기서는 효율성과 형평성에 대해서만 설명하기로 한다.

한편 실현 가능성(feasibility)은 정책대안이 채택되어 집행될 수 있는 가능성을 말한다. 실행 가능성을 분석하기 위해서는 정치, 경제, 사회, 문화, 기술 등 여러 측면을 고려해야만 한다. 그러나 실제에 있어 관련 변수들을 모두 고려하여 실행 가능성을 분석하기란 어렵기 때문에 정책환경이나 상황에 따라 고려해야 할 주요 변수들을 달리해야 한다. 실현 가능성을 분석하기 위한 기준들은 여러 가지가 있지만 여기서는 가외성에 대해서만 설명하기로 한다.

2. 효율성

효율성의 개념은 정책분석의 기준으로서 뿐만 아니라 행정이나 정책을 평가하기 위한 기준으로서 광범위하게 사용되고 있다. 그런데 효율성이 무엇이며, 실제에 있어 이를 어떻게 측정할 것인가는 대단히 어려운 문제이다.

1) 개   념

(1) 효 율 성

Wilson(1887)은 행정 연구의 목적은 첫째, 무엇을 정부가 적절하게 그리고 성공적으로 할 수 있는가를 찾고, 둘째, 돈이나 에너지를 가능한 한 적게 들여서 이러한 일을 효율적으로 할 수 있는 방법을 연구하는데 있다고 보았다. Wilson 이후 지금까지 학자들이 사용하고 있는 효율성(efficiency)의 의미를 살펴보면 매우 다양하지만, 다음과 같이 다섯 가지로 분류해 볼 수 있다.

첫째, 철학적 의미의 효율이라고 Waldo(1980)가 지칭한 것으로 이는 힘, 에너지 또는 생산성을 의미한다.

둘째, 투입에 대한 산출의 비 또는 비율을 의미한다. 이는 기계적, 기술적 또는 관리적 효율이라고도 지칭되며, 가장 빈번히 사용되는 개념이다. 어떤 일을 달성하는데 소요되는 자원을 최소화거나, 동일한 양의 자원으로 최대의 가치를 거두었다면 기계적 효율을 달성한 것이다. 기계적 효율을 측정하기 위해서는 투입과 산출이 어떤 형태로든 비교되거나 측정될 수 있어야만 한다.

셋째, 순사회 이익(net social benefit)이 최대가 되는 파레토 최적 (Pareto optimum)이 달성된 상태를 의미하는 배분적 또는 경제적 효율이다. 기계적 효율은 정책과정에 대한 개념인데 비해, 배분적 효율은 사회 전체의 자원 배분의 상태에 관한 개념이다. 이는 수없이 많은 개인이 이익을 추구하며 경제행위를 하면, 전체적으로 조화를 이루면서 생산과 교환이 이루어져서 더 이상의 개선의 여지가 없는 상태인 파레토 최적에 도달한다는 것이다.

넷째, 기계적 효율에 대한 비판적 입장에서 조직구성원의 심리적 만족감이나 사회적 욕구 충족도에 관련된 사회적 효율성이다. 어떤 면에서는 이러한 의미의 효율성은 민주성이라는 이념으로 설명할 수도 있다. 즉 사회적 효율성이 "누구를 위한 효율이냐"라는 효율의 목적이나 방향성을 내포하는 개념이다. 사회적 효율성이라는 기준이 필요한 이유는 기계적 효율이라는 측면에서 보면 우선 당장에는 효율적인 것 같지만 장기적인 면에서 오히려 비효율적일 수 있기 때문이다.

다섯째, X효율 개념이다. 경제학자인 Leibenstein은 기업이 이윤을 극대화하기 위해서는 주어진 자원으로부터 최대한의 생산을 이룩해야 하는데, 현실적으로 그렇지 못한 경우가 많다고 지적하면서 이를 'X비효율'이라 하였다. 즉 X비효율성은 경영능력이 부족하기 때문에 발생하는 잠재적 극대 생산량과 실제 생산량과의 차이로 측정할 수 있다. 또 Leibenstein은 X비효율성이 근로자들에게 동기를 부여하고 활성화하는데 필요한 관리자의 능력을 평가하는 수단으로 이용할 수 있다는 점을 강조한다. 그리고 X비효율은 독점력과 관련되어 논의되기도 한다. 즉 독점기업은 경쟁상대가 없기 때문에 비용을 줄이려는 동기가 결여되어 있다.

(2) 효 과 성

효과성(effectiveness)이란 설정한 목표의 달성 정도(the degree of goal achievement)를 의미한다. 효과성은 정태적·기계적 효율과는 달리 외부 또는 목표와의 관계에서 지향해야 할 동태적·목표 지향적 개념이다. 그런데 실제에 있어 효과성, 효율성 또는 능률성의 개념이 혼용되고 있다. 정책에의 투입요소와 이의 산출결과간의 관계를 측정하는 개념을 능률성이라고 하고, 정책환경에 미치는 효과를 측정하는 기준을 효과성이라 하는데, 이 두 개념을 합한 개념을 효율성으로 정의하기도 한다.

효과성 개념과 직접적으로 관계된 것은 아니지만 상충적 관계를 가지는 개념으로 책임성을 들 수 있다. 책임성이란 특히 다원사회에서 행정의 실제적 효과에 앞서 사회의 다양한 가치를 반영하는 정도를 의미한다. 다원주의사회에서 효과적인 정책이 항상 책임있는 정책이라고 할 수 없지만, 비효과적인 정책은 책임있는 정책이기 어렵다.

2) 한   계

정책은 국민의 세금에 의해 운영되는 것이기 때문에 효율적이어야 한다는 점은 당연하다. 그러나 효율성은 좋은 정책이 되기 위한 필요조건이지 필요충분조건은 아니다. 왜냐하면 아무리 효율적인 정책이라 하더라도 다음과 같은 한계가 있기 때문이다.

첫째, 효율성은 그 자체가 정책이 구현해야 할 목적이 아니다. 효율성은 주어진 목적 안에서 투입 자원과 행정 성과와의 비율을 측정하는 것이다. 효율성에만 집착하다 보면 정책문제를 주어진 것으로 간주하거나 정책목적이 과연 정당하거나 바람직한 것인가에 분석을 소홀히 할 가능성이 있다. 다시 말해 효율성은 주어진 정책목표 안에서만 유용하기 때문에 이에 너무 집착하다 보면 그 정책을 통해 무엇을 달성하고자 하는 것인가 하는 점을 소홀히 하거나 잊어버리기 쉽다.

이런 점에서 효과성과 '산출한 단위의 생산에 투입된 자원의 양'에 의해 측정되는 생산성(productivity)의 관계를 [그림 3-3]과 같이 네 가지 유형으로 구분하여 설명할 수 있다.

Ⅰ은 효과성과 생산성이 모두 높은 경우인 반면, Ⅱ는 생산적이지만 효과적이지 못한 경우이다. Ⅲ은 비생산적이지만 목표는 잘 달성한 경우이며, Ⅳ는 생산적이지 못하면서 목표도 달성하지 못한 경우이다.

이러한 설명은 비용 최소화에만 초점을 두어서는 안 되고 바람직한 결과 또는 산출에도 아울러 관심을 가져야 한다는 것을 강조하기 위한 것이다. 즉 비용이나 자원의 제약에 대한 고려 없이 목표만을 추구한다거나, 대안적 행동들의 다른 결과들에 대한 고려 없이 효율성만 추구하는 것은 성공적 정책이 될 수 없다.

둘째, 경제적 측면에만 초점을 두는 효율성 기준으로 보면, 정책과정에서 요구되는 민주적 절차나 정치적 비용은 비효율적 요인이 된다. 그러나 민주적이고 책임있는 정책을 결정·집행하기 위

그림 3-3 효과성과 생산성

		효과성	
		성취	실패
생산성	비용 최소	I	II
	낭비	III	IV

해서는 복잡한 사무절차 및 관료적 행태, 복잡한 규칙 등과 같은 관료주의에 따르는 상당한 비용을 감수해야 하는 경우도 많다. 왜 냐하면 국민에 대하여 책임을 져야 하는 정부는 시간이 걸리고 경 제적 비용이 들더라도 정책과정에 많은 사람을 참여시켜야 한다. 또한 정책결정자는 정책의 일관성이나 다른 정책과의 연관성을 고 려해야 하고, 다양한 이익집단들의 의사를 종합·조정해야 하며, 정책의 장·단기적 효과에 대해서도 신중히 평가해야 하는데, 이 러한 과정에는 비효율적 요인들이 포함된다.

3. 형 평 성

빈부 격차에 따른 사회적 위화감, 대기업 위주의 불균형 발전에 의한 중소기업이나 근로계층의 상대적 소외는 어느 사회에서든지 해결해야 할 중요 과제이다. 누진세, 실업수당, 최저임금제, 사회 복지 예산이 형평성 확보를 위한 제도적 노력의 예들이다. 이러 한 정책은 다른 사람의 비용으로 특정 집단의 이익을 증진시키는 것이다.

문제는 형평성이 무엇인지, 그리고 어떻게 실현 가능한지에 대해 합의를 이루기 어렵다는 점이다. Buchanan(1975)이 배분 문제는 기본적으로 헌법적 문제라고 하였듯이, 형평성을 일상적 정책만으로 해결하기에는 한계가 있다. 그러나 형평성은 헌법을 구성하고 있는 제도나 헌법 정신에 입각한 다양한 정책들의 소망성을 분석하기 위한 중요한 기준이라 하겠다.

1) 개   념

소망성의 기준으로 형평성을 논함에 있어 가장 어려운 점은 개념의 모호성에 있다. 형평성의 개념을 명확히 하지 못하면, 이를 측정하기 위한 기준을 제시하기가 곤란하다. 그리고 형평성을 측정할 수 있는 기준이 없다면, 정책분석이나 평가에 이러한 기준을 사용할 수가 없다. 이런 점에서 형평성 개념을 명확히 하기 위한 노력들이 있었다.

일반적으로 형평성은 정의, 평등, 공정성 등의 개념과 유사하게 사용되기도 하고, 동등한 권리(equal right)와 정당한 평등(just equality)을 합한 개념으로 보기도 한다. 동등한 권리란 부당한 차별을 받지 않고 동등한 자격을 지닌 사람은 동등하게 취급받을 권리를 말한다. 예컨대 병무정책에서 동일한 체력, 학력, 경력 및 기능을 가진 사람에게는 동일한 역종(役種)을 부여하는 것이다. 이에 비해 정당한 평등이란 불평등한 사람을 불평등하게 취급하는 차등적 대우를 하는 것이다. 경제적 · 신체적 또는 학력의 차이에 따라 군면제, 입영 등의 역종을 결정하는 것은 정당한 평등이 된다.

이와 유사하게 사회적 형평을 수직적 형평(vertical equity)과 수평적 형평(horizontal equity)으로 구분하기도 한다. 수직적 형평은 성, 연령, 건강, 부와 같은 다양한 인적 특성에 따라 자원을 배분하기 위한 기준이다. 차등적인 사람에게 차등적 대우를 하는 것이 정책의 수직적 형평에 부합된다. 수평적 형평은 '동등한 권리'와 유사한 개념으로 동일한 자격을 갖춘 사람에게 같은 대우를 하는 것이다. 이는 동일한 특성을 지니는 정책대상자는 동일한 질과 양의 봉사를 받아야 한다는 것이며, 결국 배분과정에 관한 기준이다. 정부의 다양한 복지정책 때문에 동일한 조건에 있는 복지수혜자들이 정부로부터 차등적 보조금을 받는 경우가 있는데, 이는 수평적 형평에서 문제가 된다.

그러므로 형평성을 측정하기 위해서는 수직적 형평뿐만 아니라 수평적 형평도 조사해야만 하며, 배분의 형태뿐만 아니라 과정에 대한 평가도 있어야 한다. 여기서는 이러한 이분적 구분을 넘어 지금까지 연구된 주요 연구들을 바탕으로 형평성 기준을 설명하기로 한다.

2) 형평성 기준

(1) 고전적 기준

형평성의 기준, 즉 사회정의를 어떻게 이룩할 것이냐는 동서양을 막론하고 정치사상에서 중요하게 다루어졌던 문제였다. 자기의 분수에 만족한다는 안분지족(安分知足) 또는 자기의 분수를 지킨다는 수분(守分)이 동양에서의 형평성 기준이었다. 이와 유사하게 "각자에게 자기 몫을 돌려주다"라는 뜻을 지닌 라틴어의 'suum quique'가 서양에 있어 정의관의 기초였다. 그런데 이러한 형평성의 고전적 기준은 주관적이며, 자기 몫에 대한 자의적인 판단을 할 가능성이 많다. 이런 점에서 점차 객관적 또는 제도적 기준이 개발되었다.

서양에서는 형평성의 기준이 크게 두 가지 측면에서 변화되었다. 즉 응분(desert)에서 권한(entitlements)의 개념으로, 그리고 정의로운 결과(just result)에서 정의로운 절차(just procedure)로 바뀌었다. 전자에 대해서 우선 설명하고 후자는 절차주의적 기준에서 다룬다.

가령 어떤 사람이 10년 형을 구형받아 마땅하다고 할 때 그것을 정당화하는 기준은 그러한 죄를 지은 응분의 대가로 볼 수 있다. 그러나 겉으로 보기에는 10년 형을 받아 마땅한 사람이 사실 피치 못할 불가피한 사연으로 인해 범죄를 저질렀을 수도 있다. 또한 응분을 형평의 기준으로 적용할 경우 가장 큰 전제는 자유의지이다. 즉 그 사람이 마음만 먹으면 그렇게 하지 않을 수도 있었다는 것이다. 그러나 학자들은 점차 사람에게 과연 자유의지가 있는가에 대한 회의를 지니게 되었다. 그래서 많은 학자들이 생각해 낸 것이 공리주의이다. 즉 효용성(utility) 개념을 원용하여, 처벌을 통해 일벌백계(一罰百戒)함으로써 예방적 의미를 지니고자 한 것이다.

처벌뿐만 아니라 분배문제에 있어서도 비슷한 어려움이 있다. 가령 어떤 사람이 많은 업적을 이룩하였기 때문에 응분의 대가로 보상을 한다고 하자. 업적은 노력, 능력, 유인 등에 의해 이루어지는데, 사실상 이를 판단하기가 어렵다. 즉 업적을 쌓을 수 있는 유인체계나 가정적·사회적 여건, 노력 정도를 판단한다는 것은 대단히 어려운 일이다. 또한 능력의 경우도 타고난 능력과 후천적 능력으로 구분할 수 있는데, 어떠한 능력도 응분의 기준으로 삼기가 어렵다. 사람마다 타고난 능력이 다른데, 이것을 기준으로 한다면 강자만이 살아남는 세계가 될 것이다. 우리가 형평성을 논의하는 것은 주어진 자연질서에 무언가 인간적인 수정을 가해서 진정 인간다운 사회를 만들자는 것이므로 천부적인 능력을 응분의 몫을 정하는 기준으로 삼는 것은 '밀림의 법칙'일 뿐 형평의 기준이 되기 어렵다.

이런 점에서 어떤 사람이 어느 정도의 보수, 권한 또는 처벌을 받아야 마땅한가 하는 기준을 개인이 지닌 응분이 아니라 사회적으로 부여받은 권한 때문으로 보게 되었다. 여기서 중요한 것은 권한(title)을 누가 주느냐 하는 것이다. Rawls는 권한을 사회적 합의의 산물로서 도출할 수 있다고 보았다.

(2) 절차주의적 기준

형평성의 절대적 기준을 제시한다는 것은 어려운 일이므로 많은 학자들은 점차 절차, 즉 과정의 공정성을 중시하게 되었다. 절차적 기준을 제시한 대표적 학자인 Nozick(1994)은 정의에서 중요한 것은 어떤 과정, 어떤 절차를 거쳐서 지금까지 왔느냐이지 지금 현재 어떤 상태냐가 아니라고 본다. 그런데 재배분 문제에 있어 무엇이 공정한 절차인가? Nozick은 소유권 이론에 기초하여 우리가 어떤 것을 소유함으로써 타인을 악화시키지 않는 한 ―이를 Lock적 단서라 한다― 그 소유물을 취득할 권한을 갖는다는 것이다. 즉 소유권을 보호하기 위한 장치가 바로 정의라는 것이다.

한편 Rawls는 민주주의 체계에서 정부의 배분 또는 재배분 정책의 기준으로서 형평성을 가장 잘 설명한 학자이다. Rawls(1971)는 정의(justice)를 완전한·불완전한·순수 절차적 정의로 구분하였다.

완전한 절차적 정의란 정의가 무엇인지에 대한 독립적 기준이 존재하고 그 기준에 도달할 수 있는 방법, 즉 절차가 존재할 때

가능하다. 불완전한 절차적 정의는 정의를 평가할 수 있는 독립적 기준이 존재하지만, 그에 도달할 수 있는 방법이나 절차가 불완전한 경우이다. 마지막으로 순수 절차적 정의는 무엇이 정의인가를 평가할 수 있는 객관적 기준을 갖고 있지 못하고 단지 공정한 절차만 있는 경우에 추구될 정의이다.

Rawls는 자유경제 체제에서 가장 적합한 정의모형을 순수 절차적 정의라고 보았다. 순수 절차적 정의의 가장 큰 장점은 형평성의 기준을 설명하기 위하여 특정 개인의 무한하고 다양한 욕망이나 변화하는 상대적 가치를 일일이 추적할 필요가 없다는 점이다. 자유경제 체계를 게임과 비유하여 생각하면 이러한 점을 이해하기 쉽다. 공정한 게임규칙이 만들어져 있고, 심판은 규칙에 따라 공정하게 게임을 진행시켰다면 선수들의 생각이나 행태를 일일이 분석하지 않아도 게임 결과의 공정성을 인정하자는 것이다.

순수 절차적 정의론을 전개하는 방법론은 근대 자연법학자들에 의해 설명된 사회계약론적 방법이다. 사회계약론은 역사적 사실이 아니고 하나의 논변 방법이다. 즉 사회계약은 자유롭고 평등한 모든 사람의 합리적 자유의사를 전제로 한다. 그러면 Rawls의 '공정성으로서의 정의'(justice as fairness)에 대해 좀 더 구체적으로 설명하기로 한다.

(3) Rawls의 '공정성으로서의 정의'

사람은 생존과 욕구실현 또는 문화적 생활영위를 위해서 적당한 재화들을 필요로 한다. 다시 말해 사람은 의식주를 해결하기 위한 경제적 재화에서부터 투표권이나 피선거권과 같은 정치적 재화, 사회적 관계, 자기실현의 기회 등과 같은 재화를 필요로 한다.

우리는 이러한 모든 재화들을 스스로 만드는 것은 아니며, 각자의 전문화된 직무에 종사하여 그를 통해 산출된 재화를 다른 사람이 생산한 것과 교환하며 생활한다. 그러므로 사회생활에 있어 사회적 협동은 필연적이다. 개인이 필요로 하는 재화를 협동적으로 산출할 때 무엇보다 중요한 것은 사회구성원 사이에 재화를 공정하게 배분하는 것이다. 이런 점에서 정의란 협동생산된 재화의 공정한 배분상태를 의미한다. Rawls가 말하는 정의란 바로 배분에 있어서 공정, 즉 공정성으로서의 정의이다.

그러면 이러한 의미의 정의를 이룩하기 위한 원리는 어떤 것일까? 정의의 원리, 즉 형평성의 기준은 특정 개인이나 집단의 신념만을 대표하는 것이 아니라 모든 구성원이 동의할 수 있는 것이라야 한다. 우선 고려해야 할 것은 정의원리를 선택하는데 있어 우리는 개인을 특별히 이타적 또는 도덕적이라거나 박애와 자비를 행하는 존재로 가정해서는 안 된다. 대부분의 사람은 자기의 이해관계에 최대의 관심을 쏟는 이기적 존재이되, 목전의 이익만을 추구하는 근시안적 이기주의자가 아니라 미래에 대한 전망과 타인과의 관계를 염두에 두고 이해관계를 계산하는 합리적 이기주의자들이다. Rawls는 이러한 개인의 합리적 이기심을 전제로 하고 공정한 분배를 실현케 하는 정의의 원리를 탐색하였다.

그는 합리적 이기심 이외에 또 한 가지를 고려하였다. 인간에 관한 중요한 사실 중의 하나는 우리가 태어날 때부터 신체적·정신적 능력에 있어서 불평등을 안고 있으며, 가족 배경과 같은 사회적 차이를 갖는다는 점이다. 처음부터 어떤 사람은 유리한 반면, 또 다른 사람들은 불리한 출발점에 서 있다. 자연은 우리에게 개인적 능력을 불평등하게 분배하고 있으며, 그래서 어떤 자는 행운아인가 하면 어떤 자는 불운아이다. 이런 점에서 사람은 태어날 때부터 사회적 불평등은 물론이거니와 자연적 불평등 상태에 있다고 하겠다.

　Rawls는 이러한 원초적 불평등성을 누락한 채 그 정의의 원리를 선택해서는 안 된다고 보았다. 그래서 그는 모든 사람들이 장차 자신들이 속할 계급의 위치를 모르고 있는 원초적 상태에서 합리적인 사람들이 선택하는 원리가 정의이며, 이것이 다른 하위 합의사항을 지배한다고 보았다. Rawls는 사회계약론자들이 가정한 자연상태와 유사한 개념으로 '원초적 입장'(original position)을 상정하였다. 이는 인간사회에 최초의 평등이 존재했던 가상적 사회를 뜻한다. 원초적 상태를 가정하는 이유는 그것이 인간의 합리적이며 공정한 선택에 도움이 되기 때문이다. 이와 더불어 또 하나의 가정은 '무지의 베일'(veil of ignorance)이다. 원초적 상태에서는 누구도 자신의 사회적 지위나 재산 소유의 정도 그리고 각자의 개인적 능력에 대하여 알지 못한다는 것이다.

　Rawls가 원초적 입장과 무지의 베일을 가정한 것은 사람이 자신의 현재와 미래의 처지를 모르는 상태에서 진정 옳은 것을 찾아낼 수 있다고 보았기 때문이다. 현실적으로 인간사회는 불평등해질 수밖에 없다는 것을 예견하고 있는 원초적 이성인은 도래할 사회적 불평등이 정당하다고 모든 구성원이 동의할 수 있는 원리를 찾으려 할 것이다.

　무지의 베일에 쌓여 지식과 정보가 없는 불확실성하에서 개인이 택할 수 있는 합리적 선택은 '최악의 결과'를 피하는 조심스럽고 보수적인 전략이 될 수밖에 없다. 즉 자신이 사회 내에서 가장 낮은 집단에 속할 가능성을 고려하여, 그러한 처지에 있을 때의 자

표 3-2 최소이익의 최대화 해결

결 정	상 황		
	C_1	C_2	C_3
d_1	-7	8	12
d_2	-8	7	14
d_3	5	6	8

신에게 최대의 혜택이 가도록 분배 기준을 선택한다는 논리이다. 게임이론에서 논의되는 '최대 손실의 최소화 해결'(maximum solution)이 바로 그것이다. [표 3-2]의 예에서 불확실한 상황에 놓여 있는 개인이 합리적 선택을 한다면 d_3을 택하게 된다. 그것은 d_3을 선택할 때의 최악의 결과 5가 d_1과 d_2를 선택할 때의 최악의 결과인 -7과 -8보다 낫기 때문이다.

이러한 논리로 선택된 원리인 공정성으로서의 정의는 다음과 같은 두 가지의 명제로 구성된 원칙을 제시하고 있다.

첫째, 모든 사람은 다른 사람의 자유와 상충되지 않는 한도 내에서 최대한의 기본적 자유를 누릴 동등한 권리를 가져야 한다. 이는 무엇보다 자유가 우선시 되고, 모든 사람에게 자유를 평등하게 최대한 제공하라는 의미의 '평등적 자유의 원칙'(principle of equal liberty)이다.

둘째, 사회적·경제적 불평등은 다음의 두 조건을 충족하도록 조정하여야 한다.

① 불평등으로 인해 생겨난 이익은 최소 수혜층에 유리하도록 쓰여야 한다. 이는 차등원칙(the difference principle)이라고 불리는데, 소득과 부의 배분이 다소 불평등하게 되는 것은 불가피하더라도

그것이 최소 수혜층에게 이득이 되는 방향에서만 허용될 수 있다는 전제이다.

② 불평등의 기원이 되는 직위와 직무는 모든 사람에게 균등하게 개방되어야 한다. 이는 공정한 기회균등 원칙인데, Rawls는 이 원칙이 정의문제를 해결하는데 지극히 불완전하다고 본다. 따라서 최소 수혜자를 우선적으로 고려함으로써 공정한 기회균등 전략을 보완할 수 있다.

Rawls가 제시한 정의 원칙들은 원초적 입장이라는 가상적 상태에서 합리적 개인이 선택한 '최소 이익의 최대화 전략'이라는 점에서 현실 세계와는 다소 거리가 있다. 그러나 이 원칙들은 공정한 상태에서 합리적인 합의의 결과로 얻어진 것이다. 다시 말해 이러한 정의원칙은, 사회는 구성원 모두의 자발적인 설계의 산물이라 할 수 있다. 이런 점에서 정의의 원칙을 만들어 내는 개인들은 가장 자율적(autonomous)이며, 그들이 갖는 의무는 그들 스스로가 정하는(self-imposed) 성격을 지닌다.

(4) Walzer의 다원적 평등

Walzer(1983)는 '다원주의'와 '평등'은 현대 사회에서 가치는 다양할 수밖에 없다고 보고 다원주의와 평등에 대한 독특한 옹호론을 전개한다. 정의는 무엇보다 사회적으로 인정된 가치들의 분배와 관련된다. 그리고 정의의 원리인 평등은 사회적 가치의 다원성을 반영하는 다양한 분배기준을 요구한다. 다원주의와 평등의 문제의식을 결합한 이른바 '다원적 평등(complex equality)'은 사회적 가치들이 서로 다른 의미를 가지며, 따라서 각각의 분배 원칙도 상이할 수밖에 없다는 사실을 기초로 한다.

Walzer는 자신의 다원적 평등 개념을 '단순 평등'과 대비시킨다. 일반적으로 평등주의자들이 주장하는 단순 평등은 우선 기본적 가치의 목록을 규정하고, 이 가치들간의 전환가능성을 전제로 기본적 가치의 평등한 배분과 최소한의 보장을 지향한다. 앞에서 설명한 Rawls의 정의론이 대표적인 예이다. 이에 비해 Walzer는 현대와 같은 다원적 사회에 바람직한 정의와 평등은 획일적 기준에 의해 달성될 수 없음을 강조한다. 지배와 독점의 폐해를 줄이기 위해서는 다원적 평등이 필요하다. 지배는 사회적 가치들이 나름대로의 근거에 따라 상이한 형태로 분배되는 경우에만 극복될 수 있다. 즉 각 사회 영역의 자율성이 보장되어야 하며, 한 영역에서의 영향력이 다른 영역으로 확대되어서는 안 된다는 것이다.

Walzer가 중요시하는 사회적 가치들은 다양하다. 국적이나 시민권과 같은 공동체 구성원의 자격, 안전과 복지, 돈과 상품, 공직, 노동, 자유시간, 교육, 혈연과 사랑, 신의 은총, 명예, 정치권력 등이 그 예들이다. 그는 우선 이런 가치들이 우리의 삶에서 어떤 모습으로 나타나며 어떤 의미를 지니는지 밝히려 한다. 가치의 다원성은 각각의 분배 절차 및 주체, 나아가 그 기준의 원성과 연관된다. Walzer는 서로 다른 시대와 장소에서 볼 수 있는 무수한 가치들과 다양한 분배 형태들을 살핀다. 그는 역사학과 인류학에 의존하는 자신의 방법을 경제학과 심리학에 의존했던 Rawls의 방법과 구별한다.

Walzer는 전통적인 철학자와는 달리 동료 시민들에게 우리가 공유하고 있는 의미의 세계를 해석하려 한다. 그에 따르면 정의로운 분배 원칙은 추상적으로 정식화되어야 하는 것이 아니라 분배의 대상에 대한 사회적 의미 이해를 통해 명료화되어야 한다. 분배 정의의 대상이 되는 모든 재화와 가치들은 본질적으로 사회적 재화 또는 가치들로서 그 의미 자체도 기원과 속성상 사회적이기 때문이다.

Walzer는 모든 사회에서 그 중요성이 동일하게 인정되는 일단의 기본 가치는 존재하지 않으며, 특정 재화의 분배는 사회별로 고유한 기준에 따라 이루어진다고 주장한다. 또한 구체적 재화의 사회적 의미를 살펴보면 그 속에 이미 특유의 분배 원칙이 포함되어 있음을 알 수 있고, 그 원칙들을 명료하게 드러내는 것이 이론가의 중요한 임무임을 강조한다. 이렇듯 Walzer는 획일성이 아닌 다원성을, 보편성이 아닌 특수성을 우선시하며, 이러한 이론적 노력이 민주적 실천의 일환임을 역설한다.

'정의와 다원적 평등'은 획일적인 가치에 지배되어 온 우리 사회에 많은 시사점을 던진다. 세속적 물질주의와 권력지상주의가 팽배한 오늘날의 사회에서 진정한 정의를 구현하는 길은 더 많은 사람들이 가치의 다원성을 인식하고, 사회 각 영역의 자율성을 확보하는 것이다. Walzer의 표현을 빌면 영역들을 분리하는 '훌륭한 담장'이 좋은 사회를 만든다. 지나친 통합에의 열망과 가치의 획일화가 불러오는 위험에 둔감했던 한국 사회가 이제 성숙한 합리적 사회로 나아가기 위해서는 Walzer의 다원적 정의론은 우리에게 많은 시사점을 준다.

4. 가 외 성

가외성(redundancy)이란 여분, 중복성 또는 초과분을 의미한다. 정책담당조직이 여유 자원을 많이 가지고 있을 때 이를 가리켜 가외성이 높다고 한다. 가외성에는 자원뿐만 아니라 조직의 중복성도 포함된다. 조직의 중복성이란 동일한 기능을 여러 기관들이 독자적으로 수행하는 정도를 의미한다. 연구기관이나 정보 수집기관 등에서 조직의 중복성의 예를 찾을 수 있다.

가외성은 어떤 면에서는 중복적 조직을 두거나 자원을 필요 이상으로 확보해 두는 것은 비능률적이라는 지적도 있지만 다음과 같은 점들 때문에 정책의 집행 가능성을 높이는데 기여할 수 있다.

첫째, 예산이나 자원이 제약되어 있다면 안전한 정책만 시행하거나 정책을 경직적으로 집행할 수밖에 없지만, 가외적 자원을 확보한 정책기관은 창의성을 발휘하여 모험적 사업을 시행할 수 있다.

둘째, 가외성은 정책환경의 불확실성에 대처하여 정책실패를 줄이고 변화하는 환경에 잘 적응할 수 있게 한다.

셋째, 중복적 조직들에 의한 업무수행은 오류의 발생 가능성을 예방하고, 정확성과 신뢰성을 높인다.

넷째, 가외적 자원이 있는 조직은 신축성 있게 협상을 진행할 수 있다.

Ⅳ. 정책분석을 위한 기법들

1. 관리과학의 개념과 역사 및 정책분석에의 응용

1) 관리과학이란 무엇인가?

관리과학(Management Science)은 OR(Operations Research), 결정과학(Decision Science), 계량분석(Quantitative Analysis)이라는 용어들과 혼용

되기도 한다. 관리과학이란 정책문제를 과학적이고 체계적으로 해결하기 위한 접근법들을 통칭한다. 관리과학은 수학적·계량적 모형을 이용하여 최적의 대안을 발견하는데 목적이 있기 때문에 서술적이기보다는 규범적·합리적 최적모형을 추구하는 접근방법이다. 정책분석가는 관리과학을 통해 계량적으로 도출된 최적해(最適解)를 정책결정자에게 제시함으로써 그의 최종 판단에 도움을 줄 수 있다.

관리과학은 본질적으로 대안들을 비교하기 위하여 분석적 절차를 응용하는 것으로서 다음과 같은 세 가지 특성을 지닌다.

첫째, 응용 지향적이다. 즉 순수 연구의 대상은 아니다.

둘째, 수리적·논리적 모형 수립을 위한 분석절차이다.

셋째, 정책결정의 기준으로서 보다 나은 정보를 제공해 줄 수 있을 뿐이지, 정책결정자를 대치할 수 있는 것은 아니다.

2) 미국에서의 관리과학의 응용 역사

아직도 우리 나라 행정에서는 관리과학이 응용되는 사례가 별로 없기 때문에 미국에서 어떻게 발전되어 공공부문에 응용되고 있는가를 설명하기로 한다.

관리과학은 원래 OR이라는 이름으로 제2차 세계대전 동안에 개발되었다. 당시 영국은 독일 침공에 대응하여 병기를 확보하거나 새로운 병기를 개발해 내는데 주력하였는데, 점차 병기 확충뿐만 아니라 확보된 병기를 효과적으로 관리하는 것도 중요하다고 인식하게 되었다. 그래서 영국군은 공학·생물학·수학·통계학 등 다양한 학문적 배경을 지닌 학자들로 팀을 형성하여 이들의 협력에 의해 무기의 최적 관리방안을 연구하도록 하였다.

영국 군대는 이러한 협동적 연구를 통해 수색을 위하여 제한된 레이더 장치를 최적으로 배치하는 방법, 수송군단이나 폭격기의 전략적 배치 등에 있어 최적의 해결책을 찾기 위한 방법을 개발하였고, 그 결과 전쟁 자원의 활용이 크게 개선되었다. 이에 응용된 기법들을 총칭하여 OR이라 하였다. 미국의 경우에도 OR을 활용하여 많은 전력증대 효과가 있었다. 제2차 세계대전 후에 OR의 중요성에 대한 인식은 더욱 높아졌다. 전쟁 이후 미국 OR연구회가 발족되어 OR연구의 요람이 되었으며, 연구결과들을 산업분야에 활용하여 많은 성과를 거두었다. 산업체에서도 OR연구가 활성화되어 1960년대 초에 이르러서는 OR원리들이 확립되었으며, 대학에서도 OR에 대한 연구가 본격화되기 시작하였다. 국방부 장관이었던 McNamara가 Ford 자동차 회사를 경영할 때 응용한 OR기법을 정부업무 분석을 위하여 도입하면서 1960년대부터 미국의 행정분야에서 OR이 활용되기 시작하였다(김문성, 2009). 미국의 경우 군에서 연구되기 시작한 관리과학이 산업체에서 꽃을 피우고, 그 연구의 열기가 공공분야로 옮겨지고 있다. 그러나 정부업무의 분석을 위하여 관리과학적 사고를 원용하는 때에는 두 가지 측면에서 어려움이 있다.

첫째, 계량적 분석능력을 지닌 정책분석가는 양적 자료를 토대로 한 최적해를 도출하는데 치중한다. 그러나 정치적 요인 등 정책문제의 질적 요인까지 고려하는 정책결정자는 관리분석의 결과에 크게 비중을 두지 않는다.

둘째, 정책결정자가 다루는 정책문제는 사기업에 비해 계량화하기 어려운 경우가 많다. 정책 대안들을 모두 구조적으로 분석할 수는 없는 것이며, 이러한 질적 요인들을 관리분석 모형에 포함시키기란 실제적으로는 대단히 어렵다.

3) 정책결정의 세 가지 수준과 관리과학의 응용

정책결정에 대하여 관리과학적 분석을 응용하기 위해서는 정책결정의 수준을 다음의 세 가지로 구분하는 것이 편리하다.

가장 낮은 단계의 의사결정 수준을 '집행적 결정'이라고 할 수 있다. 이는 주어진 세부계획의 일정이나, 특정 프로그램이 필요한 인력 수 또는 지하철 노선 결정 등과 같은 집행적 문제를 대상으로 하는 것이다. 이러한 집행적 문제는 대체로 단일한 목표를 가지고 있으며, 또한 그 목표는 잘 정의되어 있어 갈등이 없다.

정책결정자가 직면하는 두 번째의 수준은, 복수의 목표가 있으며 이들 목표간에 갈등관계가 존재하는 경우이다. 정책방향은 정해져 있지만, 집행을 위한 대안결정의 문제에서 갈등이 존재하는 경우이다. 이러한 유형의 정책결정을 '전략적 결정'이라 할 수 있다. 예를 들면 고속도로의 위치선택이나 예산품목간의 배분과 같은 경우이다.

끝으로 가장 복잡하고 높은 수준의 정책결정은 목표간에 갈등이 내재해 있을 뿐만 아니라 상위 목표나 상위 정책간에 갈등관계가 존재하는 경우이다. 상위 정책간에 갈등이 존재할 경우, 공공문제에 대한 정책결정은 그냥 착수하든지, 상위 정책결정자가 정치적으로 조정하든지 또는 빈번하게 정책을 수정하게 된다. 이러한 유형의 결정을 '정책적 결정'이라고 부를 수 있다.

이상과 같이 수준에 따라 정책결정의 유형을 구분하는 것은 관리과학의 적용단계를 설명하기 위해서이다. 즉 정책결정의 수준에 따라 관리과학 모형의 원용 가능성이 달라진다. 관리과학에서 개발된 수리모형은 대체로 집행적 결정을 대상으로 한다. 전략적 결정에서도 관리과학이 응용될 수 있으나 이러한 경우에 몇 가지 목표들을 한꺼번에 달성할 수 있어야 한다. 그러나 정책적 결정에 관리과학의 모형을 원용하는 데는 한계가 있다.

정책결정의 수준과 관련하여 또 하나 고려할 사항은 관리과학 모형을 통한 해결책의 효용성에 관한 것이다. 문제와 정책목표가 명확하게 제시되어 있는 집행적 수준에서는 관리과학 모형이 최선의 해결책을 제시해 줄 수 있다. 그러나 전략적 수준에서는 다양한 경쟁적 대안들이 동일한 단위로 측정되기 때문에 최선의 대안을 선정하기가 어렵다. 이러한 경우에 모형이 가지는 역할은 정책결정자가 고려해야 할 대안의 범위를 축소시켜 주는 것이다. 정책적 수준에서는 관리과학이 최선의 정책대안을 추출하는데 한계가 있기 때문에 관리분석의 역할은 정책분석을 위한 통찰력을 제공하는 정도이다.

2. 관리과학의 기법들

1) 선형 계획법(Linear Programming)

정책분석은 활용 가능한 자원 내에서 정책목표를 달성할 수 있는 최적의 대안들을 탐색하는 활동이다. 선형계획법은 이러한 정책분석에 활용할 수 있는 기법이다. 선형 계획법은 선형함수로 표시되는 목적함수와 선형 부동식으로 표현되는 제약조건을 바탕으로 자원의 적정배분을 위한 최적해(best solution)를 구하는 수리적 분석기법이다. 다시 말해 목표를 달성하기 위한 제약조건들을 검토하고, 이러한 제약조건 하에서 정책목표를 달성하기 위한 최선의 대안을 결정하기 위한 계량적 분석기법이다.

선형 계획법은 1947년에 Dantzig가 개발한 단산법(simplex method)으로 관리문제에 적용하였지만, 오늘날은 컴퓨터의 선형계획 프로그램을 활용하여 여러 제약조건 하에서 최선의 목표 달성을 위한 방법을 탐색하는데 활용한다. 선형 계획법을 활용할 수 있는 영역은 인력계획, 수송계획, 급식·급수·토지 이용, 업무공간 활용, 자금 활용, 에너지 수급계획 등이다. 특정 목적을 주어진 제약 조건 하에서 해결하기 위한 분석기법으로서 선형계획법은 정책분석 상황에 따라 보다 다양한 기법을 적용할 수 있다. 선형 계획법을 바탕으로 개발된 다른 형태의 분석법 중 하나는 동적 계획법(Dynamic Programming)이다.

동적 계획법은 최적해를 구하는 또 다른 기법으로 목표 달성을 위한 모든 가능성을 고려하여 최적의 대안을 도출하는 기법이다. 이는 하나의 최적해를 구하기 보다는 작은 문제들에 대안 최적해를 구하고, 더 큰 문제를 해결하는 과정에서 먼저 분석한 최적해는 반복 계산하지 않는 것이다. 예컨대 서울에서 부산까지 가는 가장 빠른 방법을 찾을 경우에, 먼저 대전까지 가장 빨리 가는 방법을 찾고, 대전에서 대구나 광주 등 주요 도시를 거쳐 가는 방법을 찾고, 또 대구 등에서 부산으로 가는 방법을 찾는 과정을 반복하고, 이를 바탕으로 서울에서 부산으로 가는 가장 빠른 방법을 탐색하는 것이다.

한편 망모형(Network Model)은 선형 계획법의 일종으로 연결관계에 있는 업무나 지역을 도식화하여 효율적인 연결경로를 탐색하는 분석기법이다. 여기서 망(network)이란 특정 부분이나 지역이 서로 연결된 상태이다. 연결되는 부분이나 지역을 접합점(node)이라 하고, 접합점을 연결하는 선을 연결선(arc) 또는 가지(branch)라 한다. 그리고 연결의 중심지 또는 본부를 허브(hub)라 한다. 그리고 접합점과 연결선으로 구성된 그림을 망도표(network diagram)라 한다. 망 모형은 선행되어야 할 업무를 비롯한 다양하게 연관된 정책을 수행해야 할 경우에 활용될 수 있다. 즉 특정 정책이 수많은 사업으로 구성되어 있고, 각 사업들이 전후관계에 따라 일정계획을 수립해야 할 경우에 망모형을 적용할 수 있다. 예컨대 고속도로나 지하철 노선 설정, 수송정책, 환경 평가 등에 활용될 수 있다.

2) PERT(Program Evaluation & Review Technique)와 CPM(Critical Path Method)

PERT와 CPM은 민간회사에서 개발되어 오늘날 어떤 확정된 목표를 최단 시일 내에 최소 비용으로서 완성할 필요가 있는 사업에 널리 사용되고 있는 기법이다. PERT가 정보가 불확실한 상황에서 사용된 반면, CPM은 상대적으로 정보가 확실한 상황에서 사용된다. 따라서 PERT는 장기적이고 불확실한 계획의 관리에 적용되며, CPM은 과거의 경험을 기초로 한 확정적 계획의 관리에 적용된다. PERT와 CPM은 시간적 개념에 있어서는 약간의 차이가 있으나 망을 이용한다는 점에서 유사하다.

PERT/CPM은 민간부문에서 발전되었지만 정부부문에서도 이 기법을 활용하고 있다. 정책집행 기간이 장기적이고 일정이 불명확한 정부정책에는 이 기법을 적용하기에는 한계가 있다. 하지만 목표 연한과 비용이 정해진 정부사업에 대한 일정과 비용을 계획하는데 필요한 정보를 얻기 위해 이 기법을 사용할 수 있다. 미사일 제조를 위해 250개의 회사와 9,000개의 하청업체로부터 부품을 조달받았던 미국 해군의 사례를 예로 들 수 있다. 미국 해군이 각 업체들로부터 일정에 대한 고려 없이 부품을 납품받다보니 대단히 비효율적임을 발견하게 되었다. 그래서 PERT 기법을 활용하여 전체 일정과 세부 일정을 정하여 필요 부품을 납품하도록 변경하였더니 생산비 절감은 물론 완성시기도 2년이나 앞당기게 되었다.

　사업이 여러 단계의 세부 활동들로 구성된 경우, 시작에서 종료까지 필수적인 활동들로 연결된 일련의 과정을 주경로라고 한다. 주경로는 각 단계별 세부 활동은 시간적으로 선후관계에 있으며, 앞 단계가 완료되어야 다음 단계의 활동을 할 수 있는 단계들로 구성된다. 최고 집행자는 사업이 예정대로 완료될 수 있도록 각 세부 활동들을 계획하고 조정할 임무를 갖게 된다. 이 임무를 수행하는데 있어서 중요한 요인은 각 세부 활동 간의 관련성을 즉 선후관계 파악하는 것이다. 세부 활동 간의 관련성이 파악되면 최고 집행자는 다음과 같은 의문들을 해결하는데 PERT를 이용할 수 있다.

　① 사업의 완료 예정일은 언제인가?

　② 각 세부 활동들의 일정은 어떻게 계획되어야 하는가?

　③ 사업을 예정대로 완료하는데 있어서 여유시간 없이 예정대로 수행해야 할 활동은 어떤 것인가?

　④ 사업을 지연시키지 않는 범위 내에서 지연시킬 수 있는 세부 활동은 어떤 것이며, 얼마동안 지연이 가능한가?

3) 의사결정 나무(Decision Tree)

　의사결정 나무란 확률을 이용하여 상호 연관된 일련의 사건들의 연속성을 보여주는 다이어그램이다(Gupta, 2011). 나무줄기가 끝가

표 3-3 조류독감에 대비한 기대치 매트릭스

대안 (1)	상 황 (2)	확률(3)	성과(4)	기대치(5)=(3) x (4)
미실시	조류독감 발생	0.4	− 10	− 4
	조류독감 미발생	0.6	+ 5	3
	총계	1.0	− 5	− 1
실시	조류독감 발생	0.4	+10	4
	조류독감 미발생	0.6	− 5	− 3
	총계	1.0	+ 5	1

지로 갈수록 점점 분화되듯이, 의사결정의 흐름이 지속될수록 고려해야 할 구체적인 대안들이 많아지게 되어 마치 나무모양과 유사하다는 점에서 의사결정 나무라고 명명하게 되었다. 의사결정 나무는 의사결정의 상황이 불확실할 때, 확률을 바탕으로 첫 대안들을 선정하고, 다음 단계에서 각 대안별 하위 대안들을 확률과 기대치를 기준으로 비교하여 선정하고, 그 다음 단계에도 동일한 분석과정을 반복하여 최종 단계의 대안들의 기대치를 비교하기 위한 논리적 분석기법이다. 각 단계별 대안이나 상황의 확률(probability)과 성과(payoff) 및 기대치(expected payoff)를 측정하여 이를 토대로 의사결정을 한다.

[표 3-3]은 구청에서 이번 겨울에 조류독감이 발생할 가능성에 대비하여 주민에게 예방접종을 실시할 것인가를 검토하기 위하여 의사결정 나무기법을 활용한 예이다.

구청은 예방접종의 실시하는 것과 실시하지 않는 두 대안이 있다. 그리고 조류독감이 발생할 확률을 40%로 예측하였다. 예방접종을 실시하는데 소요될 경비는 5(천만원)이고, 예방접종을 실시하

그림 3-4 조류독감에 대비한 의사결정 나무

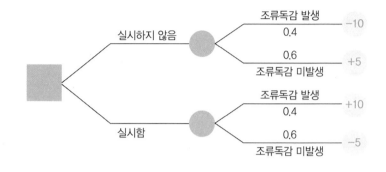

지 않았는데 조류독감이 발생하였을 경우 소요될 경비는 10(천만원)으로 예측하였다. 이러한 상황에서 기대치를 비교하면, 예방접종을 실시하는 것이 실시하지 않는 것 보다 2(천만원)만큼 이익이라는 것을 알 수 있다.

[그림 3-4]는 의사결정 나무분석을 위한 대안의 흐름을 성과 그리고 기대치에 따라 단계별로 분석한 것이다.

첫째, 의사결정 접합점(decision nodes)은 가능 행동을 나타내는 것이다. 그림에서 네모로 표시한 부분이며, 여기서는 예방접종을 실시하거나 하지 않는 것이다. 의사결정 접합점의 오른쪽으로 연결선(branch)이 있는데, 이 중 하나를 선택하는 것이 의사결정이다.

둘째, 기회 접합점(chance nodes)은 상황이 발생되는 지점이다. 그림에서 원으로 표시되어 있다. 여기서는 조류독감이 발생하거나 발생하지 않는 것이다. 각 상황은 다시 오른쪽 가지로 미래의 상황과 연결된다. 기회 접합점은 또 다른 의사결정 접합점이나 기회 접합점으로 연결되어 마지막 단계까지 이어진다.

셋째, 가능한 행동과 상황의 발생 확률과 성과를 측정한다. 확률과 성과는 객관적 자료 분석을 통한 객관적 확률이나 성과뿐만 아니라 의사결정자의 주관적 확률이나 성과도 포함된다.

넷째, 성과는 기대치는 의사결정자가 기대하는 보상이나 손실이다. 화폐단위로 측정되지만 다른 척도를 이용할 수도 있다.

4) 게임이론(game theory)

(1) 개   념

불확실한 상황에서 정책을 전략적으로 분석하기 위한 이론으로 의사결정 나무보다 더 일반화된 설명을 할 수 있는 이론체계가 게임이론이다. 의사결정상황 중에는 자신의 결정이 자기 혼자만이 아니라 관계되는 사람들의 결정과 연계되어 있는 경우가 많다. 게임이론은 이러한 상황에서 의사결정자는 상대방의 행태와 반응을 예측하여 자신이 취할 수 있는 최선의 대응방안을 강구하기 위한 분석기법이다. 게임이론은 게임이라는 상쇄적 이득을 놓고 각 참가자들이 서로의 이득을 최대화하기 위하여 경쟁하는 상황에서 최적 전략 탐색을 위한 의사결정에 대한 수학적 해법을 제공한다. 현대 게임이론은 1940년대 Neunam과 Morgensteirn의 연구 이후 독립된 학문으로 자리 잡게 되었다. 그 후 Nash(1950)가 참여자들이 자신의 이익을 극대화하기 위하여 노력하는데, 참여자가 일방적으로 선택을 변화시킴으로써 더 이상 이익을 크게 할 수 없는 상황인 균형점에 도달하는 과정에 대한 수리적 분석을 계기로 다양한 분야에서 활용되기 시작하였다. Nash의 균형점(Nash's equilibrium)은 참가자가 균형점에서 다시 선택을 바꾸면 오히려 손해를 보는 지점이다.

게임이론은 게임 참여자의 선택에 따른 기대치를 바탕으로 하여 둘 또는 그 이상의 참여자간의 전략적 상호작용(strategic interaction)을 평가하기 위한 수리적 기법이다(Gupta, 2011). 이를 풀어 설명하면 다음과 같다.

첫째, 게임에는 선택할 수 있는 몇 가지 대안을 지닌 둘 또는 그 이상의 참여자가 있다. 2사람이 참여 하는 게임을 2인 게임이라 하며 가장 단순한 상황이다. 3인 이상일 경우 다인 게임이라 한다.

둘째, 참여자는 자신과 상대방의 대안과 각 대안의 결과에 대한 정보가 있어야 한다. 참여자는 자신과 상대방이 선택할 수 있는 대안 및 상대방의 선택으로 인하여 영향을 받게 될 본인 선택의 결과 등에 대한 정보가 있어야 한다. 양쪽 모두 게임에서 발생하는 이득과 손실에 대해서 정확히 예측할 수 있다고 전제한다. 참여자가 게임을 통해 이득을 얻으면 그만큼 상대 참여자는 손실을 보아 각 참여자의 결과의 합이 영이 되는 게임을 영합 게임(zero sum game)이라 한다. 여기서 영합이란 두 경쟁자 중 한 편이 이득을 보면 다른 편이 반드시 손해를 보게 되어, 게임과정에서 발생된 이득과 손실의 양을 합하면 영이 된다는 의미이다. 그러나 승-승 게임이나 패-패 게임과 같이 게임을 통하여 전체의 이익이 커지거나 작아지는 상황에서 이루어지는 게임을 비영합 게임이라 한다.

셋째, 참여자는 수집된 정보를 바탕으로 자신에게 가장 유리한 결과를 얻기 위한 전략을 가져야 한다. 게임이론은 한 참여자의 선택이 다른 참여자의 결정에 영향을 받게 되는 상황에서 전략적 상호작용에 대한 분석이다. "특정 참가자가 특정 전략을 사용했을 때 상대가 어떻게 반응할까?" 그리고 "그 반응에 대하여 어떻게 대응할 것인가?"를 고려하는 것이 전략적 상호작용이다.

(2) 게임의 유형과 전략

게임의 유형은 다양하겠지만 여기서는 영합 게임과 비영합 게임에 대해서만 설명한다. 또 게임의 전략으로는 순수전략, 혼합전략, 최대손실의 최소화 전략, 최소 이익의 최대화 전략에 대해 설명한다. 설명의 편의상 2인의 참가자가 각자 2가지 대안만을 고려하는 2 × 2 게임의 예를 들기로 한다. 순수전략(pure strategy)이란 게임참여자가 단 하나의 최적 전략을 선택하는 것이다.

[표 3-4]에서 볼 수 있듯이 A 야구구단에서 K선수와 연봉 협상을 벌이고 있다. 구단과 선수는 중재안을 받아들이거나 완강히 버티는 두 가지 대안이 있다. 협상을 통하여 기대되는 최악의 결과를 0이라고 하고 최상의 결과를 5라 할 때, 두 참여자들이 예상할 수 있는 결과는 총 4가지이다. 즉 구단과 선수 모두가 중재안을 받아들일 경우 무난한 결과를 얻을 수 있다. 그러나 두 참여자 중 한쪽은 완강히 버티는데 비하여 상대방은 중재안을 받아들이면 완강히 버틴 쪽은 5라는 최상의 결과를 얻게 되지만 상대방은 1이라는 나쁜 결과를 얻을 수밖에 없다. 만약 두 참여자 모두가 완강히 버티면 협상이 결렬되어 0이라는 최악의 결과를 초래하게 된다.

이러한 게임을 치킨게임이라고도 한다. 치킨게임은 참여자가 대

표 3-4   야구구단과 야구선수의 대안 및 결과 매트릭스

선수의 대안 및 결과	구단의 대안 및 결과	
	중재안 수락	완강히 버티기
중재안 수락	3, 3	1, 5
완강히 버티기	5, 1	0, 0

립하는 대안을 포기하면 상대방에 대해 손해를 보지만, 양쪽 모두 심리적 만족감을 얻기 위해서 포기하지 않을 경우 모두 자멸이라는 최악의 결과를 맞이하는 상황에서의 게임이다. 이러한 상황에서 게임의 참가자는 어떠한 기준으로 자신에게 유리하도록 대안을 선택할 것인가? 일반적으로 상대방이 어떠한 결정을 할지 모르는 불확실한 상황에서 게임의 참여자는 신중한 보수주의자적 입장에서 자신에게 초래될 최악의 결과는 피하려는 성향이 있다. 즉 최대 손실을 최소화 할 수 있는 대안을 선택하는 최대손실의 최소화 전략(minimax 전략: minimization of maximum loss)이다. 이에 비해 최소 이익의 최대화전략(maximin 전략: maximization of minimum gain)은 자신이 얻을 수 있는 최소의 이익들 중 가장 큰 이익을 낼 수 있는 대안을 선택하는 전략이다. 이는 모험적인 성향을 지닌 참여자들이 선택할 수 있는 전략으로 일반적이지 않다.

앞의 예로 돌아가서, 구단과 선수는 모두가 완강히 버티는 대안을 선택한다면 최악의 결과를 초래하게 된다. 이러한 상황에서는 최악의 경우는 피하려는 전략인 미니맥스전략을 취한다면, 각 참여자는 최악의 이를 피하기 위해 각각 중재안을 수락하는 안을 선택할 수밖에 없다. 결국 중재안을 수락하는 것으로 결정하고 더 이상의 대안을 탐색할 필요가 없는 하나의 지점에 도달하게 되는데 이 지점을 안장점(saddle point)이라 한다. 여기서 안장점은 구단과 선수가 중재안을 수락하여 각각 3이라는 결과를 얻게 되는 지점이다.

물론 안장점이 없는 경우도 있다. 이를 경우에는 하나의 전략 즉 순수전략을 사용할 수 없기 때문에 두 가지 이상의 전략을 혼합적으로 사용해야만 한다. 혼합전략은 참여자가 성과표의 같은 지점에 귀착되지 않을 때, 즉 안장점이 존재하지 않을 경우 사용된다. 이 경우 고려대상이 되는 각 대안들을 일정 비율로 선택하게 된다.

한편 비영합 게임으로 예로서 '죄수의 딜레마(The Prisoner's Dilemma)'를 들 수 있다. 스탈린시대 소련의 어느 오케스트라 지휘자는 연주회장으로 가는 전차 안에서 그날 밤 지휘할 곡의 악보를 훑어보고 있었다. KGB 요원이 그것을 지켜보고 악보 속에 무언가 비밀 암호가 있지 않을까 의심하여, 그를 간첩혐의로 체포하였다. 그는 단순히 Tcaikovsky의 바이올린협주곡이라 항의하였지만, 결국 감옥에 갇히게 되었다. 그 다음날 조사요원이 와서 다음과 같이 말했다. "숨김없이 말하는 것이 좋을거야! 당신 친구 Tcaikovsky도 체포되었어. 그리고 이미 다 털어 놓았으니까." 또한 KGB는 이름이 Tcaikovsky라는 이유만으로 체포된 다른 사람에 대해서도 지휘자를 다루었던 것과 똑같은 방법으로 다른 방에서 심문을 하였다.

[표 3-5]에서 볼 수 있듯이, 만약 두 사람이 묵비권을 통하여 심문을 잘 견뎌낸다면 두 사람은 3년형을 선고받을 것이다(Ⅳ). 만약 지휘자가 공범자가 있다고 거짓 자백을 하고, Tcaikovsky는 자백을 하지 않는다면, 지휘자는 1년형이 되고 Tcaikovsky는 죄질이 나쁘

표 3-5　죄수의 딜레마

지휘자의 대안 및 결과	Tcaikovsky의 대안 및 결과	
	거짓 자백	묵비권
거짓 자백	10, 10 (Ⅰ)	1, 25 (Ⅲ)
묵 비 권	25, 1 (Ⅱ)	3, 3 (Ⅳ)

다는 명목으로 25년의 중형을 선고받는다(Ⅲ). 반대로 지휘자가 자백하지 않고 Tcaikovsky가 거짓 자백을 하면 반대가 된다(Ⅱ). 또한 두 사람 모두 자백하면 각각 10년형을 선고받는다(Ⅰ).

그렇다면 여기에서 지휘자는 어떻게 생각할까? Tcaikovsky가 자백한다고 생각할까 그렇지 않다고 생각할까? Tcaikovsky가 자백하는 것을 전제로 한다면, 자신이 자백하면 10년, 그렇지 않으면 25년형이 되기 때문에 자신은 자백하는 편이 좋다고 생각할 것이다. Tcaikovsky가 자백하지 않을 것을 전제로 하면, 자신이 자백하면 1년, 자백하지 않으면 3년형이 되기 때문에 역시 자백하는 편이 좋다고 생각하였다. 따라서 지휘자의 입장에서는 자백하는 것이 최선의 대책이 되는 것은 자명한 일이다. 또 다른 방의 Tcaikovsky도 똑같은 것을 생각하고 동일한 결론에 도달하였다. 결국 두 사람은 모두 자백을 하고 말았다.

그 뒤 그들은 수용소에서 만나게 되었고, 서로의 이야기를 비교해 본 결과 자신들의 실수였음을 알 수 있었다. 그리고 만약 심문받기 전에 서로 만나 이야기를 나눌 기회가 있었다면 두 사람 모두 자백을 하지 않기로 약속할 수 있었을 것이라고 생각하였다. 그러나 결국 이와 같은 합의는 지켜지지 않을 것이다. 일단 그들이 따로 다른 방에 나뉘어져 심문을 받게 되면, 상대방이야 어찌 되든 자신은 가능한 짧은 감옥살이를 해야겠다는 이기심이 발동할 것이기 때문이다. 이런 점에서 이러한 유형의 게임을 비협력 게임이라고도 한다.

5) 비용-편익 분석

(1) 비용-편익 분석이란 무엇인가?

비용-편익 분석(cost-benefit analysis)은 장기적이고 넓은 안목에서 정책의 바람직한 정도를 평가할 수 있는 실용적 방법이다. 즉 정책에 투입될 모든 관련 비용과 정책으로 인해 파생될 편익을 비교·분석하여 최선의 대안을 도출하기 위한 기법이다. 비용-편익 분석은 1908년 미국 재무부 관리였던 Gallatin이 수송정책의 효율성을 체계적으로 측정하기 위해 개발한 기법으로 사용한 이래 미국에서는 오늘날에도 홍수 통제, 수자원 관리 등 광범위 분야에서 활용되고 있다. 하지만 우리나라에서는 아직도 엄격한 비용-편익 분석을 활용한 정책분석 사례는 많지 않은 실정이다.

비용-편익 분석을 원용하기 위해서는 정책의 중요 가치를 효율성으로 보며, 이의 측정에 포함될 모든 요소를 화폐가치로 환산할 수 있어야 한다. 그러나 비용-편익 분석을 통해 형평성도 어느 정도 측정할 수 있다. 예컨대 환경 보존을 위한 현세대의 비용부담과 다음 세대의 편익을 비용-편익 모형으로 분석함으로써 세대 간 형평성을 분석할 수 있다. 또한 정책이 지향하는 가치를 화폐가치로 환산할 수 없는 경우에도 비용-편익 분석을 원용한 연구가 다양하게 행해지고 있다.

한편 유사 개념으로 비용-효과 분석(cost-effective analysis)이 있다. 이 분석기법은 정책에 포함될 비용과 편익을 화폐가치로 환산하여 측정할 수 없는 경우에 사용할 수 있다. 특히 각 대안에 소요될 비용이 동일하여 효과만 비교해도 되거나, 각 대안의 효과가 동일하여 비용만 비교·분석해도 되는 경우에 적절히 이용할 수 있다.

(2) 비용-편익 분석의 절차

비용과 편익을 체계적으로 분석하기 위해서는 일상적으로 거쳐야 할 단계가 있지만, 각 단계들은 분석의 상황이나 용도에 따라 다를 수 있다. 여기서는 다음과 같은 단계로 구분하기로 한다(Boardman, et. al. 2010; Henley & Spash, 1993).

가. 정책의 정의

비용-편익 분석은 분석대상이 될 정책에 대한 정의에서부터 시작한다. 정책을 정의하기 위해서는 우선 정책으로 인해 재배분될 자원들을 명시해야 한다. 예컨대 '지금까지 연락선에 의해 육지와 연결되었던 섬에 새로운 교량을 건설하는 정책'이라고 명시하는 것이다. 이를 통해 무엇을 분석해야 할지를 알 수 있다. 또한 이 단계에서는 분석에 포함될 비용과 편익의 범위를 명확히 해야 한다. 예컨대 특정 지역에 원자력발전소 건설정책을 분석하는 경우, 우리나라 에너지 정책에의 영향까지도 분석에 포함시켜야 할지 아니면 특정 지역에 미치는 효과로 제한해야 할지를 정해야만 한다.

이와 아울러 정책으로 비용과 수익을 통합할 모집단(population)을 정해야 한다. 대상집단이나 수혜집단이 법으로 정해져 있는 경우도 있지만, 분석자가 판단하여 정할 수도 있다. 앞서 예시한 교량건설정책의 예에서 행정구역에 포함된 섬의 주민만을 고려할 것인가 아니면 지역, 국가 또는 국제적 영향까지 포함시킬 것인가를 정해야 한다.

마지막으로 정책의 수명주기(life span)를 결정해야 한다. 다리의 수명과 같이 물리적 수명을 측정하기가 비교적 용이한 경우도 있지만, 환경보존의 혜택과 같이 다음 세대들까지 고려해야 하는 경우도 있다.

정책을 정의하였다면 그 다음 단계는 정책집행에 소요되거나 이로 인해 나타날 모든 비용과 편익을 구체화하는 것이다. 교량건설 정책의 예에서 교량건설을 위해 소요될 모든 자원 ― 시멘트, 철근, 노동시간 등 ― 에 대한 목록, 지역의 고용효과, 재산가치에 미치는 영향, 재산가치로는 환산될 수 없는 질적 가치 ― 예컨대 풍경, 환경, 주민의 인심 등 ― 에 미치는 영향 등을 구체화하는 것이다. 이 단계에서 부가성(additionality)과 대체성(displacement)이 중요 개념이다. 부가성이란 정책의 순효과(net impact of the policy)를 의미한다. 지방도로에서 속도 제한을 할 경우 예상되는 순효과는 정책변화로 인한 사고율 감소 정도를 측정함으로써 얻을 수 있다. 이에 비해 대체성은 대안별 차이를 측정하는 것이다. 예컨대 자동차 공장을 부산지역에 건설하는 것과 광주지역에 건설하는 경우의 차이를 분석하는 것이다.

비용-편익분석의 목표는 시장뿐만 아니라 비시장적 재화의 소비를 통해 사회적 총 효용을 극대화할 수 있는 대안을 탐색하려는 것이다. 그러므로 무엇을 긍정적 또는 부정적 효용으로 보고 이를 어떻게 측정할 것인가 하는 점을 생각해야 한다. 또한 현재뿐만 아니라 미래의 효용, 양적·질적 효용까지 포함해야 한다. 교량건설로 인한 섬 주민의 어획량 감소는 시장가치로 계산 가능하지만 훼손된 경치의 가치를 측정하기는 대단히 어렵다. 그러나 대안비교에 있어 화폐가치로 환산할 수 없는 가치가 대단히 중요하다.

❖ 비시장적 재화

물고기나 자동차가 시장 재화라면, 문화인으로서의 긍지나 좋은 경치, 맑은
공기 등은 비시장적 재화이다.

라. 가치 흐름의 계량화

이 단계에서는 비용과 편익 흐름(flow)의 실체적 양을 계산하는
것이다. 교량건설정책의 예에서, 일 년간의 통과 차량의 수, 연락
선 대신에 교량을 이용하는 사람들의 시간 절약 정도, 교량의 내
구연한, 생태계 변화 등이 포함될 수 있을 것이다. 그러나 이러한
추정은 불확실성하에서 이루어질 수밖에 없다. 이런 점에서 발생
확률과 가능성을 곱한 기대치(expected value)를 계산해야 하는 경우
도 많다. 예컨대 교량이 10년간 유지될 확률이 30%이고, 15년이
50% 그리고 20년간 지탱할 확률이 20%라면, 교량 유지기간의 기
대치는 $[(0.3 \times 10) + (0.5 \times 15) + (0.2 \times 20)]$으로 계산하여 14.5년으
로 추정하는 것이다.

마. 관련 비용과 효과들의 화폐가치화

비용과 편익의 측정·비교를 위해서는 동일한 단위를 사용해야
만 한다. 비용-효과 분석에서 사용되는 동일 단위는 원이나 달러
와 같은 화폐이다. 즉 투입된 시멘트 양과 절감된 시간을 화폐를
통하여 비교하는 것이다. 특히 ① 비용과 편익이 장기간에 걸쳐
나타나거나, ② 시장가격으로 비교할 수 없을 때, ③ 시장가격이
존재하지 않을 경우에 화폐가치화 작업이 어렵다.

미래의 가치 흐름(value flows)을 추정하여 화폐 가치화하는 경우
가장 큰 어려움은 미래 가격이 계속적으로 변한다는 점이다. 예컨

대 30년간의 쌀 농작으로 인한 편익을 화폐 가치화하는 경우 자연
재해, 인플레이션 등으로 가격이 변할 수 있으며, 밀에 대한 상대
가격 측면에서 변할 수도 있다. 자연재해의 경우는 어쩔 수 없겠
지만, 인플레이션이나 상대가격의 변화는 할인율(discount rate)이나
물가지수 등을 이용하여 어느 정도 반영할 수 있다.

독과점 산업과 같은 불완전 경쟁시장이나 사병봉급과 같이 시
장에 정부가 개입하는 경우에는 시장가격에 준하는 그림자 가격
(shadow price)을 산정할 수 있다. 깨끗한 공기와 같이 시장에서 거
래되지 않는 재화에 대한 화폐가치화를 위해서는 그것을 계속적으
로 유지하기 위한 사회적 한계편익(social marginal benefit)이나 사회
적 한계비용을 계산하는 방법이 있다.

바. 비용과 편익의 흐름에 대한 할인

미래에 산출될 모든 관련 비용-편익의 흐름(cost benefit flows)을
화폐가치로 나타내기 위해서 이를 현재 가치(present value)로 환산
해야 한다. 설령 인플레이션율이 영(0)이라 하더라도 시간 선호율
(time preference rate)을 반영해야 하기 때문에 미래의 가치는 일정한
기준에 따라 할인되어야 하는 것이다. 일상적으로 이자율 i를 할
인율로 하고, t시점의 편익이 X_t인 경우 현재가치(PV)는 다음과 같
이 계산할 수 있다.

$$PV(X_t) = X_t [(1+i) - t]$$

만약 환경보존을 위해 투자해야 하는 현세대의 부담액과 다음
세대들이 누리게 될 편익을 비교하기 위한 비용과 편익의 흐름을
현재 가치로 할인해야 한다면, 할인율을 어느 정도로 해야 적정할

것인가는 결국 가치 판단의 문제이기 때문에 할인율에 관해 논란이 일게 되는 경우가 많다.

사. 민감도 분석

앞에서 설명된 단계들을 거치면서 진행되는 비용-효과분석은 사용된 자료나 할인율이 확정적이거나 정확히 추정된 것을 전제로한다. 그러므로 자료가 변하거나 할인율을 변경한다면 비용-효과분석의 결과는 달라진다. 그러나 불확실성하에서 미래의 물리적 흐름을 예측하는 것이 작업이기 때문에 추정상의 오차로 인해 어떠한 차이가 발생할 수 있는지를 분석·검토해야 한다. 즉 최종적 결론에 앞서 "만일 채택한 계수(parameter)가 변한다면 어떻게 되겠는가?"하는 가상적 의문에 대답하기 위하여 대체된 계수를 적용한 분석결과와 원래의 결과를 비교하는 것이다. 특히 다음의 계수들에 대해 중점적으로 검토해야 한다.

① 할인율

② 투입물의 물리적 양과 질

③ 이러한 투입들의 그림자 비용

④ 산출의 물리적 양과 질

⑤ 이러한 산출들의 그림자 비용

⑥ 정책의 수명 주기

정책의제설정이론

정 / 책 / 학

4

정책의제설정이론

개 요

　의제설정과정이란 여러 사회문제 중 하나 또는 그 이상을 정부가 해결하기 위하여 공식적으로 정책문제를 채택하는 과정이다. 수많은 사회문제들 중에서 특정 문제는 정부가 공식적인 관심을 갖는 정책의제로 채택되는가 하면, 어떤 사회문제는 채택되지 못한다. 왜 정부는 수많은 사회문제들 중에서 다른 것이 아닌 바로 그 문제를 해결해야 할 정책의제로 설정하는가? 이러한 의문이 정책의제설정과정에 대한 주요 논점 중의 하나이다.

　그 외에도 사회문제가 정책의제로 채택되는 다양한 요인들이 있을 수 있을 것이므로 이에 관한 일반적인 설명이 필요하다.

　또한 정책의제는 어떠한 과정을 통해 채택되며, 채택과정에 참여하는 주체들은 누구인가를 파악하는 작업도 중요하다. 누가 문제를 제기해서 어떻게 정의하느냐에 따라 문제의 본질에 대한 진단이 ─ 또는 시각이 ─ 달라질 수 있다. 예컨대 교통 혼잡문제의 원인을 도로가 부족하기 때문이라고 인식하는 사람이 있는가 하면, 대중교통의 미비로 보는 이도 있다. 교통 혼잡의 원인을 도로 부족으로 진단한 사람이 찾을 정책대안의 방향은 도로 건설 확대이다. 반면에 대중교통의 미비로 보는 사람은 버스 고급화, 지하철 확충 등 대중교통 이용 확대방안에 관심을 가질 것이다.

　마지막으로 의제설정과정에 영향을 미치는 요인들에 대해 설명한다. Simon과 Easton의 설명, 무의사결정론 그리고 Kingdon의 다중흐름모형에 대하여 논의한다.

Ⅰ. 의제설정의 개념과 유형

1. 정책의제(policy agenda)의 개념

'의제'는 일상생활에서 빈번히 사용되는 용어이다. 회의의 공식 안건을 의제라고도 하며, 모임의 주최 측에서 참여자들을 어떠한 방향으로 유도하기 위해 감추어 둔 계획을 '숨긴 의제'(hidden agenda)라 부르기도 한다. 또한 "2010년대의 의제는 사회적 통합이다"라고 하는 경우와 같이 특정 시기에 많은 사람들이 관심을 가지는 문제를 의미하기도 한다.

Anderson(1984)은 정책의제란 "수많은 요구들 중에서 정책결정자가 어떤 대책을 강구하지 않을 수 없다고 느끼거나 선택하게 되는 요구"라고 정의하였다. 즉 정책의제란 정책결정자에 의해 정부가 해결하기로 공식적으로 채택한 문제이다. 여기서 정책결정자란 대통령, 국회, 정무직 공무원, 직업 공무원 등과 같은 정책과정의 공식 참여자이다. 정부가 해결하기로 공식적으로 결정하였다는 것은 정부의 조직과 자원 및 권한을 활용한다는 의미이다. 이러한 정의에서 핵심적 개념은 '문제'이다. 문제에 대해서는 다음에 보다 자세히 설명하기로 하고, 여기서는 문제를 인식하는 주체에 따른 구분에 대해서만 언급하기로 한다.

문제를 인식 주체에 따라 개인문제, 사회문제 그리고 정책문제로 구분할 수 있다. 개인문제란 개인에 국한된 문제로써 이의 해결은 개인 스스로 해야 하는 것이다. 즉 문제를 인식하고 해결하는 주체가 특정 개인이다. 실업문제, 주택문제, 노사문제, 자살문제 등은 원래 인식 주체가 개인이고, 당사자 개인이 문제를 해결해야만 했다. 그러나 개인문제가 점차 확산되어 사회 내의 많은 사람들에게서 발생되고, 개인이 이를 해결하기가 어렵다고 사회구성원들이 인식하게 되면 사회문제화 된다. 즉 개인문제가 사회구성원 누구에게나 발생될 가능성이 있고, 개인 수준에서는 해결 곤란하다고 인식되면 사회문제화 된다. 사회문제 중에는 정부가 해결해야 하는 공공문제(public problem)로 인식되는 경우도 있는가 하면, 여전히 개인문제로 머무르기도 한다. 사회문제 중에서 공공문제로 취급되어 정부가 공식적으로 해결하기로 결정하면 정책문제가 된다.

2. 정책의제의 유형

Cobb과 Elder(1983)는 정책의제가 정부기관 외부의 비공식 참여자가 제기한 것이냐 아니면 정부 내의 공식 참여자가 제기한 것이냐를 구분하고, 정책문제를 제기한 주체가 누구냐에 따라 정책의제설정과정이 달라진다는 점을 설명하였다. 정책과정의 비공식 참여자가 제기한 의제를 체계의제(systemic agenda)라 하고, 공식 참여자가 제기한 의제를 제도 내지 정부의제(institutional or governmental agenda)라 했다. 체계의제란 일반 대중의 주목을 받을 가치가 있으며, 정책과정의 비공식 참여자들이 정부가 문제를 해결하도록 요구하는 사회문제이다. 이와 유사하게 Eyestone(1978)은 공중의제(public agenda)와 공식의제(official agenda)로 구분하였다. 체계의제 또는 공중의제는 다양한 형태로 존재하게 되는데, 만약 비공식 참여자가 이를 정부의제로 전환시키고자 한다면 다음과 같은 의제의 특징을 고려할 필요가 있다(Cobb and Elder, 1983).

첫째, 내용의 구체성 면에서 구체적인 것에서부터 추상적인 경우까지 다양하다. 생활의 질, 인권, 국격 등과 같은 추상적 개념보다 노인생활의 질, 북한수용소 인권, 국가 브랜드와 같이 구체적인 대상이나 내용을 제시할수록 의제화 될 가능성이 높다.

둘째, 전세계적인 것에서부터 동네수준에 국한되는 것까지 의제별 다루는 범위가 의제설정과정에 영향을 미친다. 예컨대 한반도 '통일'이라는 거시적 범위에 비해 '북한의 인권'은 중범위적이며 '북한 주민에 대한 의약품 및 식량 제공'은 미시적이다. 체계의제의 범위가 좁을수록 정부의제화 될 가능성이 높다.

셋째, 의제의 시간성(temporal relevance)이 영향을 미친다. 근본적이고 장기간 지속될 것으로 예상되는 의제는 일시적으로 대두되었다가 사라지는 의제보다 정부의제화 될 가능성이 높다. 또한 해결에 소요될 기간도 중요하다. 예컨대 '중국으로부터 오는 미세먼지'처럼 5년 이상 장기적 시간이 소요될 의제보다는 '독도 수비력 확대'처럼 최소 3~4년 이상 시간이 소요될 의제가, 또 이 보다는 '일본 총리의 야스쿠니 참배 대응'과 같은 당장 해결책을 제시해야할 의제가 정부의제화 될 가능성이 높다.

넷째, 의제의 내용이 단순할수록 사회와 정부에 확산될 가능성이 높다. 체계의제의 내용이 복잡하면 대중 및 정책결정자들이 이해하기 어렵고, 그만큼 관심과 참여가 줄어들 가능성이 높다.

다섯째, 선례가 있는 문제는 확산될 가능성이 높다. 관례적인 의제는 과거의 사례를 통해 해결방안이 어느 정도 정형화되어 있어 정부에서 받아들이기가 쉽다. 이에 비해 새로운 의제에 대하여는 내용 파악 및 의견 수렴 등에서 시간이 많이 걸린다.

한편 Anderson(2011)은 정책의제를 제시한 주체별로 의회의제, 대통령의제, 행정부의제 및 사법부의제로 나누었다. 그리고 정책의제는 정책결정자의 재량으로 이를 채택할 수 있는지를 기준으로 하여 선택의제와 강요의제로 분류할 수 있다. 강요의제란 정기적으로 실시하는 선거, 정기 국회에서의 예산심의 등과 같이 헌법을 위시한 각종 법에 의해 실행해야 하는 의제이다. 반면에 선택의제는 공식적 정책결정자의 재량에 의해 선택할 수 있는 의제를 말한다.

또한 의제발생의 반복성을 기준으로 구의제와 신의제로 분류하기도 한다(Cobb & Elder, 1983). 구의제는 강요된 의제와 같이 반복적으로 제기되는 의제를 말하며, 신의제는 전국적 파업이나 돌발적인 외교 사태와 같이 특수한 상황변화에 의해 야기되는 문제를 말한다. 구의제는 반복성의 양상에 따라 정기적으로 발생되는 의제와 산발적으로 발생되는 의제로 세분되기도 한다. 이 밖에 정책결정자가 이익집단의 요구를 무마시키거나 정치적인 긴장을 완화시키기 위하여 겉으로만 관심을 표명하는 가의제(pseudo agenda), 국회에서 주어진 기간 내에 어떠한 의제를 먼저 다룰 것인가를 정하는 운영의제(operational agenda) 등이 있다.

한편 Birkland(2005)는 의제의 수준을 기준으로 [그림 4-1]과 같이 구분하고, 논제를 정책체계로 진입시켜 정책변동을 유발하려는 집단과 이를 방해하여 정책을 유지하는 집단간의 정치적 관계를 설명하였다. 의제의 가장 넓은 수준은 사회 또는 정치체계에서 논의될 수 있는 모든 아이디어들의 공간을 의미하는 '의제세계'(agenda universe)이다. 민주사회에서는 모든 문제를 의제세계에 제기할 수는 있지만, 법률이나 사회규범에 의해 표현의 자유가 제한되기도 한다. 북한을 찬양하거나 민주체제를 부인하는 내용, 여성이나 노

의제세계

체계의제

제도의제

결정의제

논제가 결정의제에 보다 가까이
나아갈 수 있도록 노력하여
정책변동을 추구하는 집단

진입하려는 논제를 차단함으로써
변화를 반대하는 집단

자료: Birkland(2005, 111).

인 비하, 지역색 표출 등이 그 예이다. 광대한 의제세계에 존재하는 수많은 아이디어들 중의 일부는 정책체계에 의해 받아들여질 수 있는 체계의제(system agenda)가 된다. Cobb과 Elder의 체계의제 개념과 동일한 것이다. 즉 체계의제는 정치공동체의 구성원들이 공중의 관심을 받을 만하거나 합법적 관할권에 포함될 수 있을 것으로 공통적으로 인식하는 모든 논제들(issues)이다. 의제세계와 체계의제의 경계는 '현 정부의 합법적 관할권'(legitimate jurisdiction of existing governmental authority)에 의해 구분된다(Cobb & Elder, 1983).

체계의제들 중 일부는 제도의제(institution agenda)가 된다. 제도의제란 권위를 가진 정책결정자가 적극적이고 심각하게 고려하기 위해 채택한 공식의제이다. 정부의 제한된 시간과 자원으로 인하여 제도의제 수준까지 이르는 체계의제의 수는 매우 한정적이다. 제도의제들 중 일부만이 정부기관에서 인력과 자원을 동원하여 해결해야 할 구체적인 법령이나 정책을 만들기 위한 의제로 채택한 결정의제(decision agenda)가 된다. 행정부나 국회에서 제출한 의안들이 상임위원회에서 심의대상이 되기 위해서는 여당과 야당간의 합의가 (이루어져야 하는데 때로는 합의가) 이루어지지 못하여 표류하는 경우도 많다. 예컨대 2012년 건설교통부에서 부동산 경기 침체에 대응하여 부동산 활성화 정책을 마련하고 이의 입법화를 위하여 국회로 이송하였지만, 야당의 반대로 법안이 일 년 이상 심의되지 못하다가 2013년 말에 통과되었다. 또 야당인 민주당에서 제기한 국가정보원 개혁법안은 여당인 새누리당의 반대로 결정의제화 되지 못하다가 예산과 연계하여 심의하기로 여야간에 합의함으로써 전격적으로 처리되었다.

Ⅱ. 의제설정과정(the process of agenda setting)

정부나 국회의 공식 참여자들이 특정 시기에 특정 사회문제를 정부가 해결해야 할 정책문제로 인지하게 되는 계기는 무엇인가? "소 잃고 외양간 고친다"는 속담처럼 어떤 사건의 발생을 계기로 그 문제를 해결해야겠다고 인식할 수 있다. 그러나 반드시 어떤 사회적 사건이 발생되어야만 문제 해결의지를 가지는 것은 아니다. 많은 사람들이 "이제 문제를 해결할 때가 되었다"고 생각하는 경우도 있다. 이처럼 시간이 지남에 따라 특정 문제를 더 이상 방치할 수 없다는 인식의 공감대가 형성되면 그 문제는 정책의제가 되기도 한다.

한편 의제설정과정은 다양한 집단들이 자신들의 요구가 정부에 받아들여져서 공식적인 정책의제가 될 수 있도록 경합하는 과정이다(Cobb and Elder, 1976). 다시 말해 정부의 관심을 끌어서 공공부문에서 문제 해결을 위한 정책의제로 선정되는 과정이다. 의제설정과정이 지니는 특성을 설명하면 다음과 같다.

첫째, 다양한 공식 참여자뿐만 아니라 비공식 참여자들이 참여한다.

둘째, 정책환경과 정책결정체제가 상호 작용과정에서 정치적 현상이 발생한다. 정책의제설정과정은 다양한 집단간의 정치적 상호작용이 이루어지는 과정이다. 다양한 집단들이 자신의 문제를 공식적 권한을 지닌 정책체계에서 받아들여지도록 정치적 활동을 한다. 집단은 의제의 제한된 공간을 공유하고 있는 다른 쟁점들 가운데 자신의 것도 일정 영역을 차지할 수 있도록 또는 자신의 쟁점이 우선적인 관심대상이 될 수 있는 기회가 올 때까지 시간을 벌기 위하여 경합한다. 또한 공식 참여자들도 정치적 자원을 활용하여 특정 문제가 의제화 되거나 또는 되지 못하도록 노력한다.

셋째, 의제설정과정에서 정책문제의 본질과 해결방법에 대한 탐색도 아울러 이루어지는 경우가 많다. 특정 문제에 대한 찬성 또는 반대하는 집단은 나름대로 문제의 본질에 대한 분석을 하고, 문제를 나름대로 정의할 뿐만 아니라 해결방법까지도 마련하여 참여하는 경우가 많다.

이러한 특성을 지니는 정책의제설정과정이 구체적으로 어떠한 하위 단계들로 이루어져 있는지를 분석하기 위하여 정책의제설정모형에 대한 연구들이 이루어졌다. 다양한 모형들이 제시되었지만, 여기서는 Eyestone모형 및 Cobb과 그의 동료들이 제시한 모형에 대해서 설명한다.

1. 의제설정과정 모형들

1) Eyestone모형

Eyestone(1978)은 사회문제가 정책의제로 바뀌어 가는 과정을 단계별로 [그림 4-2]와 같이 구분하여 설명하였다. 정책의제설정은 사회문제의 태동에서부터 진행된다. 그러나 처음 단계는 설명의 편의상 가정한 것일 뿐이고 실제 의제설정과정에서는 이미 결정된 정책에 대하여 관련 집단에 의한 쟁점의 표출되어 다시 정책의제설정과정이 반복되는 경우가 많다. 물론 사회적으로 한 번도 제기

그림 4-2 사회문제가 정책의제로 전환되는 단계

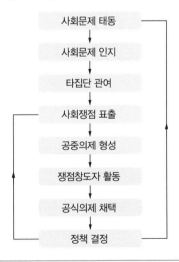

된 적이 없는 신의제의 경우는 그렇지 않다. 원래 개인문제이었으나 점차 불특정 다수에게 발생 개연성 및 개인적 해결 곤란성이 높아지면 사회문제가 태동된다. 사회문제란 사회의 표준에서 이탈된 현상 또는 사회 조직의 부분이 파괴된 상태인데, 이러한 현상이나 상태를 다수의 사람들이 인식하고 시정해야 할 대상으로 인지하게 되면 사회문제화 되는 것이다.

특정 또는 소수의 사람이나 집단이 사회문제를 인지하여 제기하면 이에 직·간접적으로 관련된 집단들이 관여하기 마련이다. 관여하는 집단마다 이해관계나 가치가 다르기 때문에 제기된 사회문제의 본질과 해결방법에 관하여 다양한 의견이 제기된다. 관여 집단간에 합의가 이루어지지 않은 사회문제는 점차 사회적 논쟁거리가 되는데 이를 사회적 쟁점(social issue)이라 한다. 사회적 쟁점은 해결방법에 대해 다른 견해를 지닌 다수의 집단이 나타나 문제 해결에 대한 합의점을 찾지 못하고 있는 사회문제이다.

일반적으로 사회적 쟁점의 계기가 된 사건인 점화장치(triggering device)가 발생하면 이를 사회적 쟁점으로 점화하는 주도자(initiator)가 존재한다. 쟁점 주도자를 세 부류로 나누어 볼 수 있다(김형렬, 2000; Cobb and Elder, 1983).

첫째, 지위나 자원 배분에 있어 불리하게 취급되었다고 인식하는 경쟁적 관계의 당사자이다. 예컨대 대기업 보다는 중소기업, 사용자 보다는 노동조합, 대형유통기업이 정부의 공휴일 의무휴업 시행에 대해 쟁점을 제기하는 것이다.

둘째, 자신의 이익을 확대하려는 개인이나 집단이다. 경쟁적 우위에 있음에도 불구하고 기득권을 유지하거나 더 많은 이득을 얻으려는 개인이나 집단이다. 예컨대 일본이 독도를 자신의 영토라고 주장하며 국제적 논쟁으로 만들려는 것이다.

셋째, 자신의 이해관계가 없이 사회나 타인의 이익이나 가치를 옹호하려는 집단이다. 예컨대 장기기증운동, 북한인권 연합, 사회적 약자를 위한 모임을 주도하는 집단이다.

한편 점화장치로서 사건은 매우 다양하다. 홍수·지진·산불과 같은 자연적 피해, 유아 학대 및 살인 사건·금융기관의 대량의 개인정보유출·폭동·테러·경제적 위기 등과 같은 사회적·경제적으로 예측하기 어려운 사회적 사건, 새로운 기술, 인구 폭발·도시 과밀·자연 훼손과 같은 생태적 변화는 국가가 어느 정도 통제할 수 있는 사건들이다. 또한 전쟁 발생, 환율의 급격한 변화, 세계 금융위기 발생 등과 같이 국가가 통제할 수 없는 사건들도 있다.

사회적 쟁점이 지속적으로 확산되어 대중이 관심을 갖게 되면 자연스럽게 공중의제가 형성된다. 공중의제가 되었다는 것은 논란이 되고 있는 사회적 쟁점에 대한 해결책이 강구되어야만 하고, 해결책을 강구하는 것이 정부의 권한에 속한다는 여론이 형성된 것을 의미한다.

공중의제가 공식의제로 전환되는 과정에는 쟁점창도자(issue entrepreneur)의 역할이 필요한 경우가 많다. 쟁점창도자는 일반 공중을 위해 쟁점을 만들거나, 이를 정부에 전달하는 역할을 수행한다. 즉 쟁점창도자는 쟁점창안자(issue generator)이거나 쟁점중개자(issue broker) 또는 이 두 역할을 모두 수행하는 사람이다. 쟁점창도자의 활동을 통해 공중의제가 정책과정의 공식 참여자의 관심대상이 될 때 공식의제로 채택될 가능성이 높아진다. 공중의제가 정부 내부로 진입해 들어감으로써 공식의제로 되고, 정부가 정책문제를 해결하기 위한 정책결정단계로 이어지게 된다.

이상에서 설명한 Eyestone모형은 공공체계의 의제설정을 순환과정으로 설명했고, 쟁점창도자의 역할을 강조했다는 점에 강점이 있다. 그러나 정책의제가 사회에서 제기되는 경우가 일반적이지만 정부 내에서 제기 되는 경우도 있고, 사회문제의 전환과정도 다양하다는 점이 설명력의 한계이다.

2) 주도집단에 따른 의제설정과정모형

Cobb과 그의 동료들은 정치과정을 비교하는 기준으로 의제설정이 유용하다고 주장하면서, 주도집단에 따라 정책의제설정과정은 달라진다고 보고, 이를 외부주도모형, 동원모형 그리고 내부주도모형으로 구분하였다(Cobb, Ross and Ross, 1976). 그리고 정책의제설정과정은 문제제기, 구체화, 확장 그리고 진입이라는 네 단계를 기본으로 하는데, 모형에 따라 이 중 특정 단계가 빠지거나 순서가 바뀌기도 한다고 설명한다.

(1) 외부주도모형(outside initiative model)

가. 제기(initiation)

정부 공식기구 밖에 있는 집단이 주도하여 쟁점을 정부가 채택하도록 문제를 제기한다. 정부가 외부의 요구에 민감하게 반응하는 민주국가의 정책의제설정과정은 대부분 외부주도모형에 해당한다. 외부에서 제기된 쟁점이 정부에서 수용하게 되는 정도는 제기집단의 경력과 규모, 의제 확산전략 등에 의해 영향을 받는다.

나. 구체화(specification)

쟁점이 구체적인 형태를 갖추는 단계이다. 이 과정에서 쟁점은 전문가에 의해 구체화 되는가 하면 때로는 일반적인 시각에서 구체화될 수 있다. 일본에서 1950년대부터 이타이이타이병이 발생하였지만 지역 기업이 배출한 오염물질이 원인이라는 증거를 피해자가 제시할 수 없어서 정부의 관심을 받을 수 없었다. 그러나 의사, 교수, 전문가 등이 관련 증거들을 잇달아 제시하였고, 드디어 1970년대 들어 환경청이 설립되고, 카드뮴과 상당한 인과관계가 있다는 법원 판결이 나왔다.

다. 확산(expansion)

구체화된 쟁점이 사회 전체로 확산되는 과정이다. 특정 쟁점에 관여하는 집단은 구성원의 관심과 갈등의 정도에 따라 서로 다른 전략을 사용한다. Cobb과 Elder(1983)는 사회문제와 관련된 집단의 규모와 정치적 자원을 기준으로 동일화 집단, 주의 집단, 주의 공중, 그리고 일반 공중으로 구분하고, 주도 집단의 확산에 따른 정책의제설정과정을 단계별로 설명하였다.

특정 사회문제에 의해 자신의 이해관계가 직접적인 영향을 받았다고 인식하는 하는 사람들이 집단을 형성하게 되는데, 이를 동일화 집단(the identification group)이라 한다. 사회적 쟁점이 동일화 집단에게만 국한되고 더 이상 파급되지 못한다면 정책의제화 되기가 어렵다. 따라서 동일화 집단은 사회적 공감대를 확산시키기 위해 자신의 주장에 적극적으로 동조하는 주의 집단(the attentive group)까지 세력을 확장하고자 한다. 주의 집단까지만 확산되었을 때에는 데모, 파업이나 폭력과 같은 정부에 대한 압력 및 위협 수단을 동원하는 경우가 많다. 2013년 철도노동조합은 임금, 근로조건, 철도민영화 반대를 위하여 22일간 파업을 함으로써 사회적 논쟁을 확산시켰다.

여론화 과정에서는 주의 공중(the attentive public)의 역할이 중요하다. 주의 공중은 사회적 쟁점에 대해 비판적이고 그 해결책을 제시하기 위하여 적극적인 태도를 지닌 대중이다. Eyestone은 여론을 수렴·주도하며, 사회적 쟁점을 확산시키는데 적극적 행태를 지닌 공중이라는 의미의 쟁점 공중(issue public)이라고 하였다. 주의 공중으로 확산되어도 여전히 정부체계로 진입이 어려울 것으로 예상되면 동일화 집단은 중간 매개체나 브로커와 연계하는 경우도 있다. 앞의 예에서, 철도노동조합은 장기 파업으로 철도나 지하철 이용에 불편을 느낀 주의 대중으로부터 긍정적 인식을 얻지 못하고, 정부의 입장도 완고한 입장에서 변화가 없자 민주노총, 불교계, 야당에 협력을 요청하였다. 결국 여당과 야당의 국회의원이 작성한 협상안에 대해 한국철도공사의 노사가 합의함으로써 파업은 종결되었다.

사회적 쟁점이 주의 대중에서 그동안 무관심하던 사회구성원 대부분을 의미하는 일반 공중(the general public)으로 확산되면서 정부가 정책의제로 채택해야 한다거나 또는 하지 않아야 한다는 여론이 형성된다. 사회문제가 일반 공중에게까지 확산되었을 때에는 정치체계의 반응이 즉각적이어서 정책의제로 채택될 가능성이 높다.

라. 진입(entrance)

진입은 공식적 정책참여자가 제기된 공중의제를 공식의제로 전환하는 과정이다. 그러나 공중의제가 정부로 진입하였다고 해서 모두 공식의제화 되는 것은 아니다. 일반 공중 가운데 반대하는 사람들이 여전히 많거나 공식 참여자 중에서도 반대 의견이 많으면 공식의제로 상정시키지 않는다. 공식 참여자들이 불상정 결정을 하거나 무의사결정(non-decision making)을 하게 된다. 무의사결정은 정책결정자가 공중의제가 공식의제에까지는 도달하지 못하도록 결정하는 것이다.

요컨대 외부주도모형은 사회적 쟁점이 정부조직 밖에 있는 집단에 의해 제기되고, 구체화되어 점차 규모가 더 큰 집단으로 확산되어 결국 정부체계 안으로 진입되는 일련의 과정을 설명한다. 사회문제가 공중의제가 되어 다시 공식의제로 변형되는 과정이다. 외부 주도형에 따라 결정된 정책은 상호 대립되는 주체들 간의 타협의 산물이기 때문에 정책 내용이 모순적인 성격을 띠거나 단기적인 해결책일 경우가 많다.

(2) 동원모형(mobilization model)

가. 제 기

동원모형은 정부기관이 이미 정책의제를 채택하여 사회에 공표함으로써 제기된다. 정부가 공표함으로써 공식적인 정책의제설정이 끝난다. 물론 공식적인 발표가 있기 전에 정부 안에서 토의과정이 있지만, 이러한 과정에 관하여 관련 집단이나 일반 공중이 알지 못하고 관심도 갖지 않는다. 외부주도모형과 반대로 사회문제가 곧바로 정부의제화 되고 이는 다시 공중의제로 진행되는 과정을 거친다.

나. 구 체 화

구체화 단계에서는 거시적 방향만 제시된 공식의제의 세부적인 사항까지 정하는 것이다. 정부가 새로운 정책이나 공식의제를 발표하고 일반 공중의 협조나 인식·행태 변화를 유도할 수 있는 구체화 방안을 마련해야 한다. 이명박정부에서 원자력산업 육성안을 발표하였다. 이어서 원자력산업 육성을 위한 구체적 내용으로 2030년까지 80기를 수출해 세계 신규 원전건설 시장의 20%를 점유하여 3대 원전 수출 강국으로 성장한다는 장기 계획을 발표하였다.

다. 확　　　산

정부의제가 결정된 후에 정책결정이 진행되면서 공중의제화 하는 경우도 있고, 정부의제에 대한 정책결정이 이루어지고 난 후에 공중의제로 확산되는 경우도 있다. 정부는 성공적인 정책집행을 위해 대중의 지지 및 정부 구성원의 협조를 얻을 필요를 느끼며, 이를 위해 정책홍보 활동을 한다. 확산단계에서 정부는 상징과 대중매체를 이용하여 지지를 확보한다. 결국 이러한 확산활동이 성공하면 정부의제가 공중의제로 전환된다. 원자력의 경제성, 원자력발전소 수출을 통해 얻은 경제적 이득 등을 언론매체에 홍보하여 원자력산업에 대한 긍정적인 여론을 형성하는 것이다.

그러나 정부가 주도적으로 정부의제를 결정하고 이를 확산시키더라도 이익집단의 반대나 여론 악화로 인하여 이를 취소하거나 정책결정과정에서 외부의 의견을 반영하는 경우도 많다. 취소한 예는 2007년 이명박정부 초기 정부의제로 채택하였던 대운하 사업이다. 2008년 대규모 촛불시위 이후 대통령이 '대운하 사업은 국민이 반대한다면 추진하지 않을 것'임을 밝혔고, 이어서 국토해양부의 대운하 준비단도 해체하였다. 외부 의견을 반영하여 정책결정을 한 예로는 2013년 박근혜정부의 세제개편안이다. 이를 발표하자 국민과 야당이 반대가 심하였으므로 정부는 수정안을 마련하였다.

요컨대 동원모형은 정책결정자가 공식의제를 채택하고 이를 집행하기 위해 일반 공중의 지지를 확보하기 위하여 홍보활동을 통하여 공중의제로 전환시키는 과정을 설명한다. 사회문제가 공식의제가 되고 이를 공중의제로 확산하는 과정으로 나타난다. 따라서 동원모형에서는 진입과정이 존재하지 않는다. 동원모형은 정부가 강하지만 민간부문이 취약한 후진국에서 자주 나타나는 유형이다. 그러나 국방, 통일, 외교정책의 경우는 선진국에서도 나타난다.

3) 내부접근모형(inside access model)

내부접근모형은 정부 내의 관료집단이나 정책결정자에게 접근이 용이한 외부집단에 의해 주도하여 사회문제를 곧바로 공식의제로 채택하는 과정을 설명한다. 동원모형과 유사하게 정부 안에서 먼저 정부의제를 채택한다는 점에서 동원모형과 유사하다. 그러나 크게 두 가지 면에서 차이가 있다.

첫째, 내부접근모형은 의제설정과정에 일반 공중의 참여가 배제된다.

둘째, 주도집단이 동원모형에서는 최고 통치자나 정책결정집단인데 비해 내부접근모형은 정책집행을 담당하는 관료나 이익집단인 경우가 많다. 내부접근모형의 주도집단은 비교적 동질이며, 가능한 제한된 범위 안에서 쟁점을 확산시키려고 한다.

요컨대 내부접근모형은 의제설정과정에서 일반 공중은 물론이고 관련 집단들의 참여를 배제하는 특성을 설명한다. 문제 제기와 구체화과정은 정부부처 안에서 일어나거나 정부와 긴밀한 관계에 있는 집단에 의해서 이루어진다. 즉 사회문제가 막바로 정부의제화 되어 끝나버리는 과정이다. 일반적으로, 관료집단이 경제발전을 주도하는 후진국이나 부나 권력이 집중된 나라에서 나타난다. 선진국의 경우 이익집단이 비밀리에 정부의 혜택을 보려는 경우에도 나타난다. 선진국의 국방정책이나 외교정책의 경우에는 내부접근모형이 적용되는 경우가 있다.

Ⅲ. 의제설정에 영향을 미치는 요인들에 관한 이론들

사회문제는 사회 전체에 중대한 영향을 미치기 때문에 정부가 해결해야 할 필요성이 있는 것과 일부 사람이나 집단에게만 해당되는 문제여서 정부가 개입할 필요성이 없는 문제를 양극으로 한 어느 위치에 속하게 된다. 양 극단에 속하는 사회문제의 경우에는 왜 그 문제가 정책의제가 되는가 또는 되지 못하는가를 설명하기가 비교적 쉽다. 그러나 중간적 성격에 속하는 문제들 중에서 정부가 공식적으로 해결하려는 문제와 그냥 방치되는 문제의 차이점과 그 이유를 설명하기가 매우 어렵다. 여기서 우리가 가지는 의문은 중간적 성격에 속하는 사회문제들 중에서 왜 어떤 것은 정부에 의해 정책의제로 채택되고, 또 다른 것은 정부의 관심을 끌지 못하는가 하는 점이다. 여기서는 이러한 정책의제의 선택적 설정 현상을 설명하기 위한 이론들을 소개하기로 한다.

1. 초기의 설명들

1) Simon의 의사결정능력의 한계

Simon(1963)은 행정영역은 곧 의사결정영역(The field of administration is the field of decision making)이라고 보고, 의사결정단계에 대하여 설명하였다. 우리는 이를 통해 왜 특정 사회문제가 정책의제가 되는가에 대한 의문에 대한 답을 찾을 수 있다. 그는 의사결정과정을 주의 집중(attentive directing), 대안 설계(design) 그리고 선택(choice)의 세 단계로 나눈다. 그리고 인간은 완전한 합리성을 발휘할 수 없는 존재라고 가정한다. 다시 말해 인간은 인지능력과 계산능력의 한계로 인해 제한된 합리성만 발휘할 수 있는 존재라는 것이다. 이는 인간만이 아니라 의사결정을 하는 조직체도 마찬가지이다.

이러한 이유로 주의 집중단계에서 의사결정자는 일상적으로 객관적인 사물을 주관적으로 인식하게 된다. 즉 모든 문제를 탐색할 수 없으며 주관적으로 그리고 인식적으로 선택하게 된다. 마찬가지로 설계과정에서도 모든 대안들을 한꺼번에 생각할 수가 없으며, 단지 머리에 떠오른 대안들에 대해서만 탐색한다. 더욱이 과거의 결정보다 좀 더 나은 대안을 찾아내면 만족하고 더 이상의 탐색을 중단한다. 이러한 원인들로 인하여 결국 제한된 합리성을 만족할 만한 선택을 할 뿐이다.

우리는 이러한 Simon의 설명을 통해 무수히 많은 사회문제들 중에서 왜 일부 특정 문제만이 정책의제로 형성되는가에 대해 어느 정도 이해를 할 수 있다. 그러나 우리가 가지고 있는 기본적 의문인 왜 특정 문제가 정책의제로 채택되는가에 대한 의문은 여전히 남아 있다.

2) Easton의 문지기 개념(gatekeeper concept)

정치학자인 Easton(1953)은 정치체계도 유기체와 같이 문제 처리 능력에 있어 한계가 있다는 점에 착안하여 '문지기' 개념을 창안하였다. 사회문제가 부각되어, 관련 집단들이 특정 사회문제를 정부에서 해결해 줄 것을 요구하더라도, 정부입장에서는 모든 요구를 수용하여 정책의제화 할 수는 없다. 정부의 정책이념과 우선순위가 이미 정해져 있고, 정부의 가용자원도 한정적이기 때문이다. 문지기가 건물에 진입하려는 사람들의 신분과 용무를 파악하여 출입을 통제하듯이, 정책과정으로 진입하려는 사회문제들을 선별하는 역할을 담당하는 정책과정의 공식 참여자가 바로 문지기이다. 문지기란 정책환경의 요구를 정치체계 안으로 받아들일 것인지 여부를 결정하는 공식적 권한을 지닌 개인이나 집단이다. 대통령, 국회의원, 행정관료, 사법부 등이 문지기 개념에 포함된다. 이러한 문지기는 정부의 해결능력 한계를 인식하고, 정책체계의 부담을 줄이기 위해서 환경으로부터의 요구들 중 일부만을 통과시킨다.

요컨대 문지기 개념은 체계의 과중한 부담을 피하기 위해 소수의 사회문제만을 정책의제로 채택하고, 문지기가 선호하는 사회문제를 정책의제로 채택한다는 것이다. 그러나 문지기가 어떠한 문제를 선호할 것인지에 대해서는 설명을 하지 못하는 한계가 있다.

Easton의 문지기 개념은 체계이론(system theory)의 경계(boundary) 개념과 유사하다. 체계란 공통의 목적을 달성하기 위하여 상호의존적 관계를 지닌 요소들(elements)의 복합체이다. 다시 말해 체계는 상호 작용하는 하위체계(sub-system)들로 이루어진 전체이다. 체계는 경계에 의하여 환경과 구분되며, 경계에 의하여 체계의 범위와 형태가 정해진다. 경계 밖에 있는, 즉 체계 외부에 있는, 요인들을 환경이라 한다. 체계와 상호작용하는 환경을 포함하여 하나의 체계로 볼 때 이를 초체계(supra-system)라 한다. 체계이론은 체계가 환경과 영향을 주고받는 상호작용적 관계에 있는 개방체계를 가정한다.

체계적 접근은 [그림 4-3]에서와 같이 환경으로부터 자원이 체계에 투입되면, 체계에서 이를 전환시켜, 환경으로 산출시키며, 산출된 결과는 다음 단계의 투입과정에 환류되는 순환과정으로 체계를 설명한다.

그림 4-3　체계적 접근

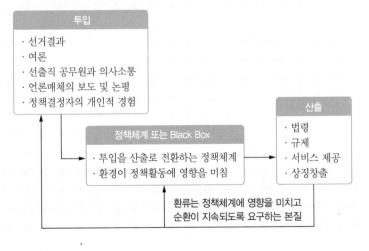

환경(정치, 경제, 사회, 문화)은 체계의 모든 부문들에 영향을 미친다.

투입
· 선거결과
· 여론
· 선출직 공무원과 의사소통
· 언론매체의 보도 및 논평
· 정책결정자의 개인적 경험

정책체계 또는 Black Box
· 투입을 산출로 전환하는 정책체계
· 환경이 정책활동에 영향을 미침

산출
· 법령
· 규제
· 서비스 제공
· 상징창출

환류는 정책체계에 영향을 미치고
순환이 지속되도록 요구하는 본질

Easton(1957)은 체계의 투입, 산출 및 환경과의 상호작용이라는 관점에서 체계모형을 제시하였다. 시민의 요구와 지지 또는 반대 그리고 자원을 정치체계의 투입요소로 보았다. 정책체계에는 하나의 암흑상자(black box)로서 조직구조, 결정과정, 집행관료의 경험과 성향 및 통제절차 등을 통해 전환시켜서, 법령, 규제, 서비스나 상징 등을 환경에 산출한다. 산출은 다음의 단계로 환류되어 투입과정에 영향을 미친다. 즉 성과에 대한 평가와 인식 등을 통하여 다음의 순환과정에 반영된다.

3) 무의사결정론(Non-decision Making Theory)

(1) 이론의 배경: 엘리트주의(elitism)와 다원주의(pluralism) 논쟁

정책과정에 영향을 미치는 집단과 관련하여 엘리트주의와 다원주의 간에 논쟁이 있었다. 엘리트주의는 정책에는 국민의 요구가 반영된다는 주장은 현실이 아닌 신화에 불과하며, 실제로는 엘리트집단의 선호와 가치가 반영된 것이라고 본다(Dye, 1984). 즉 정책에는 언제나 국민의 요구가 아닌 엘리트집단의 지배적 가치가 반영된다는 것이다. 엘리트집단이 정책에 국민의 선호와 이익을 반영시키는 것은 현 체제에 위협적 사건이 발생하거나, 자신들에게 요구되는 높은 수준의 도덕적 의무(noblesse oblige)를 실천하는 범위에서이다. 결국 국민복지의 책임은 엘리트의 어깨에 걸려있다. 철저히 자기이익에 기초하여 행동하는 엘리트가 지배하는 사회에서는 정책변동은 점진적으로 이루어진다. 그러나 엘리트집단이 이동되거나 새로운 엘리트집단이 등장하게 되면 큰 정책변동이 일어난다.

Mills(1956)는 미국의 권력 엘리트집단으로 군부, 경제, 정치엘리트를 들고, 이들이 권력을 영구화 하는 현상을 설명하였다. 국민은 선거기간에만 주권자로 떠받들어질 뿐 평상시에는 엘리트에게 조종만 당한다. 미국사회에 대한 Mills의 설명은 안정적이고 보수적이며 또한 고도의 관료화된 독일사회에 대한 Weber의 관점을 답습한 것이다. 20세기 중반까지의 미국사회에서는 대중(people)이 사회를 변화시킬 만한 사건을 창출하기보다는, 사회적 사건에 의해 대중이 영향을 받을 뿐이었다. 대공황, 전쟁 등과 같은 사회적 사건을 통제하는 권한은 엘리트집단에 집중되어 있었기 때문에 이들의 선호가 반영된 정책에 의해 국민은 수동적으로 영향을 받을 뿐이었다. 그러나 20세기 후반부터 급격한 기술 변화, 범지구적 치열한 경쟁, 지속적으로 변화하는 시민 선호 등과 같은 사회적 특성으로 인하여 더 이상 엘리트집단이 공중(the public)을 통제하기가 불가능해졌다(Mills with Wolfe, 2000). 미국자본주의는 더 이상 어느 집단에 의해서 통제되기에는 너무도 역동적이게 된 것이다.

사회 구성영역이 매우 다양하고, 각 영역별로 엘리트가 존재한다고 하더라도 이들이 다른 영역에까지 지배적 영향력을 미칠 수 없을 뿐만 아니라, 특정 영역에서 특정 집단이 주도적인 영향력을 발휘하기도 어렵다. 왜냐하면 한 집단에 모든 자원이 집중되기는 불가능하기 때문에 다른 집단에 어느 정도는 의존할 수밖에 없다.

다원주의란 사회는 정치적 영향력이나 권력이 여러 독립적인 집단으로 나누어져 있어서, 사회구성 집단간의 경쟁과 협력 또는 갈등을 통하여 움직인다고 보는 이념이다. 다원주의사회란 개별적 영향력을 발휘할 수 있는 자원을 지닌 집단들로 구성되어 있고, 집단간의 정치적 과정을 통하여 사회적 합의를 도출하는 제도적 장치가 마련되어 있는 사회이다. 경제력, 정치력, 사회적 명성 등

다양한 정치적 자원들이 사회 구성집단에 분산되어 있으며, 집단
별로는 영향력이나 규모에서는 차이가 있지만 사회 전체적으로는
자원 분배가 균형을 이루고 있다.

　　다원주의는 현 상태(status quo)를 유지하거나 정책변동을 유발하
는 조직화된 이익집단의 역할을 중요시한다. 다원주의자들은 정부
는 대다수의 시민보다 조직화된 이익집단들에 반응하며, 이러한
집단들은 정책이 안정적으로 유지되거나 또는 변동되는 과정에서
주도적인 역할을 한다고 본다(Wilson, 2013). 다원주의사회에서는 집
단간의 상호의존적인 행태로 인하여, 정책은 타협과 협상 또는 합
의과정을 통하여 점진적으로 변동된다.

　　오늘날의 많은 사회과학이론들은 다원주의적 관점에 입각하고
있다. 예컨대 자원의존모형(resources dependency model)은 자신이 필
요로 하는 자원을 다른 조직이 가지고 있기 때문에 조직들은 의존
적 상호관계에 있다고 설명한다(Scharpf, 1978; Pfeffer, Salancik, 1978).
이를 발전시킨 네트워크모형(network model)도 집단관계로 구성된
종합적인 구조가 집단행태를 결정하는 중요 요소로 보고, 이러한
구조 안에 존재하는 집단관계의 특성을 추상화 한 것이다.

　　하지만 다원주의적 시각으로 설명할 수 없는 부분이 있다는 점
을 지적한 것이 무의사결정론이다. 사회가 다원적 집단들로 구성
되어 있다고 하더라도 여전히 정책과정에서 엘리트집단이 자신의
이익이 반영시키고 있는 현상이 존재한다는 것이다. 다원주의사회
에서 엘리트집단이 자신의 이익을 반영하고 있는 현상에 대해 설
명한다는 점에서 무의사결정론을 신엘리트론이라고도 한다.

(2) 무의사결정론(non-decision making theory)

정책의제가 쟁점화 되는 범위를 국한시킬 수 있는 엘리트집단의 존재로 인해, 권력에는 다원주의적 시각으로 설명할 수 없는 부분이 있다(Bachrach and Baratz, 1962). 권력에는 양면성이 있는데, 한쪽에서는 공개적 과정을 통하여 집단간 갈등을 해소하는 반면, 다른 한쪽에서는 갈등을 일으킬 가능성이 있는 의제는 아예 공식적인 정책과정에 진입하지 못하도록 한다. 특정 사람이나 집단이 자신의 가치를 실현하는 정치적 과정에서 자신에게 해로울 수 있는 쟁점은 공론화되지 못하게 한다. 따라서 권력의 실체를 파악하려면 정책과정에서 발생되는 현상뿐만 아니라 발생되지 않도록 제한하는 수단에 대해서도 분석해야만 한다.

무의사결정이란 의사결정자의 가치나 이익에 대한 잠재적인 도전을 억압하기 위한 결정이다(Bachrach and Baratz, 1970). 즉 새로운 정책의제가 상정되어 기득권을 잃을 가능성이 있을 때, 의사결정자가 폭력, 혜택 박탈이나 새로운 이익의 제공, 지배적 규범이나 절차 강조 또는 미리 규칙이나 절차를 수정·보완하여 새로운 요구를 봉쇄하는 방법 등으로 그 의안이 상정조차 되지 못하도록 하는 결정이다. 이익집단은 자신의 기득권이 손상될 가능성이 있는 의안에 대해 무의사결정을 하도록 정책결정자에게 영향을 미치거나, 이에 실패할 경우에는 정책결정 및 집행과정에서 정책이 성공하지 못하도록 영향력을 비밀리에 행사할 수 있다.

무의사결정은 어떤 정책을 결정하지 않기로 결정하는 것이 아니라, 정책의제화 되지 못하도록 방해하는 것이다. 특정 사회문제가 정책의제화 되는 것을 방지하기 위하여 주도적 가치, 일반 규칙, 기존 권력관계, 영향력 행사 등의 수단을 사용하는 집단이 존재한다. 이러한 집단이 사용하는 전략은 크게 네 가지이다.

첫째, 폭력, 시위 심지어 테러 등의 수단을 포함한 물리적인 힘을 사용한다.

둘째, 정책과정에 진입하려는 쟁점의 생성을 원천적으로 봉쇄하기 위한 다양한 권력을 사용한다.

셋째, 기존의 규칙이나 절차를 엄격히 적용시킨다. 위원회나 자문기구를 통하여 부각된 쟁점의 비윤리성이나 반국가성을 지적하고 사회적 쟁점의 제도 진입을 반대한다.

넷째, 예견된 반응(anticipated reaction)을 미리 알려서 사회적 쟁점이 생성되지 못하거나 잠재되도록 만든다. 예컨대 정책결정권을 가진 집단이 사회적 쟁점에 대한 부정적 태도나 반대의사를 미리천명함으로써 사회 쟁점화 되는 것을 차단하는 것이다.

4) Kingdon의 다중흐름모형(multi-stream model)

(1) 문제, 지식이나 관점, 정치요인의 흐름

Kingdon(2003)은 정책결정모형인 '쓰레기통모형'을 변형시켜 정책의제과정에 영향을 미치는 세 요인으로서 문제, 정책대안, 그리고 정치에 대하여 설명하였다.

첫째, 해결되어야 할 문제의 발생이 의제설정에 영향을 미치며, 위기나 극적인 사건이 문제 발생의 신호가 된다. 예컨대 중요 시설의 붕괴나 신종 범죄 발생은 그 이면에 잠재된 문제를 인식하는 계기가 된다. 문제를 인지하게 되는 또 다른 계기는 지표(indicator)의 변화이다. 범죄율, 교통 사망률의 급격한 변화는 문제를 인지하는 중요한 계기가 된다.

Kingdon은 지표변화, 위기상황, 사건발생, 환류 등이 정책문제가 대두되기 위한 조건으로 제시한다. 즉 정책문제는 합리적인 분석에 의해서가 아니라 비합리적인 우연한 원인과 절차에 의해서 대두된다고 보았다. 정책의제로 선정되기 이전부터 정책문제는 존재하고 있었지만, 다양한 문제 발생의 신호를 지각하게 되면 그동안 무시되었던 정책문제가 새로이 그리고 갑자기 정책의제로 주목을 받게 된다.

둘째, 특정 정책분야의 전문가 집단에 의해 제기된 정책대안의 흐름이다. 1970년대 과학자들이 지구 성층권에 있는 오존층에 구멍이 생겼고, 그 원인이 프레온가스(CFC)라는 것을 밝혀 내었다. 이러한 과학자들의 발견을 계기로 프레온가스의 생산 및 사용 규제 필요성에 대한 인식이 국제적으로 확산되었고, Montreal 의정서를 체결하는 계기가 되었다. 또한 고효율의 축전기 개발이 전기차 개발정책에 영향을 미치는 것과 같이 새로운 기술개발이 정책의제에 영향을 미친다.

정책대안의 흐름에 영향을 미치는 주요 참여자는 정책공동체, 이익단체 그리고 정책활동가이다. 이들 중에서도 특히 정책활동가의 역할이 중요하다. Kingdon이 중요시하는 것은 정책대안 그 자체가 아니라 정책대안이 선정되는 과정이다(최성락·박민정, 2010). 즉 정책대안은 합리적 과정을 거쳐서 형성되는 것도 아니며, 정책문제를 가장 잘 해결할 수 있는 정책대안이 선정되는 것도 아니다. 정책대안은 진화적인 선택과정을 거쳐 공론화된다는 것이다. 다양한 정책대안들이 제기되지만, 그중에서 어떠한 대안이 선택될지는 사전적으로 판단할 수 없다. 가장 좋고 우수한 대안이라고 해서 또는 많은 사람들로부터 동의를 확보한 대안이어서 최종적으로 선정되는 것이 아니다.

셋째, 정치적 과정이 의제에 영향을 미친다. 여론, 선거 결과, 행정관료나 국회의원들의 성향 변화 등이 정책의제에 강력한 영향을 미친다. 정책의제에 얼마나 많은 변화를 일으킬 수 있는가는 행정부나 국회의 중요 정책결정자들이 다른 정치관이나 시각을 지닌 인물들로 얼마나 많이 바뀌었는가에 달려 있다.

정치의 흐름은 선형적인 것이 아니라 비선형적이다. 정치흐름의 변화에 의해서 갑자기 정책의제설정이 이루어질 수 있고 또 사라질 수 있다. 새로운 사회문제가 발생하거나 새로운 정책대안이 제시되는 것이 아님에도 불구하고 새로운 정책의제가 만들어진다.

한편 Kingdon은 의제설정과정에 대해 종단적 분석시각에서 [그림 4-4]와 같이 문제, 정치 그리고 대안의 흐름은 각각 고유한 규칙과 역동성을 지니고 있다고 보았다.[1] 문제의 흐름은 정책대안이 개발되는 방법과 다른 과정을 거칠 뿐만 아니라 정치적 사건이 펼쳐지는 것과도 다른 방법으로 인지되고 규정된다. 정책대안 또한 그것이 문제에 대한 해결책이든 아니든 또는 정치적 고려에 대

그림 4-4 Kingdon의 다중흐름모형

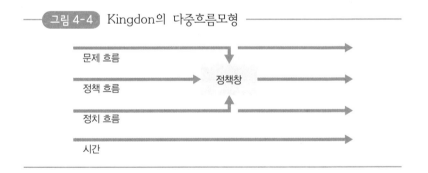

---

1 자료 분석방법은 분석 시점을 기준으로 특정 시점에서 분석하는 횡단적 분석 (cross-sectional analysis)과 일정 기간 동안의 시간적 흐름을 고려하는 종단적 분석(longitudinal analysis)으로 구분한다.

한 반응이건 아니건 간에 자신의 유인(incentives)과 선택기준에 의해 개발된다. 마찬가지로 정치적 사건은 문제나 대안과 상관없이 자신의 일정과 규칙에 따라 흘러간다.

그러나 세 개의 흐름이 동시에 만날 때도 있다. 예를 들어 시급한 해결을 요하는 문제는 많은 사람들의 관심을 유발시키고 정책 대안은 이의 해결책으로 문제와 결합된다. 혹은 행정부의 교체와 같은 정치적 흐름에서의 사건은 서로 다른 방향을 요구하기도 한다. 이때에는 정치적 사건과 합치되는 정책대안이나 새로운 행정부의 철학에 합치되는 것들은 전면에 부상하게 된다.

흐름의 결합은 완전 결합과 부분 결합으로 구분된다. 여기서 완전 결합이란 문제, 정치 그리고 대안이 모두 결합하는 것을 말하고, 부분 결합은 이 중 두 가지만 결합하는 것이다. 이들 흐름의 결합작용을 통하여 어떤 공중의제는 정부의제가 되고, 정부의제는 다시 공식적 정책결정의 대상이 되는 결정의제(decision agenda)가 된다. 그러나 Kingdon은 결정의제는 부분 결합으로는 어려우며 세 가지 흐름이 완전히 결합될 때 가능하다고 보았다.

(2) 정책창(policy window)

한편 Kingdon은 '정책창' 개념을 통해 정책의제설정과정의 역동성을 설명한다. 정책창이란 정책의제설정과정에 참여자들이 특정 문제에 관심을 집중시키거나 그들이 옹호하는 정책대안을 관철시키는 기회를 말한다. 예컨대 우주선이 발사되려면 목표 행성이 적절한 배열상태에 있어야 하는데, 이러한 상태는 오래 머물러 있지 않는다. 정책창이 열렸다는 것은 어떤 정책을 지지하는 사람들이 그들이 선호하는 해결책을 강요하거나 자신들의 특별한 문제에 관심을 기울이도록 압력을 행사하여 정책의제설정의 기회를 맞이하였다는 것을 의미한다.

정책창은 예측 가능하게 열릴 수도 있고, 예측 불가능하게 열리기도 한다. 예측 가능하게 열리는 예로는 국회에서 법안 심사 또는 예산 심의를 들 수 있다. 예측 불가능한 경우는 갑작스러운 재난, 정책결정자의 예상치 않은 교체이다. 그러나 정책창이 열리는 기회는 오되 곧바로 지나가 버리기 때문에 기회를 잘 활용하는 것이 중요하다. 만약 정책의제설정과정의 참여자가 자신의 시간, 노력, 자금, 신뢰 등의 자원을 적극적으로 투자한다면 기회를 잡을 수 있을 것이다. 이런 점에서 정책의제설정과정에서 정책활동가(policy entrepreneur)의 역할이 중요하다. 정책활동가란 정책공동체에서 자신이 선호하는 미래의 정책을 위해서는 기꺼이 자신이 갖고 있는 자원을 투자하려는 사람을 말한다.

이상과 같은 세 요인의 독자적인 흐름은 정책의제설정에 촉진적으로 또는 제약적 요인으로 작용하게 된다. 이 중에서 특히 문제인지는 의제설정과정뿐만 아니라 그 후의 과정에서도 중요하기 때문에 좀 더 자세히 설명하기로 한다.

(3) 문　제

문제(problem)란 사람들에게 해결하려는 욕구를 유발시키는 불만족스러운 조건이나 상황이다. 그러나 문제의 존재 자체로는 정책의제설정과정에 영향을 미칠 수 없으며 행정부 내외의 사람들이 특정 상황을 문제로 인지하여야 한다. Kingdon(2003)은 사회의 모든 상황이 문제가 되는 것은 아니며, 문제에 대한 지각적 요소 내지 해석적 요소가 개입될 때에만 정책문제가 될 수 있다고 본다.

즉 사회적 조건이나 상황이 정책문제가 되기 위해서는 정책결정자가 이를 심각하게 고려하고 무엇인가 변해야 한다고 인식해야 한다.

문제 인지란 문제의 존재와 본질을 파악하고, 이를 해결하고자 하는 의욕을 가지는 것을 의미한다. 일상적으로 문제를 인지하는 주체는 그 문제를 정책의제화 하려고 노력하는 정부 내외의 주도집단들이다. 그러나 설명의 편의를 위하여 문제 인지의 주체를 정책결정자로 한정하기로 한다.

가. 어떻게 문제를 인지하게 되는가?

정책과정에 참여하는 사람들은 관련 정책분야에 대한 문제목록(list of problem)을 이미 가지고 있다. 목록에 포함되어 있는 문제들은 인지된 문제라고 볼 수 있다. 물론 목록에는 없지만 문제로 인지하고 있는 경우도 있다. 정책결정자가 특정 문제를 정책의제화하기 위해 구체적 노력을 하는 것은 정치적 압력에 의한 경우도 많지만 그 외에도 다양한 요인들의 영향을 받기 때문이기도 하다. 여기서는 이러한 요인들 중 지표(indicator), 극적 사건이나 위기, 환류(feedback) 그리고 예산에 대해서만 설명하겠다.

ㄱ. 지 표

정책결정자는 문제가 거기에 있다는 것을 나타내는 지표를 통해 인지하게 된다. 정부기관이나 정부 밖에 있는 기관은 ― 대학교, 연구소, 시민단체 등 ― 지속적으로 사회에서 일어나는 다양한 활동과 사건들에 ― 예컨대 교통 사망률, 환경 오염도, 물가, 유아 사망률 등 ― 대해 측정하여 지표를 만들어내고 있다.[2] 따라서 정

---

2 지표는 사회현상이 지닌 '의미'를 측정한 수치이다. 예컨대 삶의 질(quality of life: QOL)을 측정한 지표는 삶의 가치와 의미를 반영할 수 있는 양적·질적 요인들을 측정·비교할 수 있도록 고안되어 있다. 이에 비하여 통계치는 단순히

책과정에서 활용할 수 있는 지표들은 대단히 많으며, 정책결정자는 이러한 지표들을 해석하여 문제의 존재, 변화 양태 그리고 심각성을 파악할 수 있다.

정책결정자는 지표의 추이를 통해 체계의 변화를 파악한다. 지표가 점변적으로 변화한다는 것은 체계가 안정적인 것이고, 급변한다면 체계에 문제가 있는 것으로 파악하는 것이다. 그러나 지표에 나타난 수치가 지니는 의미는 정책결정자의 해석을 통해 이루어진다. 때로는 정치적 의도에서 지표의 의미를 과장하거나 축소할 수도 있다. 또한 지표에 포함된 개별 변수에 대해, 자료 수집방법에 대해 그리고 지표의 결과에 대한 해석에 관해 관계자들 사이에서 뜨거운 논쟁이 일어날 수 있다. 특히 상황에 대한 인식이 다른 사람들간에는 지표가 지니는 의미에 대한 해석에 있어 큰 괴리(gap)가 있다. 예컨대 경제개발을 중시하는 경제관련 부처와 환경을 중시하는 환경관련 부처의 사람들은 동일한 지표에 대한 해석에 있어 큰 차이가 날 수 있다.

ㄴ. 극적 사건이나 위기

지표에 의해서 문제가 자동적으로 인지되는 것만은 아니다. 특정 문제를 해결하기 위하여 노력하는 정부 내외의 주도 집단의 압력이 있어야 한다. 이러한 압력은 극적 사건이나 위기가 발생하면 이를 계기로 사회적 문제에 대한 사회적 시선이 집중되고 이의 해결을 위한 주도 집단의 노력이 시작되거나 증대된다. 사건 발생의 원인이 정부의 행위 또는 불행위로 ―법률용어로 부작위(inaction)― 인한 것이거나 또는 피해의 규모가 크거나 범위가 넓을수록 정책의

사회적 사실에 대한 객관적 측정치이다.

제화에 대한 압력이 증대된다. 또한 정치적 제안이나 정치적 사건이 지닌 상징(symbol)이 의제설정에 대한 압력으로 작용한다. 고위공무원의 부정사건이 알려지면서 시민들은 이를 공직사회에 만연된 부정부패의 상징으로 보고 공직윤리의 확립문제가 정책의제로 다루어지는 경우를 예로 들 수 있다.

그런데 사건이나 위기 그 자체가 의제설정에 영향을 주는 경우는 드물고 다음과 같은 요인과 결합될 때 강력한 압력요인이 될 수 있다.

첫째, 문제에 대한 선입견이 있을 때 사건이나 위기의 발생을 계기로 문제에 대한 관심이 증폭된다. 특히 발생한 사건과 유사한 정책결정자의 개인적 경험이 의제설정에 중대한 영향을 미친다. 예컨대 과거 투옥된 경험이 있는 대통령은 교도행정 문제가 발생하면 이의 해결에 더욱 관심을 가질 것이다.

둘째, 때로는 극적 사건이나 위기의 발생이 문제 해결을 위해 미리 대처해야 한다는 경고로 받아들여진다. 지진으로 인해 건물이 붕괴되는 사건은 지진에 대비한 건축기준에 관련된 법령을 만들지 않으면 대형 참사를 일으킬 수 있다는 경고가 된다.

셋째, 특정 사건이 다른 유사한 사건과 겹쳐져서 문제 인지에 영향을 미친다. 대형 화재, 교량 붕괴, 가스 폭발 등의 사건이 계속적으로 발생하면 정책결정자는 안전문제에 대해 관심을 가지게 된다.

ㄷ. 환 류

정책결정자들은 일상적으로 정책과정에 관련된 정보를 환류받는다. 환류의 통로는 크게 세 가지이다: ① 체계적 모니터링이나 평가연구, ② 비공식적인 활동 또는 자신의 일상적 정책활동을 통한 개인적 경험, ③ 다양한 환류통로를 통한 정책결정자의 문제 발견 및 인지.

정책결정자는 다양한 환류 통로를 통해 정책이나 법규의 취지를 확인하게 되고, 정책에 소요된 경비를 점검하고, 예상치 못했던 새로운 문제를 집행과정에서 보고받거나 또는 대상집단으로부터 불평이나 제안을 받기도 한다. 그리고 정책결정자는 환류를 통해 얻게 된 정보를 바탕으로 집행방향을 수정하거나 경비 절감을 위해 정책을 축소하고, 발견된 새로운 정책문제에 대해 관심을 가지게 된다.

ㄹ. 예   산

예산은 정책활동에 있어 대단히 중요하기 때문에 정책결정자는 예산에 대해 많은 관심을 기울이며, 예산의 변화를 특별한 문제로 인지하는 경우가 많다. 예산의 증감은 정책의제화 하는데 기여하기도 하고 때로는 제약하기도 하지만, 제약요인으로 작용하는 경우가 일상적이다. 정책결정자는 예산을 고려하여 어떤 문제를 고려 대상에서 제외하고 대신에 비용이 적게 드는 문제에 대해 관심을 가지기도 한다. 예산의 제약으로 인한 정책결정자의 문제 인지의 양식은 두 가지로 나누어 볼 수 있다.

하나는, 경비를 규제·통제하려는 의제를 만들려고 한다. 예컨대 공무원 인건비가 지나치게 상승하면 정책결정자는 공무원의 수를 줄이거나 공무원 봉급을 동결하는 문제를 고려하게 된다.

다른 하나는, 경비가 많이 드는 문제를 채택할 수 없는 상황이라면, 비록 종국적으로는 경비를 절감하는 방안이 아니라 하더라도 당장에 경비가 적게 드는 문제에 관심을 기울이게 된다.

조건(condition)과 문제는 다르다. 우리는 빈곤, 치료 불가능한 질병, 나쁜 기후 등 일상생활에서 부딪히는 악조건 하에서 생활하고 있다. 우리를 둘러싸고 있는 나쁜 요인들을 우리가 조건으로 받아들이는 한 우리는 이를 개선할 수 없다. 그러나 우리가 이러한 조건들을 개선하기 위해 무엇인가를 해야 한다고 믿게 되면 조건은 더 이상 변화 불가능한 것이 아니라 바꿀 수 있는 대상으로 변화된다. 즉 우리는 관찰된 조건과 이상적 상태에 대한 개념간의 괴리를 문제로 정의하게 된다. 다시 말해 문제 정의에는 단순한 조건이나 외적 사건에 대한 지각적 · 해석적 요소가 포함된다.

문제 정의에는 가치가 내재되어 있다. 어떤 가치를 중시하여 문제를 정의하느냐에 따라 그 해결방식도 달라진다. 따라서 문제 정의과정에는 정치적 · 경제적 이해관계가 얽혀 있으며, 문제 정의에 참여하는 사람들은 각기 자신의 가치를 반영시키고자 노력한다. 또한 현 조건에서 불리한 입장에 있는 사람들이 문제를 제기하게 된다. 예컨대 대기업 위주의 시장조건 개선문제는 대기업이 아닌 중소기업자들이 이를 문제라고 정의한다. 때로는 정부가 문제 정의과정에서 나타나는 관계자들간의 가치적 갈등을 조율해야 하는 경우도 있다.

실제에 일어날 수 있는 상황들을 특정한 기준에 따라 유형화하고, 각 유형별 대처방안을 달리하도록 규정하는 경우도 있다. 특정 사건이 발생하면 이것이 어느 유형에 속하는지를 정의해야 하는 것이다.

정 / 책 / 학

정책결정이론

5

정책결정이론

개 요

이 장에서는 정책결정체계에서 정책문제를 선정하고 나서 구체적인 정책내용으로 만들어 가는 과정을 설명하기로 한다.

모형이란 연구자의 관심대상 또는 탐구의 주제가 되는 실상(實像)을 추상화(抽象化)한 것이다.

지금까지 정책결정에 관한 연구는 정책결정과정의 단계 및 특성을 추상화한 모형에 대한 것이 대부분이다. 정책결정모형은 정책결정과정의 중요 변수들만 추출하여 변수들간의 관계를 설명하기 때문에 정책결정과정을 명확하게 이해할 수 있게 하며, 정책에 대한 설명을 체계적으로 할 수 있게 한다. 또한 정책결정과정의 핵심적인 국면에 초점을 맞춤으로써 연구자들간에 의사소통을 원활하게 한다. 이 장에서는 정책결정에 관한 주요 모형으로서 포괄적ㆍ합리모형, 점변모형, 쓰레기통모형 그리고 Allison모형에 대하여 설명하기로 한다.

정책결정모형들에 대한 설명과 더불어 "정보와 정책결정"에 대하여 설명한다. 아울러 빅 데이터를 정책결정과정에서 활용해야 한다는 점을 강조한다.

마지막으로 전략적 기획과 전략적 관리에 대하여 설명한다. 오늘날 변화 관리가 중요한 과제로 등장하였는데, 변화하는 정책환경에 대응하여 전략적으로 정책결정을 하기 위한 접근법들을 설명한다.

Ⅰ. 주요 정책결정모형

1. 포괄적·합리모형

1) 합리성과 정책결정

원래 합리주의는 동양보다는 서양에서 발달된 사상으로 17세기 계몽주의 시대에 인간의 이성을 가치의 보편성으로 취급하려는 사회운동에서부터 발전되어 왔다. 철학에서는 합리성을 이성(理性)과 오성(悟性)으로 구분하는데, 이성이란 인간이 논리적으로 사유하는 능력 또는 본능이나 감정적 충동에 의하지 않고 개념적 사유에 기초하여 의사와 행위를 규제하는 능력을 말한다. 이에 비하여 오성이란 본능이나 감정적 충동에 근거한 감성과 대칭적 개념이기는 하지만, 이성에 비해 상대적이고 유한성을 지니며 경험 세계에만 관계되는 지성이다. 이런 점에서 합리적 결정이란 이치에 합당하거나 논리에 따른 결정이라 하겠다.

정책결정에 있어서 합리성의 개념은 실질적·절차적인 것으로 구분하여 설명할 수 있다(Simon, 1963). 실질적 합리성은 적절한 행동대안이 선택되는 정도를 의미한다. 이에 비해 절차적 합리성은 대안의 결과에 관계없이 대안을 선택하기 위하여 사용된 절차가 인간의 인지 능력과 한계에 비추어 보았을 때 얼마만큼 효과적이었는가 하는 정도를 의미한다. Simon은 최적 대안을 선택하려는 실질적 합리성은 포기할 수밖에 없으며, 단지 만족할 만한 대안을 선택하기 위한 절차적 합리성만 추구할 수 있을 뿐이라고 주장한다. 왜냐하면 인간은 인지능력이나 계산능력에 있어서 한계가 있기 때문이다. 또한 완전한 정보를 수집하기가 현실적으로 곤란하며, 대안을 탐색하는데 소요되는 시간과 비용이 제약되어 있는 것이 일반적이다. 따라서 Simon은 정책결정자는 완전한 합리성보다는 '제한된 합리성'을 추구할 수밖에 없다고 본다.

정책학자인 Dye는 합리적 정책이란 정부가 정책을 선택함에 있어서 사회에 대한 소득이 비용보다 훨씬 상회하도록 사회적 소득을 최대한으로 달성하는 것이라고 정의하였다. 정책을 통하여 달성하려는 가치가 정책으로 인해서 희생되는 가치보다 높으며, 또한 다른 어떤 정책에 비해 이러한 순이익(純利益)이 높을 때 합리적 정책이 된다.

그런데 합리성을 측정할 때에는 경제적 기준만이 아니라 정치적 · 기술적 측면도 포함시켜야 한다. 기술적 합리성이란 일정한 수단이 목표를 얼마만큼 잘 달성시키느냐에 따라서 목표와 수단 간에 존재하는 인과관계의 적절성을 의미한다. 다시 말해서 수단의 효과성, 즉 수단의 목표달성 정도를 의미한다. 정치적 합리성은 의사결정 구조의 보존 · 개선 또는 정책의 실현가능성 등을 고려하는 것이다. 즉 정책과정에서 대안이 제기되면 이것이 정치구조에 미치는 영향을 먼저 평가해야 한다. 어떤 대안이 사회적 · 경제적 문제를 해결할 수 있다고 하더라도 정치적으로 해결하는데 많은 어려움이 발생할 가능성이 예상된다면 그 대안은 폐기하는 것이 합리적이다.

2) 포괄적 · 합리모형의 전제

합리모형은 이성과 오성에 근거하여 최선의 결과를 도출하고자 하는 과정을 설명한다. 점진적이거나 만족 수준의 결정도 합리적

일 수도 있지만 포괄적이지 못하다는 점에서 순수한 합리모형을 포괄적·합리모형(comprehensive rational model)이라고 부른다. 점변모형과 만족모형이 "네가 가질 수 있는 것만큼 가져라"는 입장이라면, 합리모형은 "네가 한 만큼 가져라"는 입장이다. 또한 포괄적·합리모형은 정책결정을 어떻게 하여야 하는가를 제시하는 기준(guideline)을 제시한다는 점에서 규범모형이라 하겠다.

포괄적·합리모형에 입각하여 정책결정을 하기 위해서는 다음과 같은 조건이 전제되어야 한다.
① 잘 정의된 문제
② 고려해야 할 대안들에 대한 완전한 탐색
③ 각 대안의 결과에 대한 완전한 정보
④ 시민들의 가치와 선호에 대한 완전한 정보
⑤ 충분하고도 적절한 시간, 기술 및 자원

포괄적·합리모형을 실제 상황에 응용하기 위해서는 이상과 같은 조건이 충족되어 있는 전제에 입각하여 다음과 같은 단계들을 따라야 한다.

3) 합리적 정책결정의 단계

이상에서 설명한 조건들을 갖추고 합리적 절차에 따라 정책을 결정한다면, 최선의 정책을 찾을 수 있을 것이다. 그러나 실제에 있어 이러한 전제들이 모두 갖추어지기는 어렵다. 합리적 정책결정을 위해 따라야 할 단계에 대해서는 학자에 따라서 다양하게 제시되고 있으나, 대체로 다음과 같은 단계를 거쳐야만 한다. 실제의 정책결정과정에서 포괄적·합리모형에서 상정하고 있는 단계들에 얼마나 접근하느냐에 따라 그 정책의 합리성 정도를 판단할 수 있다.

① 달성하려는 모든 정책목표들을 실증적이고 측정 가능한 단위로 정의하고, 동시에 각각의 목표에 대해서 상대적 중요성을 측정 가능한 단위로 제시한다.

② 목표와 관련된 다른 가치와 자원의 상대적 비중을 종합적으로 조사한다.

③ 가능하다고 생각되는 모든 대안들을 작성한다.

④ 각 대안의 비용과 효과, 예컨대 목표 달성도, 소요될 자원의 양, 다른 가치에 대한 영향 등을 종합적으로 예측한다.

⑤ 확률을 적용하여 각 대안에서 기대되는 순편익 또는 순효과를 분석한다.

⑥ 순기대치를 비교하여 그것이 가장 높은 대안을 규명한다.

❖ 합리모형에 입각한 정책결정의 예: 미국의 쿠바 미사일 위기 대처정책

제2차 세계대전 이후 세계는 민주진영과 공산진영로 나뉘어져 대립하였다. 양 진영을 리드하는 미국과 소련은 각 방면에서 경쟁하였다. 당시 소련이 앞서 있던 우주분야를 추월하기 위하여 미국의 Kennedy 대통령은 미국항공우주국(NASA: National Aeronautics and Space Administration)을 설립하여 대폭 지원하였고, 결국 달에 유인 인공위성을 먼저 착륙시키는 성과를 거두었다. 우주분야뿐만 아니라 무력 증강, 원조활동 등 여러 분야에서 이념 확산을 위한 미·소 양국 간 경쟁과 갈등이 심화되었다.

급기야 1962년 소련은 미국에 인접한 쿠바에 미사일기지를 건설하려는 계획을 세웠다. 이를 인지한 미국은 소련의 정책결정에 대응하기 위한 정책결정과정에 돌입하였다. 우선 중앙정보부(CIA)를 비롯한 정보기관들을 통하여 구체적인 정보를 수집하였다. 수집된 정보를 바탕으로 가장 소극적인 대

안에서부터 가장 적극적인 대안에 이르기까지 다양한 대안들을 탐색하여 최종적으로 국가안보회의에서 다음과 같은 여섯 개의 대안을 마련하였다.

① 무정책 ·· 극도로 수동적 대안
② 쿠바 수상인 카스트로 설득 ·············· 매우 수동적 대안
③ 외교 교섭 ·· 비관적 중도적 대안
④ 해상 봉쇄 ·· 긍정적 중도적 대안
⑤ 공중 폭격 ·· 매우 적극적 대안
⑥ 침공 ·· 극도로 적극적 대안

여섯 대안의 장·단점들에 대한 분석과정에서, 역사상 선례가 없으며, 전쟁이 확산될 가능성이 있다는 점에서 침공대안을 가장 먼저 폐기하였다. 무대응도 국민에 대해 너무 무책임하다는 점에서 제외되었다. 외교 교섭과 카스트로수상에게 비밀리에 접촉하는 대안도 시간이 너무 많이 걸리며, 실효성도 많지 않을 것이란 점에서 제외시켰다. 최종 남은 공중 폭격안과 해상 봉쇄안에 대해 심층적으로 분석하였다. 국가안보회의에 참석한 위원들은 미사일 예정기지를 제거하기 위한 공중 폭격이 시간도 적게 소요되고, 효과도 가장 높을 것으로 보아 선호하였다. 그러나 미사일기지만 정확하게 폭격하기가 현실적으로 매우 어렵다는 합참본부의 분석결과를 고려하여 상대적으로 융통성이 있고 부담도 적을 것으로 예측되는 해상 봉쇄안을 최종 선택하였다. 결국 소련이 미사일기지 설치를 취소함으로써 핵전쟁까지 확산될 가능성이 있었던 위기상황이 해소되었다(Kennedy, 1979; Sorensen, 1965).

4) 합리모형의 평가

합리모형에 입각한 정책결정은 결국 최선의 대안을 선택할 수 있을 것이다. 그러므로 비용-효과분석, 게임이론 등과 같은 합리적 결정을 위한 기법들을 정책결정에 응용하기 위한 노력을 계속하여야 한다. 그러나 이러한 합리모형의 중요성에도 불구하고, 다음과

같은 점에서 비판을 받고 있다.

첫째, 합리모형의 가장 큰 취약점은 현실성 결여이다. 실제에 있어 정책결정은 합리적·분석적이기보다는 관습, 직관, 감정, 우연에 의해 이루어지는 경우가 많다. 따라서 합리모형은 만족모형이나 점변모형 등에 비해 설명력이 떨어진다.

둘째, 합리모형의 전제 조건들을 현실적으로 충족하기가 곤란하다. 정책결정을 위해 고려해야 할 정책환경은 급변하며 불확실성이 높다. 또한 정책의 인과관계를 설명하는 지식이나 기술이 부적절한 경우가 많다. 부적절한 지식과 가치를 바탕으로 정책결정을 한다면 그 과정이 아무리 합리적이라도 합리적 정책을 도출할 수 없다.

특히 혼돈, 상대성, 불확실성을 특징으로 하는 포스트모던 사회에서 합리성을 정책결정의 기준으로 적용하기 어려울 뿐만 아니라 바람직하지도 않다. 정책결정과정에서 다양한 지향성과 전문성을 지닌 참여자들이 사회문제의 본질 및 정책이 초래할 결과 등에 대해 논증(reasoning)과 담론을 거쳐 도출되는 것이 바람직하다.

셋째, 매몰 비용이 있는 경우 합리모형을 따르기 어렵다. 이미 많은 자원이 투입되어 있는 경우에는 최선의 대안이 아니더라도 합리적 새 대안을 선택하기보다는 과거의 정책을 그대로 유지하거나 부분적으로 수정하는 것이 현실적일 수 있다.

넷째, 정책은 신속하게 결정하여야 하는 경우가 일반적이다. 합리적 결정을 위해 지나치게 많은 시간을 투입하는 경우 오히려 문제를 악화시킬 가능성이 있다.

❖ 매몰 비용(sunk cost)

정책을 종결하였을 때, 회수할 수 있는 비용이 있고 회수할 수 없는 비용도 있다. 후자가 바로 매몰 비용이다. 예컨대 공공주차장을 건설하기 위해 건물을 지었으나 이를 다른 용도로 사용하고자 할 경우 토지는 회수가능한 것이지만, 주차건물이나 시설이 무용지물이라면 여기서 매몰 비용이 발생하게 된다. 정책결정에 있어 매몰 비용을 고려해야 한다. 예컨대 음식점에 들어가서 주문한 음식을 먹어본 후 자기의 입맛에 맞지 않는데도 아까워서 억지로 먹는 경우를 생각해 보자. 음식을 주문했으면 비용을 지불해야 하는데, 이것이 매몰 비용이다. 이 경우 매몰 비용이 아까워 억지로 먹은 음식이 체했을 때는 더 큰 비용을 감수해야 할 위험성도 있음을 고려해야 한다.

2. 점변모형(incremental model)

1) 점변모형의 특성

점변주의(incrementalism)는 현재의 결정은 과거 결정의 연속선상에서 단지 점변적인 수정을 하는 인간행태적 특성을 나타내는 이념이다. 점변주의를 바탕으로 한 점변모형은 정책을 과거 정부활동의 연속선상에서 보며, '현 상태'(status quo)를 바탕으로 조금씩 증가하거나 감소하는 변화만을 대안으로 고려하는 정책결정과정을 추상화한 모형이다. 정책결정과정은 합리적이기보다는 점변적으로 이루어지는 것이 일상적이며, 또한 규범적 측면에서 보더라도 점변적 변화를 통해 결국 최선의 결과에 도달할 수 있다는 점에서 바람직한 것으로 본다. 이런 점에서 점변모형은 실증모형의 특성을 지닐 뿐만 아니라 처방적·규범적 모형의 성격도 아울러 지닌다.

Lindblom은 포괄적·합리모형과 구별하여 정책결정과정은 혼잡한 장애를 하나하나 헤치고 나가는 과정이라는 측면에서 점변모형을 '장애를 헤쳐 나가기'(muddling through)라고 명명하면서 점변적 정책결정과정의 기본 논리를 제시하였다. 그 후 예산액의 증가 추이에 대하여 실증적으로 분석하는 등 많은 학자들에 의해 점변모형이 수정·보완되어 왔다.

2) 주요 내용

점변주의는 인간 능력의 한계에 큰 장애를 받지 않고, 민주적 다원주의사회에서 잘 적용될 수 있도록 현 상태에 대한 변동을 조금씩 시도하는 것이다. 이는 점진적 변화가 축적되면 결국 이익의 극대화를 보장해 줄 것이라는 관점이다. Lindblom의 논리를 바탕으로 점변모형의 주요 내용을 설명하면 다음과 같다.

(1) 가지적 방법

합리모형은 문제 인지에서부터 최종 대안 선택에 이르는 과정에서 포괄적·합리적 기준에 따를 것을 요구한다. 즉 정책문제의 근본 원인을 체계적으로 분석하고, 이를 해결할 수 있는 획기적 정책을 도출해 내는 과정을 거쳐야 한다는 것이다. 이는 나무가 병들었을 경우 뿌리에서부터 원인을 분석하여야 하는 것과 같다. 이런 의미에서 합리모형은 '뿌리 방법'(root method)이라 하겠다. 이러한 뿌리방법은 비교적 단순한 문제에 대해서만 그것도 어느 정도 수정된 형태로만 적용할 수 있는 것이며, 나무가 병들었다고 해서 매번 뿌리까지 파내어 병의 원인을 진단할 수 없는 것이다.

이에 비해 점변모형은 현존 정책으로 개선할 수 있는 모든 대안들을 탐색하기보다는 약간 수정·보안한 대안들 중에서 하나를 선택한다고 본다. 이는 나무가 병이 들었을 경우 구태여 뿌리까지 파서 진단하지는 않으며, 병든 가지들만 살펴보고 이를 바탕으로 몇 가지 치료 가능한 처방들 중에서 하나를 선택하는 것이다.

점변모형은 뿌리 방법과 대칭되는 '가지적 방법'(branch method)에 따르는 것이다. 성취할 수 없는 완전성보다는 성취할 수 있는 최선의 것을 기대하는 것이 현실적이며 또한 바람직하다. 예컨대 예산 심의에 있어서도 모든 현존사업의 가치를 검토할 수 없으므로, 현존 기초액에 근거를 두어 증가 또는 감소부분에 대해 세심한 주의를 기울이는 입장이다.

(2) 계속적·한정적 비교

정책결정자는 정책대안이나 대안의 결과들을 모두 분석하지 않는다. 합리모형에서는 대안이나 대안의 중요 결과들을 포괄적으로 비교·분석한다고 보는 반면, 점변모형은 정책대안과 대안의 결과 중 일부만을 한정적으로 비교한다는 것이다. 물론 포괄적·합리모형이 포괄적으로 모든 대안들을 비교하는 것과는 달리 점변모형은 한정적 대안들만 비교함으로써 사소한 것은 물론 중요한 대안도 누락될 수도 있다. 그러나 다음의 정책과정에서 이를 고려하기 때문에 결국 최선의 결과에 도달할 수 있다.

(3) 다원주의와 부분적 상호 조정

다원주의사회는 다양한 이해관계를 지닌 사람이나 집단들로 구성되어 있기 때문에 어느 특정의 참여자가 정책과정을 주도할 수 있는 권위를 가지기가 어렵다. 따라서 어느 정도 영향력을 발휘할 수 있는 참여자들간의 상호 조정이 이루어질 수밖에 없다. 정책결정과정에서 자율권을 가진 다양한 참여자들간의 부분적 상호 조정이 활발히 이루어지며, 이러한 과정을 통하여 정책이 산출된다.

참여자간의 부분적 상호 조정과정을 통하여 중앙집권적 조정보다 더 나은 결과가 도출될 가능성이 높다. 왜냐하면 다양한 이익이 정치과정에서 자발적으로 조정되어, 집권적 결정에 의한 것보다 더 현실적이며 또한 자신의 이익을 반영시킬 수도 있기 때문이다. 더욱이 정책문제가 너무 복잡하여 조정자의 능력을 넘은 경우에는 상호 조정을 통하지 않고서는 문제 해결이 불가능하다. 아무리 합리적으로 분석하려고 해도 현실적으로 완전하지 못할 경우가 더 많기 때문에 차라리 참여자간의 다양한 상호 작용에 의하여 문제를 해결하는 것이 더 나을 수 있다.

물론 부분적 상호 조정과정에서 중요 대안이나 결과를 빠뜨리게 될 가능성은 한정적 비교의 경우와 마찬가지로 상존한다. 그러나 정책결정이 보다 다양하고 작은 과정으로 분할되어 있고, 다양한 참여자들 상호 작용이 반복적으로 지속되기 때문에 특정 과정에서 무시된 가치는 다음 과정에서 고려된다. 또한 다양한 이해관계자간의 계속적인 상호 작용은 상호 견제와 균형을 통한 권력 제한의 방법이 되기도 하며, 또한 정책결정에 있어 정보의 수준이나 합리성을 높일 수 있다.

3) 점변적 분석의 세 가지 유형

Lindblom(1979)은 점변모형에 대한 비판을 분석하고, 초기의 이론을 보다 세련화하기 위하여 정책분석으로서 점변주의를 세 가지 유형으로 나누었다.

(1) 단순한 점변주의

현 상태에서 약간 다른 정책대안만을 한정적으로 분석하는 것이다.

(2) 분할된 점변주의

Lindblom이 초기에 설명한 점증모형 및 단순한 점변주의적 분석도 이에 포함된다. 구체적인 과정은 다음과 같다.

① 소수의 친밀한 정책대안에 대한 분석
② 문제의 경험적 측면과 관련된 정책목표와 가치에 대한 분석
③ 추구해야 할 적극적 목표보다는 치료해야 할 병에 대해 더욱 분석적으로 몰두
④ 시행착오와 재시험의 연속
⑤ 고려된 대안의 중요한 결과들 중 일부만 탐색하는 분석
⑥ 정책결정의 수많은 참여자에 의한 분할적 분석

(3) 전략적 분석

과거의 내용에서 새로이 추가된 것으로, 복잡한 정책문제를 단순화시키기 위하여 신중히 선택된 일련의 전략에 한정된 분석을 말한다. 즉 전략적 분석이란, 합리적·과학적 분석을 단순화시킨 방법으로 Simon의 제한된 합리성에 입각한 분석과 유사하다.

4) 점변모형의 평가

점변모형의 가장 큰 공헌은 포괄적·합리모형의 비현실성을 논리적으로 지적하고, 현실적인 정책결정방법을 설명한 점이다. 그렇다고 점변모형이 목표를 설정하고 대안을 계량적으로 분석하는

과학적·이론적 접근법을 포기하는 것은 아니며, 단지 이러한 방법은 실제적이지 못하다고 본다.

현존 정책에서 약간 다른 정책만을 고려하고 중요한 결과와 가치를 무시하는 것이 비합리적인 것은 아니며 완벽하지 않을 뿐이다. 왜냐하면 중요한 이익이나 가치를 지키려는 다양한 감시자들의 존재로 인해 특정 개인이나 집단이 자의적으로 특정 가치나 결과를 무시할 수는 없기 때문이다. 정책결정과정에 참여자는 자신의 가치와 이익을 포함시키기 위하여 상호 조정을 해야 하며, 이는 결국 바람직한 정책을 산출할 수 있다. 점증모형은 이러한 강점에도 불구하고 다음과 같은 한계를 지적할 수 있다.

(1) 점변성의 기준
현존 정책에서 소폭의 변화만을 고려한다고 할 때, 얼마만큼의 변화를 소폭으로 볼 것인가 하는 점이 명확하지 않다. Wildavsky는 미국 행정부의 예산액이 10% 이내의 예산 변화율을 보인 분석결과를 토대로 20%의 기준을 점변적인 것으로 보았다. 이러한 사실로 미루어 볼 때, 점변성의 기준은 모호하다.

(2) 현실적 설명력
정책이 실제로 점변적으로 결정되지 않는 경우도 많다. 전체적으로 보면 점변적인 결정이 이루어졌지만, 부분적으로는 큰 변화가 있을 수 있다. 예컨대 특정 기관의 예산 변화가 전체적으로는 점변성을 지니더라도 그 내부에서는 정책선택의 우선순위나 부처의 확대나 축소 또는 지도력 등에 따라 대폭적 변화가 일어나기도 한다.

더욱이 점변모형은 모든 이해관계자의 정치적 자원이 비슷하게 배분되어 있는 다원주의사회에서 설명력이 높다. 정치권력이 일부에 독점된 사회에서는 점변모형은 기존정책을 옹호하는 이론적 무기가 될 수 있다. 따라서 권위주의적 행정문화에서는 점변모형의 설명력은 매우 약하다. 권위주의적 형태를 지닌 정책결정자는 조금씩 변화하는 개혁의 필요성을 인정하지 않고 일시적이고 대폭적인 변화를 선호하기 쉽다.

정책은 특정 전환점(shift point)에 이르러 정책의 질이나 양에 있어 갑자기 변화되기도 한다. 그러나 정책과정에서 이러한 전환점이 왜 생기는지 그 후의 과정은 어떻게 되는지 등과 같이 정책의 복잡한 내부과정은 설명될 수 없다.

(3) 쇄신성 결여

점변모형은 미래를 과거의 선형함수로 파악하려는 것이며, 이는 현존 정책에 대한 한계적 변화만을 고려하므로 모험과 변화에 한계가 있다. 그러므로 더욱 바람직한 결정을 하기 위해서는 점변주의로부터 탈피하여야 한다. 급변하는 정책환경에 대처하기 위해서는 정책의 대전환이 필요한 경우가 많다. 쇄신적 진보란 작은 단계들의 연속이 아니며, 선형적이거나 타협적인 것이 아니다. 이런 점에서 점변모형은 안정된 환경에는 잘 적용될 수 있으나 급변하는 여건에는 적합하지 못하다.

그러나 Lindblom은 극적 변화와 마찬가지로 연속적인 점증적 변화를 통해 사회구조의 근본적 변화를 야기시킬 수 있다는 점에서 점변모형이 비쇄신적이라는데 동의하지 않는다. 조그만 변화를 계속적으로 하는 것이 단지 이따금씩 대폭적으로 변화하는 것보다 더 극적인 변화를 이룰 수 있다. 즉 변화의 속도는 변화의 폭과 빈도의 함수이므로, 가장 빠르게 변화하는 한 방법은 계속적으로 그리고 점변적으로 변화하는 것이다.

더욱이 다원주의사회에서는 정치적 변화가 현존의 경쟁규칙과 근본가치를 위협하지 않아야 하는데, 이러한 사회적 특성상 작은 변화가 아닌 큰 변화는 실제로 일어나기 어렵다. 이러한 Lindblom 의 재반박에도 불구하고 점변모형은 보수적이며, 쇄신성이 결여되어 있어서 급변하는 정책환경에서 그 적용의 한계가 있다는 점은 부인하기 어렵다.

(4) 과학적 분석의 경시

규범적 · 처방적 모형으로서 점변모형에 대한 비판은 합리모형이 이상적 모형은 아니라고 하더라도 점변모형보다는 더 나은 전략적 모형이 제시되어야만 한다는 점이다. 굳이 포괄적 · 합리모형을 따르지 않더라도 우리는 점변모형보다 더 나은 수준의 분석방법들을 발견할 수 있다. 점변모형은 가까이 있는 대안들 중에서 현재보다 약간 더 좋은 부분적 최적을 발견할 뿐이며, 멀리 있는 훨씬 더 좋은 가능 대안들을 탐색하지 않는다. 결국 점변모형은 타협과 흥정을 통한 타성적이고 주먹구구식인 정책결정 방식을 마치 민주적인 것으로 미화함으로써 관료들이나 관료조직이 분석적 접근방법을 경시하는 이론적 무기가 된다.

이에 대해 Lindblom도 점변모형이 분석에 있어서 필수적인 것은 아니라고 인정한다. 그러나 어떠한 모형도 결국 불완전한 것이어서 부분적 유용성만 가질 뿐이며, 따라서 좋은 정책을 위한 규범적 비판을 모두 수용하는데 실패할 수밖에 없다는 것이다. 심지어 Lindblom은 Kuhn이 제시한 과학의 혁명도 부분적 점변주의자들의 성취일 뿐이라고 본다.

(5) 부분적 상호 조정의 문제

다원주의사회에서는 중앙집권적이 아닌 부분적 상호 조정에 의해 정책이 결정된다는 점에 대해 다음과 같이 비판할 수 있다.

정책결정의 참여자들에 의하여 모든 이익이 표출되어지는 것은 아니며, 또한 참여자가 가지는 영향력의 크기도 다른데 이를 소홀히 취급하고 있다. 이에 대해 Lindblom은 부분적 상호 조정의 불평등이 있다고 해서 중앙집권적 정책결정이 보다 진보적이라는 견해는 너무나 순진한 사고라고 한다. 역사적으로 볼 때 오히려 강력한 집권적 권위가 역사적으로 내려온 불평등을 옹호하는 수단이 된 경우가 많다는 것이다.

또 다른 비판으로는, 정책과정의 참여자들이 다양한 이익이나 가치를 사실상 제대로 대표하지 못한다는 점이다. 대신에 이들은 지배적인 이익이나 가치를 공유하고 있기 때문에 다원주의사회에서 나타나는 건전한 경쟁이 사실상 이루어지지 않는 사실을 점변모형은 간과하고 있다. Lindblom도 이러한 비판을 부분적으로는 인정하면서 정책의제를 거대의제와 일상의제로 나누어 볼 필요가 있다고 본다. 거대의제는 수입과 부(富) 또는 권력 배분과 같이 정치·경제 생활의 근본 구조에 관련된 정책의제이다. 일상의제는 부분적 상호 조정이 가능하지만, 거대의제는 참여자간에 내재해 있는 동질성에 의해 이루어져 있기 때문에 부분적 상호 조정은 대단히 곤란하다.

마지막으로, 부분적 상호 조정은 특정 국가에서만 가능한 것이기 때문에 점변모형을 모든 나라에 적용하는데는 한계가 있다는 점을 지적할 수 있다. 미국과 같은 사회에서는 부분적 상호 조정이 어느 정도 이루어질 수 있겠지만, 다원성이 결여된 사회의 경우에는 부분적 상호 조정이 이루어지기가 어렵다.

3. 쓰레기통모형(Garbage Can Model)

1) 특   성

Cohen, March 그리고 Olsen(1972)은 조직 또는 개인간에 응집성이 아주 약한 상태에서 이루어지는 의사결정상황에 대하여 독창적 설명을 하였다. 왜 쓰레기통인가? 쓰레기통은 잡다한 쓰레기들이 순서가 없이 버려지고, 다 채워지면 비워지는 도구이다. 정책결정과정에서는 이러한 쓰레기통의 특성을 나타내는 조직들이 존재한다. 조직은 문제와 적절하게 연계되지 못하여 폐기되는 해결책을 만들기도 한다. 또한 조직은 일관성도 없으며 때로는 잘못된 우선순위를 기준으로 정책결정을 하기도 한다. 더욱이 구성원이 결정할 사항에 대하여 잘 모르고 참여하기 때문에 시행착오를 되풀이하기도 한다. 이러한 조직의 정책결정과정의 특성을 설명하기 위해서는 쓰레기통은 매우 적절한 개념인 것이다.

여기서 쓰레기통이란 복잡하고 혼란한 상태를 의미하는 '조직화된 혼란상태'(organized anarchies)를 의미한다. 쓰레기통모형은 엄격한 계층조직보다는 상하 관계가 분명하지 않은 대학에서 이루어지는 의사결정과정을 주된 대상으로 하였다. 그러나 이 모형은 행정부 내의 여러 부처가 관련되어 있는 조직체계나 다당제의 의회와 같이 상하관계를 지니지 않는 참여자에 의하여 이루어지는 정책결정과정에도 잘 적용될 수 있다.

2) 조직화된 혼란상태의 속성

이 모형은 합리성을 극도로 제약하는 조직화된 혼란상태는 다음의 세 가지 속성을 지닌다고 보고 있다.

첫째, 문제 있는 선호들(problematic preferences)이다. 정책대안들에 대한 선호도가 다른 참여자들간에 무엇을 선택하는 것이 바람직한지에 대한 합의가 없다. 어떤 경우에는 자기의 선호가 무엇인지조차 모르면서 의사결정에 참여했다가 참여 도중에 자기의 선호를 발견하기도 한다.

둘째, 불명확한 기술(unclear technology)이다. 여기서 기술이란 의사결정을 달성하려는 목표와 이를 달성하기 위한 수단간의 인과관계를 의미한다. 정책결정조직은 관련 기술을 분명히 알고 있다기보다는 시행착오를 거쳐 파악하게 된다. 이는 목표가 명확하더라도 최선의 대안을 모르기 때문에 합리성이 제약된다는 것을 의미한다.

셋째, 일시적 참여자이다. 정책결정에 참여하는 사람들은 계속적으로 그리고 똑같은 열의를 가지고 참여하는 것은 아니다. 참여하기로 된 사람이 우연히 참석하지 못하기도 하고, 새로운 참여자가 관여하기도 한다. 또한 특정 문제가 자기에게 이해관계가 적을 경우에는 열성적으로 참여하지 않는다.

3) 정책결정 요소의 흐름

쓰레기통모형은 갖가지 쓰레기가 쓰레기통 속에 우연히 모여지듯이 정책결정의 요소가 서로 다른 시간에 우연히 모여져서 의사결정이 이루어진다고 본다. 즉 정책결정은 네 가지 요소들이 우연히 결합됨으로써 이루어진다. 여기서 정책결정 요소의 흐름이란 각 요소는 시간의 흐름 속에서 독자적으로 흘러가다가 특정의 순간에 개별적으로 참여하게 된다는 의미이다.

첫째, 문제의 흐름이다. 문제가 발생하였다고 해서 이를 해결하기 위한 정책결정과정이 진행되는 것은 아니다. 정책의제화를 방해하는 다양한 요인들로 인하여 정책결정의 기회를 만나기 전까지 문제는 독자적으로 흘러가게 된다.

둘째, 해결책(solution)의 흐름이다. 해결책이란 문제를 해결하기 위한 대안을 의미한다. 일반적으로 문제가 있으면 이의 해결책을 찾게 되지만 때로는 해결책이 있으면 그것으로 해결할 수 있는 문제를 해결한 후에 여타의 문제도 탐색하기도 한다. 예컨대 특정 사회문제가 심각하게 인식되면 정책결정 주체들에 의해 그 문제가 정책의제화 되기 전에 미리 여러 정책대안들이 탐색되고 비교·평가되기도 한다.

셋째, 참여자들(participants)의 흐름이다. 참여자는 의사결정을 할 수 있는 지위에 있거나, 의회 등에 참여하기로 되어 있는 사람이다. 정책과정에 다양한 이해관계를 가진 사람들이 다양한 배경과 영향력을 가지고 참여하게 된다. 참여자들은 문제의 발생 여부에서부터 의사결정이 이루어질 때까지 계속적으로 참여하는 것이 아니라 자신의 시간, 사정이나 관심 여하 그리고 문제의 성격 등에 따라 부분적으로 참여한다. 따라서 정책결정의 전과정을 통하여 참여자는 계속 바뀌게 된다.

넷째, 정책결정 기회(opportunity)의 흐름이다.

의사결정의 기회는 개인의 경우에는 결정 순간이고, 집단의 경우에는 회의가 된다. 그런데 의사결정의 대상이 되는 사건, 즉 문제가 발생한다고 해서 즉시 이를 해결하기 위한 의사결정의 기회가 마련되는 것은 아니다.

4) 정책결정의 방식

정책결정의 네 가지 요소는 각기 독자적으로 움직인다. 그러다가 네 요소의 흐름이 교체될 때, 즉 각 흐름이 한 곳에 합쳐질 때 정책결정이 이루어진다. 각 흐름이 교체되는 방식도 다음과 같은 세 가지 유형으로 나누어 볼 수 있다.

첫째, 순수 무정부(pure anarchy) 상태이다. 여기서 순수 무정부란 각 흐름에 대하여 인위적 규제가 가해지지 않는 상태로서 네 가지 흐름이 우연적·동시적으로 교차되는 상태이다. 합리모형에 입각한다면 문제와 해결책의 흐름이 만나도 정책결정이 이루어질 수 있지만, 응집력이 약한 순수 무정부 상태에서는 네 가지 흐름들이 동시에 만나도록 점화장치(triggering event)가 있어야만 정책결정이 이루어진다(정정길 외, 2006). 점화장치란 네 가지 요소들이 동시적으로 만나게 되는 계기로 작용하게 되는 사건을 말한다. 문제를 부각시키는 극적 사건이 발생하거나, 정치적 사건으로 인하여 정권의 변동이 이루어져서 사회 분위기나 정책의 정책이념이 변화되면 혼란스럽게 존재하던 각 요소들이 모여지는 계기가 된다.

예컨대 언론매체를 통하여 장애자 성폭행사건이 알려지게 되면, 이에 대한 대책을 마련해야 한다는 여론이 형성된다. 언론매체를 통해 전문가들의 문제의 본질과 대안에 대한 토론이 이어지고, 정부나 국회에서도 간담회, 위원회, 대책반 등의 형태로 문제 해결을 위해 노력한다. 결국 공식적인 정책결정의 기회가 마련되고 여기에 공식·비공식 참여자들이 참여하여 장애자 성폭력 방지정책이 만들어지게 된다.

둘째, 환류가 있는 경우이다. 과거의 행동이나 사건을 통한 환류가 있는 경우에는 각 흐름들은 학습의 함수로서 연결된다. 따라서 학습내용이 어떠하냐가 의사결정 형태에 중요한 영향을 끼친다.

셋째, 흐름을 규제하기 위하여 조직적 수단을 가하는 유형이다. 흐름간의 바람직하지 못한 교차를 미리 피하기 위하여 정보나 시간에 제약을 가하는 등의 규제를 가하는 경우이다. 이러한 유형에서는 실제로 중요한 문제가 정책결정 기회에 연결되지 못하고 잠재화된다. 어떤 상황에서는 갑자기 정책결정의 기회를 개방하게 되면 큰 혼란이 야기될 수도 있다.

5) 평   가

쓰레기통모형에서 가정하고 있는 조직화된 혼란상태는 민간조직은 물론 공공조직에서도 쉽게 발견할 수 있고 또 민관협력조직이 많은 현실에서 그 유용성이 인정된다. 또한 정책결정의 요소들이 독자적으로 움직인다는 점을 설명한 점에서 이론적 강점이 있다(권기헌, 2008). 오늘날 혼란과 불확실성을 특징으로 하는 오늘날의 정책환경에서 이루어지는 정책결정과정을 잘 설명할 수 있는 모형이다.

그러나 여전히 정부조직은 쓰레기통모형에서 전제로 하는 것보다는 더 안정되고 체계가 잡혀 있다는 점에서 조직의 모든 결정형태에서 적용되는 것이 아니다. 뿐만 아니라 정책결정과 관련된 요소들이 무질서하게 쓰레기통 속에 들어가 있으면 언젠가는 정책결정으로 전환될 것이라는 기대는 막연하고 가능성이 적어 보인다.

이상에서 설명한 쓰레기통모형의 특성들이 잘 적용되는 조직에서 리더는 다음의 기준선에 따라 정책결정과정을 이끄는 것이 바람직하다.

① 시의적절한 의제를 창출할 것.

② 참여자의 지속적으로 변하는 이해관계와 관여 정도에 민감할 것.

③ 선택상황의 긴급성과 중요성을 파악할 것.

④ 다른 사람들과 뒤엉켜서 제대로 발휘할 수 없는 주도권은 깨끗이 포기할 것.

4. Allison모형

1) 이론적 배경

Allison은 당시까지의 정책결정모형을 합리적 행위자모형과 조직과정모형으로 재분류하고 여기에 관료정치모형을 새로이 부가하였다. 각 개별 모형은 정책결정체인 정부의 구성에 관한 각기 다른 가정에서부터 출발한다. 즉 합리적 행위자모형은 정부를 잘 조정된 유기체로, 조직과정모형은 정부를 느슨하게 연결되어 있는 반독립적인 하위조직체들의 집합체로, 그리고 관료정치모형은 정부를 정치적 관계로 연결된 집합체로 본다. 결국 Allison모형은 정부조직의 구성형태에 따라 정책결정과정을 다르게 설명하려는 시도이다.

2) 합리적 행위자모형(Rational Actor Paradigm: 모형Ⅰ)

합리적 행위자모형은 최선의 문제 해결방법으로 정부에 의해 선택된 정책을 분석대상으로 한다. 정부조직은 잘 구조화된 유기체로 볼 수 있으며, 이러한 정부조직에 의한 정책결정과정은 본질적으로 개인의 그것과 같다. 즉 정책결정은 정책결정자의 이성적 판단과 사물에 내재된 논리에 따라 이루어진다. 정책결정자는 목표로서의 효용함수, 문제해결과 관련된 일련의 행동대안, 각 대안으로부터 야기될 수 있는 비용과 효용, 목표가치의 극대화를 도모할 수 있는 선택이라는 네 가지 하위 개념에 의해 합리적 판단을 한다.

특정한 정책이 채택된 경우 그 정책에 의해 극대화할 수 있는 목표가 있으며, 이는 목표와 수단관계에 대한 분석을 통해 설명·예측할 수 있다. 특정 정책은 그 국가의 목표, 인지된 대안, 대안의 결과 추정, 추정된 결과에 대한 평가를 통해 산출된다. 대안 비교과정에서 특정 대안의 비용이 증가하면 ― 의도한 결과를 가져오지 못하면― 그 대안이 채택될 가능성은 줄어들고, 비용이 감소하면 그 대안은 채택될 가능성이 커진다.

3) 조직과정모형(Organizational Process Paradigm: 모형Ⅱ)

조직과정모형에서는 정책결정에 참여하는 하위 조직들은 독립적이기보다는 느슨하게 상호 연합된 관계를 이루고 있다고 본다. 정책문제는 여러 조직들이 연계되어 있기 때문에 각 하위 조직이 취급하기 적당한 정도까지 분할되어야 한다. 이와 비례하여 분할된 문제를 처리하는데 필요한 만큼 권력이 각 하위 조직에 분배되어 있다.

단위 조직들은 일정한 범위의 문제에 대해 일차적 책임이 있기 때문에 조직 내에는 '지방색'이 형성된다. 즉 나름대로의 고유한 문제인지 방법과 대안 선정의 기준을 가지고 있다. 또한 정부기관들은 각기 목표가 다르고 저마다 독립적으로 정책결정을 하기 때문에 같은 문제라도 각기 다른 방법으로 이를 해결하려 한다. 더욱이 각 부처는 자신이 미리 정한 표준운영절차에 따라 정책을 결정한다.

한편 조직은 장래에 일어날 사건들과 그 발생 확률을 예측하여 불확실성에 대응하기보다는 오히려 불확실성 그 자체를 피하려고 한다. 이를 위해 환경 및 타조직과 안정적인 관계를 맺거나 돌발사태에 대처하기 위한 시나리오를 만든다. 표준운영절차에 따라 정형적 결정을 할 수 없는 상황에서 조직은 문제 중심의 탐색활동을 하는데, 이 과정에서 조직의 관행이 새로운 상황에 적응할 수 있도록 조금씩 변화한다. 이러한 변화는 구성원들의 조직 학습을 유발시킨다.

4) 관료정치모형(Bureaucratic Politics Paradigm: 모형Ⅲ)

관료정치모형에서는 정치적 게임의 결과로서의 정책을 분석대상으로 한다. 정책을 문제에 대한 최선의 해결책으로 선택된 것이기보다는 오히려 정부관료들간에 타협, 경쟁, 연합, 지배 등을 내용으로 하는 정치적 게임의 산물로 본다. 여기서 주요 개념은 '참여자'와 '참여자의 입장'이다. 참여자는 정부조직 내에 정책결정과 관련된 특정의 직위를 맡고 있는 사람이다. 개인은 이러한 직위를 통해 정책결정의 참여자가 될 수 있다. 그리고 정책결정에 임하는 참여자의 입장은 다음과 같은 요인에 의해 결정된다.

첫째, 조직 내의 우선순위와 문제인식 방법은 참여자의 입장에 영향을 미친다.

둘째, 국가목표, 조직목표, 개인의 이해관계 및 참여자의 자기 역할에 대한 인식에 따라 참여자의 입장이 달라진다.

셋째, 일련의 사건의 흐름 속에서 움직이는 참여자는 사건의 마감 시한에 쫓기게 된다. 따라서 마감 시한의 완급은 참여자의 입장에 영향을 미친다. 한편 관료정치모형에서는 정책은 조직 내에 이미 축적된 대응 조치들 중에서 정부 지도자가 선택하여 다듬은 대응 조치로 본다. 따라서 조직 모형에서의 설명과 예측은 정책을 산출한 조직 내의 기존 대응 조치들과 관행을 확인함으로써 가능하다.

마지막으로 관료정치모형은 세 가지 일반적 명제들을 제시하고 있다: 조직에 의한 집행, 조직에 의해 제시된 선택의 범위, 그리고 제한된 신축성과 점변적 변화.

첫째, 조직이 집행해 온 범위에서 정책결정이 이루어진다. 표준 운영절차에 의해 정형적인 상황들에 대처하기 위한 관행들이 형성되고, 이러한 관행은 조직 내의 많은 구성원들로 하여금 매일매일 깊이 생각해야 하는 부담없이 많은 사건들을 처리할 수 있게 해 준다. 그리고 대응 조치들은 '그 조직에 맞게'—지방색을 가진— 개발된 것이기 때문에 이것이 특수한 상황에서 종종 들어맞지 않는 경우도 있다.

둘째, 조직에 의해 제시된 선택의 범위 내에서 정책결정을 한다. 하위 조직에 의해 작성된 일련의 대안은 대안작성 비용뿐만 아니라 전체적인 선택과정을 통제하려는 하위 조직의 이해관계까지 반영하고 있다. 따라서 대체로 하위 조직의 운영목표에 맞는 대안이 제시되고, 다른 조직과의 조정을 요하는 대안은 별로 제시되지 않으며, 조직들간에 관할권이 모호한 대안은 거의 거론되지 않는다.

셋째, 정책결정은 점변적 변화로 인해 신축성이 제한된다. 특정 시점의 조직 행태는 이전 시점의 조직 행태와 약간 다르다. 조직의 예산, 우선순위, 문제의식 양식, 조직의 절차와 대응 조치들 등이 점진적으로 변화하며, 상대적으로 안정되어 있어서 신축성이 별로 크지 않다.

Ⅱ. 정보와 정책결정

1. 정보의 특성과 유형

정책결정을 위해서는 정보를 수집하고 이를 분석·평가해야 한다. 그런데 정보의 홍수라 할 만큼 우리는 많은 정보를 접하게 되므로 가치 있는 정보만을 수집하여 정책과정에 활용해야 한다. 정책결정에 유용한 정보만이 정보로서 가치가 있다. 정책결정에 유용한 정보란 무엇인가? 유용한 정보의 특성을 여섯 가지로 구분할 수 있다: 적절성, 정확성, 풍부성, 즉시성, 접근성, 그리고 상징성.

정책결정에 적절한 정보란 필요한 기관에 필요한 양만큼 수집되어야 한다. 적절성은 정보의 양과 정보의 내용이라는 두 측면에서 결정된다. 즉 정책결정자가 활용할 수 있을 만큼, 그리고 또한 정책결정자가 필요한 정보가 제공되어야 한다. 바쁜 일정으로 시간에 쫓기는 정책결정자는 두꺼운 보고서를 일일이 점검할 여유가 없다. 따라서 정보가 너무 많으면 정책결정자는 그 정보를 모두 무시해버릴 가능성이 있다. 그러므로 정보 제공자는 수집된 정보를 검토하여 적절한 양의 정보를 제공해야 한다.

정보가 정확해야 정보로서의 가치가 있다. 정책결정자가 실상을 정확히 나타낸 정보라고 신뢰해야만 정보로서의 가치가 인정된다. 정확한 정보를 수집하기 위해서는 비용이 많이 든다. 정확한 정보를 수집하기 위해 드는 비용이 잘못된 정보로 인해 발생될 손실보다는 작아야 한다. 또한 정책결정과정에서 반드시 알아야 할 정보가 빠진 경우에도 정확성이 낮아진다.

❖1종 오류와 2종 오류

정보의 정확성을 해치는 오류는 크게 두 가지 유형이 있다. 1종 오류는 정보가 실제로는 잘못된 것인데, 정책결정자가 정확한 것으로 받아들일 때 발생한다. 2종 오류는 정보가 실제로 정확한 것인 데도 오류로 받아들이는 것이다.

정책결정자에게 부담을 줄 정도로 정보의 양이 너무 많아서도 안 되지만, 정책결정과정에서 다양한 측면을 고려할 수 있을 만큼 충분한 양의 정보가 제공되어야 한다. [그림 5-1]은 정책결정자가 제공 받는 정보를 세 가지 유형으로 나누어 본 것이다. 이를 통해 볼 때, 정책결정자가 필요한 정보(상자 3)의 상당 부분이 원하는 정보(상자 2)와 일치되지 않고 있음을 알 수 있다. 이는 제공 받은 정보 중에서 정책결정자가 원하는 정보이면서 또한 합리적 정책결정을 위해 필요한 정보는 아주 적다는 것을 의미한다.

적시성은 정보의 시간가치를 말한다. 정보란 발생된 사실에 관한 것이다. 이런 점에서 정책결정에 사용되는 정보는 역사성이 있다. 역사적 정보는 선형 분석이나 예측 기법 등을 통해 미래의 추세를 예측하는데 활용될 수 있다. 정보의 적시성에 있어 핵심은 정책결정에 활용할 수 있을 만큼 빠르게 제공되었는지 여부가 즉시성을 판단하는 핵심적 기준이다.

정보의 접근성이란 정책결정자가 정보를 쉽게 얻을 수 있는 정도를 의미한다. 정책결정자의 정보원(information sources)에 대한 선호도를 결정하는 요인을 분석한 연구에서 정보의 접근성이 질보다 더 중요하다는 사실을 발견하였다(Boynton, Gales & Blackburn, 1993). 정책결정자가 고급 정보를 제공하는 정보원보다 정보의 질이 조금 떨어지더라도 쉽게 접근할 수 있는 정보원에서 정보를 선택하는 경우가 많다.

정책결정자가 접근성을 기준으로 정보를 선택하는 가장 큰 이유

━━ 그림 5-1 ┃ 정책결정자와 정보유형 ━━━━━━━━━━━━━━━

1

2

3

상자 1: 정책결정자가 전달받은 정보
상자 2: 정책결정자가 원하는 정보
상자 3: 정책결정자에게 필요한 정보

는 가치 있는 정보를 얻기 위해서는 사회적·경제적 비용이 많이 들기 때문이다. 그리고 조직이 구조적으로 가치 있는 정보를 얻을 수 있는 정보원을 차단하고 있는 경우도 있다. 또한 정보는 본질적으로 애매하거나 불확실하며 다양한 해석이 가능한 것이기 때문에 정책결정자는 어느 정도 신뢰할 수 있고 쉽게 접근할 수 있다고 판단하여 오랫동안 사용해 온 정보원에 의존하기 때문이다 (Hodge, Anthony & Gales, 2003).

마지막으로, 정보는 상징적 가치를 지닌다. 정책결정자가 특정의 정보원에 접근하거나 정보를 제공받았다는 사실만으로 —비록 그 정보를 필요하지 않거나 사용하지 않더라도— 그 사람에게 지위와 특권을 부여한다. 국가기밀문서나 대외적 보안정보는 특정 직위 이상의 사람에게만 제공된다는 예를 통해 정보의 상징적 가치를 이해할 수 있다.

2. 빅 데이터(big data)와 정책결정

빅 데이터란 수십에서 수천 테라(1조) 바이트 정도로 규모가 방대하고, 비정형 데이터 등 다양한 종류를 포함하고 있으며, 데이터의 생성·유통·이용이 실시간으로 일어나 기존 방식으로는 관리와 분석이 어려운 데이터 집합을 말한다. 비정형 데이터는 메시지, 게시물, 위치 정보, 동영상, 음악 등을 포괄한다. 오늘날 스마트폰 등 모바일기기 보급과 소셜미디어(SNS) 활용의 일상화에 따른 각종 데이터의 폭증, 클라우드 컴퓨팅 데이터 수집·관리 기술 발달 등으로 빅 데이터가 축적되고 있다. 실시간으로 수집된 빅 데이터는 세태의 흐름 파악, 이변 감지, 미래 예측 등에 활용할 수 있다. 추세 분석, 대안 발굴, 정책 모니터링 및 평가 등에 빅 데이터를 활용함으로써 추세에 맞는 정책결정을 할 수 있다.

Ⅲ. 전략적 기획

1. 전략적 기획(strategic planning)의 중요성

존망지추(存亡之秋)란 죽느냐 사느냐의 기로라는 뜻이다. 우리들은 환경 변화에 적극적으로 대처하지 못한 재벌회사의 해체나 외국 지방자치단체의 파산사례들을 자주 보게 된다. 정책결정기관은 급변하는 환경 변화에 대응하여 전략적 변화를 이끌고 관리하지 못한다면 발전은 물론이고 생존조차 어렵게 될 것이다. 21세기 초부터 미국에서 시작된 금융위기가 전세계로 퍼져나가면서 실물경제까지 극심한 위기에 봉착하게 되면서 정부의 역할도 변화 관리와 위기 관리에 치중하게 되었다. 또한 환경과의 관계에서 전략적으로 사고하거나 결과지향적인 전략적 관리에 관심이 증대되었다.

원래 '전략'은 특정 전투에서 승리를 목표로 하는 '전술'보다 상위 개념으로서 전쟁에서 승리를 목적으로 하는 것과 관련된 군사용어다. 전략적이란 '일상적'이란 용어와 대칭적인 것으로 볼 수 있다. '일상적'이란 수립된 목표를 달성하기 위한 방법에 따라 또는 그 전에 해 온 대로 하는 것을 의미한다. 이에 비해 '전략적'이란 목표 자체가 계속적으로 변하거나 목표 달성방법에 대해 갈등이 있어서 그 전에 해 온 방법으로는 도저히 목적을 달성할 수 없기 때문에 그 전과는 다르게 새로운 방법으로 하는 것을 의미한다. 전략적 기획은 조직의 모든 업무들을 목적과 연계하여 전략적으로 수행할 수 있게 한다(Hughes, 2003). 즉 전략적 기획은 조직이 무엇을 해야 하고 어떻게 이를 전략적으로 집행할 것인가를 찾아내는 일련의 활동이다.

2. 전략적 기획을 위한 접근법들

전략적 기획이란 최고 집행자가 자신이 소속된 지역사회나 조직이 생존하고 발전할 수 있는 방안을 기획하는데 도움을 줄 수 있도록 고안된 일련의 절차나 모형이다. 지금까지 전략적 기획을 위한 다양한 접근법들이 개발되었지만, 이들 접근법의 핵심 과정은 사회적 추이 분석에 따른 정책 방향 모색, 조직 임무 설정, 대상집단 및 조직 내외의 이해관계자 구체화, 전략의제설정 및 이를 해결하기 위한 구체적 실천방안 개발이다.

이러한 전략적 기획과정 중 특정 과정이나 측면을 강조하여 다양한 접근법들이 제시되고 있다. 여기서는 일반적 접근법, 내용 접근법 그리고 과정 접근법으로 대분류하고 이에 포함되는 주요 접근법들을 설명하고자 한다.

1) 일반적 접근법

일반적 접근법(general approach)이란 과정이나 내용이라는 좁은 범위에 초점을 두지 않고 조직이나 정책의 방향 설정을 강조하는 접근법이다.

(1) SWOT모형

이 모형은 조직의 내부적 강점(strengths)과 약점(weaknesses) 그리고 외부적 기회(opportunities)와 위협(threats)을 체계적으로 분석하여 자신에게 가장 적합한 전략을 파악하기 위한 분석틀이다. 네 가지의 머리글자를 모아 'SWOT분석'이라고도 한다.

이 모형이 효과적이기 위해서는 조직이 처한 상황과 이를 헤쳐 가기 위해 수립한 전략적 기획에 대해 구성원들이 공감하고 아울러 전략적 기획을 이끌어 갈 지도자의 권위를 인정하여 전폭적으로 지지해야만 한다.

SWOT모형의 가장 큰 강점은 조직 자신뿐만 아니라 환경에 가장 적합한 발전전략을 수립할 수 있다는 점이다. 그러나 SWOT분석을 통해 효과적인 전략을 개발하고, 기회를 이용하고, 약점과 위기를 극복하거나 최소화하라는 것은 알 수 있지만, 구체적인 전략 개발에는 별로 도움을 주지 못한다. 따라서 이 모형은 아래에서 논의될 다른 모형들과 병용해서 사용할 필요가 있다.

(2) 전략적 기획체계(Strategic Planning System)

전략적 기획체계는 관리자가 중요한 문제에 대해 의사결정, 집행, 그리고 통제하는 체계를 개발하려는 것이다. 전략적 계획체계를 고안하기 위해서는 적어도 다음의 네 가지 기본적 질문에 답할 수 있어야 한다(Lorange, 1981).

첫째, 우리는 어디로 가고 있는가?(사명)

둘째, 우리는 어떻게 거기에 도달할 수 있는가?(전략)

셋째, 우리의 활동 청사진은 무엇인가?(예산)

넷째, 우리가 올바른 궤도 위에 있는지를 어떻게 아는가?(통제)

조직의 전략 수립에 포함되는 다양한 요소들을 체계적으로 분석하려는 시도는 전략적 기획체계의 강점인 동시에 지나치게 포괄적이라는 점에서 한계가 되기도 한다. 또한 조직의 사명을 명확히 하고, 합리성에 입각한 전략을 수립하고 이의 집행방안을 강구하고 엄격히 통제하고자 하는 시도는 명확한 사명, 목표, 집중된 권위, 분명한 지시체계가 확립된 조직에서만 효과를 거둘 수 있다는 한계가 있다.

(3) 이해관계자 관리접근법(Stakeholder Management Approach)

이해관계자 관리접근법은 주요 이해관계자들의 요구를 충족시켜 줄 수 있는 관리능력을 조직의 생존과 발전을 위한 핵심 요인으로 본다. 여기서 이해관계자(stakeholder)란 조직의 미래에 의해 영향을 주거나 받을 수 있는 개인, 집단 또는 조직을 말한다. 이 접근법은 결국 다원주의적 관점에서 이해관계자들의 관점을 충분히 고려하여 전략을 수립하는 것이다.

고객이나 거래처의 요구나 기대를 충족시켜 줄 수 없을 때에는 경쟁원리에 의해 도태될 수밖에 없는 기업의 생리를 생각할 때 이 접근법은 상당히 설득력이 있는 것으로 보인다. 또한 이 접근법은 이해관계를 달리 하는 많은 참여자들에 의해 구성된 공공부문에도 원용가능성이 높다. 최고 집행자는 공유된 권력세계에서 정책을 의도한 방향으로 결정·집행하기 위해서는 주요 이해관계자들과 그들의 이익을 파악하고 이들을 효과적으로 관리할 수 있는 전략을 수립해야만 한다.

이해관계자 관리접근법의 강점은 조직이 생존하기 위해서는 조직 내외의 주요 참여자의 이해관계를 파악해야 하고, 이들을 만족시켜야만 한다는 점을 강조한 것이다. 그러나 경합되는 요구간의 우선순위를 판정해 줄 기준이 부족하며, 다양한 참여자들의 이해 관계를 다룰 전략 개발에 대한 지침이 결여되어 있다는 한계가 있다.

(4) 전략적 쟁점관리(Strategic Issues Management)

전략적 쟁점관리는 전략적 쟁점을 인식하고 해결하는데 초점을 둔 접근법이다. 즉 조직에 중대한 영향을 미칠 가능성이 있는 조직 내외에 잠재되었거나 노정된 쟁점들을 전략적으로 해결할 수 있는 능력을 조직의 생존과 발전의 원천으로 보는 것이다. 전략적 쟁점이라는 개념은 SWOT분석단계와 전략 개발단계 사이에 무엇인가 빠진 단계가 있다는 인식에서부터 형성되었다. 그 단계가 바로 전략적 논제의 구체화이다.

조직전략을 매년 전체적으로 점검하는 것은 너무 많은 노력과 시간이 소요되어 실용적이지 못하며, 핵심 전략은 수년에 걸쳐 집행되는 것이 일반적이다. 그러므로 연차 전략 점검은 SWOT분석 등 전략적 기획을 통해 도출된 소수의 핵심 전략적 논제에 초점을 두고, 전반적인 점검은 수년에 한 번씩 하는 것이 바람직하다. 긴급한 전략적 논제에 직면하면, 최고 관리자는 가능한 빨리 임시 조직을 조직하여 이들이 즉각 이 문제를 해결하도록 해야 한다.

전략적 쟁점 관리 접근법의 강점은 핵심 논제를 적시에 인식하고 분석할 수 있는 능력에 있다. 그러나 논제를 어떻게 형성할 것인가에 대한 구체적인 방안을 제시하지 못한다는 한계가 있기 때문에 이를 보완하는 작업이 필요하다.

2) 내용 접근법

앞에서 설명한 네 가지 접근법들은 전략적 기획을 위한 구체적 내용을 개발하기 위한 것이 아니라 일반적인 전략적 기획과정의 관리에 대한 것이다. 그런데 일반적 접근법은 전략적 기획을 어떻게 수립할 수 있느냐에 대한 대답을 할 수 있게 하지만 환경 변화에 대응한 적절한 전략을 처방해 주지는 못한다. 이에 비해 다음에 설명할 포트폴리오 모형과 경쟁 분석은 내용에 관한 분석틀을 제시하는 것이다.

(1) 포트폴리오모형(Portfolio Model)

포트폴리오란 용어는 본래 간단한 서류가방이나 자료 수집철을 뜻하는 말로, 주식 투자에서 투자자산의 집합이라는 의미로 사용된다. 즉 주식 투자에서 위험을 줄이고 투자수익을 극대화하기 위해 여러 종류에 분산 투자하는 방법이다.

포트폴리오모형의 장점은 전략적으로 중요한 요인들을 ― 예컨대, 특정 시장의 성장성, 소비자들의 지불용의(willingness to pay: WTP)와 같은 외적 환경 요인과 세금 부담정도, 사업 전망, 기업의 경쟁력과 같은 내적 환경요인― 다각적으로 분석하여 다양한 전략을 수립할 수 있다는 점이다. 그러나 급변하는 대내적 환경에서 전략적으로 중요한 요인 및 이들의 변화를 정확히 분석·예측하는 것은 현실적으로 어려운 작업이다. 따라서 포트폴리오 분석을 바탕으로 위험을 극소화하고 동시에 이윤을 극대화할 수 있는 전략을 개발하는 것이 실제로 쉽지 않다는 한계를 지닌다.

(2) 경쟁적 전략(Competitive Strategy)

경쟁적 전략은 조직이 어떻게 경쟁할 것이며, 목적은 무엇이 되어야 하며, 목적을 달성하기 위하여 어떠한 정책이 필요한가를 분석하는 기법이다. 경쟁적 전략은 조직이 도달하고자 하는 끝(ends)이나 추구하는 목적(goal)과 이에 도달하기 위한 수단(means)이나 정책의 결합이다. '경쟁력 바퀴'(Wheel of Competitive Strategy) 개념으로 이를 설명할 수 있다. 즉 정책환경에서 도달하고자 경제적·비경제적 도달 지점 및 어떻게 경쟁할 것인가(예컨대 정직하고 투명하게)에 관해 기준을 명확히 한 목적이 바퀴의 허브 역할을 하며 구체적인 수단으로서 각종 정책들은 목표와 항상 연관되어 형성된다(Porter, 1998).

[그림 5-2]는 경쟁력 바퀴 개념을 바탕으로 조직의 강점과 약점,

──── 그림 5-2 경쟁적 전략이 형성되는 맥락 ────────────────

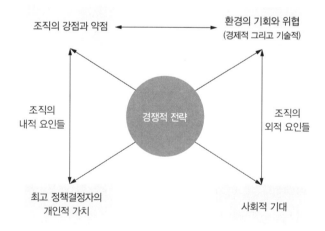

자료: Portor(1998, 26) 재구성.

환경의 기회와 위협, 최고 정책결정자의 가치, 그리고 사회적 기대라는 네 가지 요인을 고려하여 조직이 성공적으로 목적을 달성하기 위한 전략을 수립하는 과정을 나타낸 것이다.

조직의 강점과 약점이란 경쟁자와 비교하여 조직이 현재 그리고 미래에 갖는 재정, 기술력, 신뢰도 등을 포함한 능력이나 자산의 총체이다. 또 다른 내적 요소로서 개인적 가치는 정책결정자 또는 최고 정책집행자의 동기와 욕구이다. 강점과 약점은 가치와 결합하여 경쟁력 전략을 수립하는 내적 요소이다.

외적 한계는 환경에 의해 주어진다. 기회와 위협은 경쟁적 환경에 내재되어 있는 위험과 잠재적 보상으로 측정한다. 또 다른 외적 요소로서 사회적 기대는 정책결정기관에 대한 여론, 언론, 이익집단, 민간기업 등의 관심을 말한다.

3) 과정 접근법

과정 접근법으로 분류할 수 있는 대표적 접근법은 혁신을 위한 준거틀로서 사용되고 있는 '논리적 점변주의'와 '혁신을 위한 준거틀' 두 가지이다.

(1) 논리적 점변주의(Logical Incrementalism)

논리적 점변주의는 Lindblom의 점변주의에 영향을 받은 Mintzberg와 Quinn(1991)에 의해 개발된 개념이다. 이들은 여러 하위 집단들이 느슨하게 연계되어 있는 분권화된 조직이 발전하기 위한 전략으로서 점변주의적 접근을 설명하였다. 논리적 점변주의는 전략의 수립과 이의 집행을 통합적으로 분석하는 과정적 접근을 한다. 이와 더불어 지속적으로 조금씩 발전해 가는 점변적 변화를 통하여 궁극적인 변혁을 이루고자 한다.

이 접근법의 강점은 복잡하고 변화하는 상황에서 정치적 현실을
중시한다는 점이다. 즉 논리적 점변주의는 중요한 결정에 대해서
와 마찬가지로 사소한 결정에 대해서도 또한 공식적 과정뿐만 아
니라 비공식적 과정도 마찬가지로 중요시한다. 그러나 이 접근법
의 약점은 다양하게 연계된 하위 집단에 의한 점변적 결정이 반드
시 공동의 목적을 달성할 수 있다고 보장할 수 없다는 점이다.

(2) 혁신을 위한 준거틀(A Framework for Innovation)

앞에서 설명한 전략적 기획체계는 임무, 전략, 조직 구조에 대
한 포괄적 분석을 통해 체계에 대한 처방과 통제를 하고자 하는
접근법이다. 전략적 기획체계 접근법이 기획체계에 대한 통제에
초점을 둔다면 혁신을 위한 준거틀은 혁신적 전략을 강조하는 입
장이다. 그리고 이 접근법은 위에서 설명한 다양한 접근법들의
— SWOT분석이나 포트폴리오 모형 등 — 방법을 사용하지만 다
음을 특히 강조한다는 점에서 차이가 난다.

① 혁신 자체를 전략으로 본다.
② 혁신 전략을 실천하기 위한 전략적 관리를 중시한다.
③ 공통의 상위 목표를 추구하는 분권화된 하위 단위들에게 '성
   공에 대한 이상'(vision of success)을 개발하도록 한다.
④ 기업적 문화를 구축하고자 한다.

3. 전략적 관리(strategic management)

1) 전략적 관리와 전략적 기획의 차이

전략적 관리가 앞서 나타났던 전략적 기획과 구별되는 가장 큰 특징은 기획의 초점을 최적의 전략적 결정에서 새로운 시장, 새로운 생산물, 새로운 기술과 같은 전략적 결과 산출에 둔다는 점이다. 또한 기획 수립 및 이의 집행에 관한 절차보다는 관계된 사람과 집단 그리고 조직문화를 중시한다는 특징을 지닌다.

전략적 관리는 조직이 수행해야 할 세부적 업무 및 중·장기적 미래의 업무에 대한 포괄적이고 장기적인 계획을 수립하여 이를 시행하려는 전통적 관리에서 탈피하고자 하는 개념이다. 전통적 관리의 한계는 확실성을 가지고 예측할 수 없는 미래에까지 현재의 추세를 연장시킬 수 있다는 가정에 있다. 급변하는 환경에 대응하여 목표뿐만 아니라 참여자, 절차, 조직체계 등이 계속적으로 변화해야 할 상황에서 전통적 기획에 따른 관리로 일관한다면 조직의 생존과 번영에 중대한 위협이 닥칠 수밖에 없을 것이다.

전략적 관리의 첫 단계는 조직이 장기적으로 추구해야 할 이상을 구체화하는 것이다. 다음으로 조직의 현실을 ─ 현재의 수입, 인력, 정책, 기능, 시설 등 ─ 분석한다. 그러면 이상과 현실간의 괴리를 발견할 수 있으며, 이 괴리를 메우기 위한 과정이 전략적 관리이다. 다시 말해 전략적 관리는 외적 환경의 변화를 검색하고, 조직의 이상을 추구하기 위해 극복해야 할 내적 장벽들을 분석하여 이들을 개선하는 과정이다. 계획된 변화는 환경적 요소와 맞물려 매우 다양한 형태로 변화해야 하며 전략적 기획의 효과도 애초에 기대한 것과는 다르게 나타날 가능성이 높다. 보다 구체적 활동으로는 내적 환경들의 전략적 기획을 추진할 팀을 설치하고, 이들에게 혁신적으로 사업을 추진할 수 있도록 권한을 부여한다. 또한 인사, 조직, 재정, 기술 등 필요한 자원을 환경 변화에 맞게 적시에 제공하는 활동 등이 포함된다.

한편 전략적 관리에 있어 중요한 측면 중의 하나는 리더이다. 전략적 관리과정에는 정책결정자뿐만 아니라 계선 관리자도 참여하는 것이 일반적이다. 계선 관리자는 임명직 공무원이나 정치가에 비해 정치적 해결능력이 부족한 대신에 전문성이 높으므로 조직 혁신을 위해 양자 모두에게 적절한 지도력을 배분하고자 하는 것이다.

2) 전략적 관리를 위한 분석틀

노동, 직업, 정보, 지식, 자본 등이 빠른 속도로 국가간에 이동하고 있으며, 이러한 정책환경의 특성은 정책결정과정에서 고려되어야 할 중요 요인이다. 전략적 관리란 정책환경 변화의 큰 틀을 파악하고 이에 따른 전략을 분석하기 위한 틀을 형성하고, 이를 바탕으로 전략을 수립하고, 이를 전략적으로 관리하는 것이다.

[그림 5-3]은 전략적 관리를 위한 분석틀을 나타낸다. 이는 환경적 요인들에 대한 분석을 통해 조직의 비전, 임무, 목적, 목표 및 전략을 수립하는 것이다.

전략적 관리의 첫 단계는 환경적 요인들을 분석하는 것이다. 조직의 환경은 외적 환경과 내적 환경으로 구분할 수 있다. 외적 환경은 자연 환경, 일반 환경, 그리고 과업 환경으로 구분할 수 있다. 자연 환경은 자원, 기후, 지리적 여건 등과 같은 생태적 요인

그림 5-3 전략적 관리를 위한 분석틀

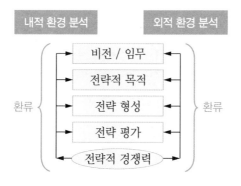

이다. 일반 환경은 기술적, 경제적, 정치적, 사회문화적 요인들로서 조직의 장기적 성과에 영향을 미친다. 그리고 과업 환경은 정책과정에 직접적 영향을 미치는 공식·비공식 참여자, 정책에 대한 요구와 지지 등 정책결정에 직접적으로 영향을 미치는 외적 요인들이다. 외적 환경에 내재하는 요인들이 보내는 애매한 신호나 갈등적 요구를 무시하면 정책의 효과성이 낮아질 수밖에 없다. 전략적 정책결정자는 환경의 복잡성과 불확실성에 대비하여 적시에 적절하게 대처할 수 있는 기술과 능력을 가져야 한다.

전략적 관리는 전략을 형성하는 과정이다. 전략이란 어떻게 조직이 설정한 목표를 달성할 것인가에 대한 통합적이고 중요한 계획이다. 전략적 정책결정자는 변화하는 내외적 환경요인에 맞추어 설정한 비전과 목적을 달성할 수 있고, 시너지를 얻을 수 있는 기회를 창출하고, 조직의 핵심 경쟁력을 갖출 수 있도록 전략을 개발해야 한다. 전략 형성을 위하여 SWOT모형을 포함한 다양한 접근법을 원용한다. 전략 형성은 단순히 적절한 전략을 선택하는 것뿐만 아니라 [그림 5-3]과 같은 비전과 목적을 명확히 하고, 전략적 목표를 개발하고, 적절한 정책을 결정하는 것을 포함한다.

비전은 현재 조직이 추구하는 바를 밝히고, 이를 달성하기 위하여 다양한 행태를 지닌 구성원들을 같은 방향으로 나아가게 하기 위해 필요하다. 비전을 위해서는 조직의 믿음과 가치와 관련된 근본적인 의문들에 대한 대답을 해가는 과정을 통해 도출될 수 있다.

다음은 목표 설정단계이다. 목표란 다양한 이해관계자들을 위하여 조직이 달성하고자 추구하는 성과이다. 목표는 조직이 달성하고자 하는 것에 대해 분명하게 나타내야 한다. 목표 설정과정에 조직 구성원의 폭넓은 참여가 있고, 목표 달성시에 얻게 될 보상도 연계되어 있어야 한다.

❖ SMART 목적

목적은 Specific(구체적이고), Measurable(측정가능), Result-based(결과지향적), Time-specific(구체적 시간표)를 갖추어야 한다(Achua and Lussier, 2013).

전략평가는 실제적 산출, 성과, 효과와 비전, 목적, 기대된 결과 등과 비교하여 전략적 관리의 성과를 측정하고 그 결과를 토대로 개선방안을 도출하여 다음의 과정에서 고려하는 것이다. 전략적 관리를 평가 및 환류하기 위해서는 다음의 단계를 거쳐야 한다.

첫째, 현 전략에 기초하여 변화하고 있는 내·외적 환경요인들을 재검토한다.

둘째, 실제적 성과를 목표에 비추어 측정한다.

셋째, 개선방안을 도출하여 다음 과정으로 환류한다.

제 6 장

정책집행이론

정 / 책 / 학

6

정책집행이론

개 요

정책집행론은 법령이나 정책이 관료에 의해 어떻게 구체화되는가를 설명하는 이론체계이다. 정책학자들이 정책집행에 대해 연구하는 것은 정책효과 또는 정책결과에 영향을 미치는 집행과정에 내재해 있는 중요 특징들을 설명하기 위해서이다. 우리는 수많은 정책실패 또는 정책 성공사례들을 연구해 봄으로써 정책집행을 성공 또는 실패로 이끄는 요인들을 알게 된다. 나아가 실제로 정책집행을 담당할 때 일반적으로 범하기 쉬운 실패요인들을 예측하고 이를 피할 수 있게 된다.

본 장에서는 지금까지 개발된 정책집행모형과 집행사례들에서 빈번하게 논의되는 요인들에 대해 설명한다. 집행체계를 중심으로 집행체계의 외적 환경과 내적 환경으로 구분하여 설명한다.

다음으로 정책집행 연구를 위한 접근법에 대하여 설명한다.

그리고 집행과정에서 참여자들간의 정치적 관계에서 영향력을 행사하기 위해 사용할 수 있는 권위, 설득과 협상에 대하여 설명한다.

마지막으로 정책집행연구를 위한 접근법에 대하여 설명한다. 여기서는 내용적 접근법과 과정적 접근법으로 구분하여 설명한다. 정책집행의 내용적 접근법은 정책집행을 변화관리로 보고 안정적이거나 급변하는 집행환경에서 성공적으로 변화하기 위한 접근법을 말한다. 여기서는 구조적, 절차적·관리적, 행태적 그리고 정치적 접근법으로 구분하여 설명한다. 한편 과정적 접근법은 정책집행과정을 하향적, 상향적 그리고 통합적 시각에서 접근하는 것이다. 특히 통합적 접근법인 옹호연합모형에 대하여 구체적으로 설명한다.

Ⅰ. 정책집행 연구의 의의

1. 정책집행 연구의 중요성

정책이 합리적으로 결정되었고, 이를 집행하기 위한 지원체계가 충분히 갖추어졌음에도 불구하고 그 정책이 실패하는 사례는 빈번하다. 이는 정부가 능력 밖의 일을 하려고 했기 때문일 수도 있겠지만, 집행과정에 다양한 실패요인들이 내재해 있기 때문이기도 하다. 비록 정책을 합리적으로 결정하였더라도 집행과정에서 원래 의도대로 이루어지지 못하는 현실적인 문제점들이 많다.

정책집행을 어렵게 하는 가장 큰 요인은 집행환경의 복잡성이다. 정책결정에 비해 정책집행은 상대적으로 오랜 시간이 걸리기 때문에 정책결정 당시에 전제한 정치적·경제적·사회적 조건들이 계속적으로 바뀌게 된다. 원래의 정책 의도를 달성하기 위해서는 집행단계에서 변화하는 환경을 분석하여 실천 계획을 계속적으로 변경해야 하지만 실제에 있어 이는 대단히 어려운 작업이다.

또 다른 집행실패의 원천은 집행과정에 참여하는 다양한 이해관계자들이다. 집행과정에 참여자의 수가 많을수록 이들간의 이해관계나 관점 또는 상대방에 대한 이해 부족 등으로 인해 갈등이 발생한다.

2. 정책집행의 개념

집행은 행정의 또 다른 이름인가? 행정과 정책집행은 여러 면에서 유사점이 있지만, 이 두 개념은 구별되어야 한다. 우선 행정이 일상적 또는 정형화된 업무를 수행하는 것이라면, 집행은 새로운 정책을 실행하기 위해 처음으로 도전하는 전례가 없는 과정이다. 정책집행은 경험이 없는 새로운 정책을 시행하는 과정이며, 일단 집행된 다음 단계에서 그것이 일상화 내지 정형화되면 집행이 아닌 행정 또는 관리로 보아야 한다.

국어사전에서는 집행을 법률, 명령, 재판, 처분 등의 내용을 현실로 구체화하는 일이라고 설명한다(http://www.encyber.com). 그리고 초기 집행연구자들은 집행을 "실행, 성취, 생산 또는 완성하는 것" 또는 "정책결정에 의하여 이미 설정한 목표를 달성하기 위한 정부 및 민간부문의 개인이나 집단이 하는 활동"으로 정의하였다. 이러한 정책집행의 정의는 T_1시기에 X라는 정책이 만들어졌으면 T_2시기에 Y라는 결과가 발생한다는 단순 가정에 입각한 것으로서, 정책결정 후에 야기되는 문제들에 대한 대처가 원래의 결정만큼이나 중요하다는 인식이 결여된 것이다(Smith, 1973; Edward & Sharkansky, 1978).

이처럼 집행을 정책내용의 세부적이고 체계적인 시행으로만 본다면, 정책실패나 지체의 원인은 제대로 파악될 수 없다. 왜냐하면 정책을 잘 만들고 이를 효율적으로 집행할 수 있도록 고안한 조직체계에 따라 실행하면 정책목표를 무난히 달성할 수 있다고 본다면, 정책실패의 원인을 정책결정이나 집행체계의 잘못에서만 찾을 것이기 때문이다.

그러나 정부가 정책을 합리적으로 결정했다고 해서 그 결과가 의도대로 이루어지는 경우는 드물다. 장기적인 집행과정에서 예기치 못한 집행환경의 변화, 참여자간의 이해관계의 변화 등이 일어나기 마련이다. 하지만 이에 대응하여 적시에 적절한 결정을 내리기란 참으로 어렵다. 이런 점에서, 정책실패의 원인은 정책결정뿐만 아니라 집행과정에서도 찾을 수 있다. 이런 점을 고려한다면, 정책집행이란 "환경 변화에 대응하여 원래의 정책목표를 달성하기 위하여 계속적으로 새로운 결정을 하는 과정"이라 하겠다. 이는 의제설정, 결정, 집행 그리고 평가로 구성되는 정책과정을 다차원적·순환적 과정으로 본 정의이다.

의제설정단계에 이미 대안이나 해결책이 어느 정도 제시되기 때문에 이 과정이 잘못된다면 다음 단계서도 계속 영향을 미치게 된다. 마찬가지로 정책결정을 할 때 미리 집행과정에서 야기될 문제에 대한 고려가 있어야만 한다. 또한 집행과정에서도 문제 인지와 새로운 집행전략을 결정해야 한다. 정책평가단계에서는 정책집행이 끝난 후의 정책효과에 대해서 뿐만 아니라 모든 하위 정책과정에 대해 계속적으로 평가·환류해야 한다.

따라서 정책결정을 할 때 미리 집행과정에서 야기될 문제에 대한 고려가 있어야 한다. 또한 집행과정에서 변화된 상황에 대응하여 원래의 정책을 수정하거나 나아가 정책종결까지도 고려해야 한다.

3. 정책집행 연구와 기존 행정학 연구의 차이

정책목표를 달성하기 위해서는 정책결정 못지 않게 정책집행이 중요하다. 따라서 법령이나 정책이 관료들에 의해 어떻게 구체화되는가를 연구할 필요성이 있다. 우리는 이러한 정책집행 연구를 통해 집행과정에서 공통적으로 범할 수 있는 실패요인들을 미리 알 수 있으며, 나아가 실제 과정에서 범하기 쉬운 중대한 실수를 피할 수 있다.

정책학의 성립 후 정책결정과정이 주된 연구대상이었으나, 1973년 Pressman과 Wildavsky가 「집행」(Implementation)이라는 책을 발간한 것을 기점으로 정책집행에 관한 연구가 본격화되었다. 이후 다양한 정책사례들을 대상으로 정책의 효과 또는 결과에 영향을 미치는 정책집행의 과정이나 구조에 내재하는 중요요인들을 분석하기 위한 연구들이 매우 활발하게 이루어지고 있다. 이러한 정책집행 연구들을 통해 기존의 행정학과는 다른 새로운 관점들이 제시되었다.

1) 행정학적 시각으로부터의 새로운 변화

전통적인 행정학적 접근법은 시민들이 대표자를 선출하고, 선출된 대표자들은 시민을 대신하여 법을 만들고, 의회로부터 책임을 위임받은 관료가 법을 집행하는 민주정치의 틀을 근간으로 한다. 이러한 정치적 틀 속에서, 전문 관료들을 채용하고, 이들이 도구 ―구조, 과정, 자원 등― 들을 잘 고안하여 이미 만들어진 법을 집행하면 의도한 결과를 도출할 수 있다고 보았다. 그러나 집행 연구자들은 시민, 선출직 공무원 그리고 관료로 이어지는 연결과정이 아무리 잘 이루어졌다 해도 반드시 좋은 성과를 산출할 수 있는 것은 아니라는 사실을 밝혀냈다.

행정학의 기본 가정은 목표를 분명히 하고, 책임을 명확히 부여하며, 적절한 관리의 틀을 고안하고, 나아가 행정을 담당할 관료의 전문성을 높이면 기대한 결과를 얻을 수 있다는 것이다. 하지만 정책집행 연구자들은 이러한 시각으로는 해결할 수 없는 정책실패 현상들을 발견하고 새로운 시각에서 실패의 원인을 찾기 시작했다.

많은 집행 연구자들은 합리적으로 결정된 정책을 잘 고안된 관리체계로써 집행했음에도 불구하고 결국 실패하게 된 집행사례들을 분석하였다. 이러한 사례분석들을 통해, 관료제를 아무리 잘 통제하더라도 항상 의도한 결과를 얻을 수 있는 것은 아니라는 점을 설명하였다. 집행 연구자들은 전통 행정원리의 비현실성을 강하게 비판하였다. 예컨대 명령통일의 원리는 ― 정책집행에 참여하는 기관들이 다양하기 때문에 각 정책은 하나의 기관에 의해 수행되어야 하고, 각 기관 내에서도 단일 상관에게만 책임을 져야 한다는 원리 ― 집행과정에 참여하는 다양한 참여자들로 인하여 더 이상 적용하기 어렵다. 또한 환경 변화에 대응한 새로운 조직 형태의 출현에 따라 권위와 계층제 원리도 더 이상 중요한 행정원리가 아니다.

　　요컨대 집행 연구는 행정학적 시각에 대한 자신감 상실에서 새로운 해결책들을 찾아 긴 여행을 하고 있는 셈이다. 1990년대부터 정책집행에 대한 연구의 열기가 약간 식어가는 것 같지만 여전히 다양한 관점에서 집행에 관한 연구가 이루어지고 있다. 특히 통치과정이 거버넌스로 전환되는 시기에 다양한 문화와 제도적 환경에서 다양한 형태로 정책이 집행되는 과정을 분석하는 연구들이 많다(Hill and Hupe, 2009). 그러면 정책집행 연구는 전통적 행정 연구와 어떠한 차이점이 있는가?

2) 행정 연구와 집행 연구의 차이

　　행정 연구와 집행 연구에 있어 두 가지 본질적인 차이점이 있다.

　　하나는, 각 연구의 분석초점이 다르다. 행정 연구에서는 과정과 구조를 분석의 초점으로 하여 이들이 정책에 어떻게 영향을 미치는가를 분석하고자 한다. 이에 비해 집행 연구에서는 정책을 분석의 중심에 놓는다. 다시 말해 전자는 정치적 결정이 행정가의 효율적인 관리를 통해 기대한 결과를 이룰 수 있을 것이라는 믿음을 바탕으로 하는 데 비해 후자는 성과를 중요 분석 대상으로 하여 기존의 행정적 접근으로는 설명할 수 없었던 성과에 영향을 미치는 다양한 요인들이 존재한다고 가정한다.

다른 하나는, 집행 연구는 그 이론적 기초에 있어서 행정학이나 정치학을 포함한 보다 다양한 학문적 영역들을 원용하는 여러 학문간 접근이라는 특성을 지닌다. 원래 정책학이 여러 학문간 접근 (interdisciplinary approach)이라는 특성을 지니지만, 특히 집행 연구에서 현저히 나타난다. 집행연구자들은 조직이론을 바탕으로 한 행정학적 접근 이외의 새로운 준거 이론들을 찾고자 노력했고, 또한 다른 분야의 학자들도 그들의 전문 지식을 통해 집행 성과를 향상시킬 수 있는 영역을 찾고자 하는 노력이 많았다.

요컨대 조직의 구조나 과정보다는 성과에 대한 초점 및 여러 학문적 접근이라는 두 경향은 집행 연구로 인해 나타난 새로운 변화였다.

Ⅱ. 정책결과에 영향을 미치는 정책집행 요인들

1. 정책집행모형과 정책집행 사례연구

Pressman과 Wildavsky(1973)의 연구를 기점으로 본격화된 정책집행 연구는 정책학의 타 분야에 비하여 비교적 짧은 역사를 가지고 있다. 정책집행에 관한 초기 연구들은 주로 사례연구 방법으로 이루어졌는데, 이러한 연구들로 인하여 실제의 정책집행과정과 성공적인 정책집행에 영향을 미치는 요인들에 대한 이해가 크게 증진되었다. 그러나 합의된 이론적 틀 없이 각기 상이한 정책영역에서 개별 연구자가 정책집행의 실패 또는 성공사례의 원인을 설명하고자 하였기 때문에 이론적 측면에서 많은 문제가 제기되었다.

특정 집행사례에 대한 연구 결과가 다른 사례에도 적용되기 어렵거나 다양한 사례연구의 결과들이 지나치게 장황하여 실제의 정책과정에 큰 도움을 주지는 못하였다. 이러한 집행연구의 이론적 문제점에 대응하기 위하여 일부 학자들은 정책집행모형을 형성하여 다양한 정책집행과정에서 공통적으로 발견할 수 있는 주요 변수들과 이들 변수간의 관계를 설명하고자 하였다.

여기서는 다양한 집행모형과 집행사례들을 일일이 소개하기보다는 여러 정책집행모형에서 공통적으로 지적하고 있는 주요 변수들을 간추려 소개하기로 한다. 정책실무자는 이러한 변수들을 미리 고려함으로써 집행의 효율성을 높이거나 정책실패를 막을 수 있을 것이다.

설명의 편의상 집행체계 내에서 상호 작용하는 내적 환경요인과 체계 밖에서 집행의 효율성에 직접적으로 영향을 미치는 외적 환경요인으로 구분하기로 한다.

1) 정책집행환경에 내재하는 주요 요인

(1) 내적 환경요인들

가. 의사전달

의사전달(communication)이란 언어적 또는 비언어적 통로를 이용하여 개인간, 조직간 또는 국가간에 의미를 공유하는 것을 말한다. 정책결정자와 일선 집행자간에 효율적으로 의미를 공유할 수 있어야만 집행의 효율성이 그만큼 높아진다. 정책결정자가 개발한 정책이 일선 집행기관까지 전달되기 위해서는 우선 정책목표가 명확해야 하지만 현실적으로 애매하거나 추상적으로 설정되어 정책의도가 일선 집행기관까지 정확하게 전달되지 못하는 경우가 많다. 그 이유는 다양하겠지만, 정책과정에 많은 참여를 통해 지지를 유도하려는 전략적 이유와 정책집행자들의 정책목표를 실천하기 위한 것이기보다는 정책을 장래에 대한 지침(guideline)이나 방향 정도로 인식하기 때문인 경우가 많다.

또한 상의하달, 하의상달 그리고 횡적 의사전달이 효율적으로 이루어지지 못하기 때문에 집행실패나 지체가 일어나기도 한다.

하향적(downward) 의사전달에는 업무지시, 업무와 관련된 정보, 업무절차나 지침, 성과에 대한 환류 등이 포함된다. 만약 상관이 업무지시나 지침만을 내려보낸다면 부하는 구체적 임무나 조직성과에 관련된 정보를 알 수 없다. 또한 통제 위주의 하향적 의사전달을 지나치게 강조하면 일선 집행자의 사기가 낮아지고 현장에서의 문제점을 파악할 수 없게 된다. 그러므로 집행의 효율성을 높이기 위해서는 하향적 의사소통의 통로를 다양화해야 한다.

조직의 보고체계는 상향적(upward) 의사전달이 기본 통로이다. 상향적 의사전달을 통해 집행결과, 조직의 욕구와 문제, 부하가 상관에게 전달해야 한다고 판단한 중요한 정보를 파악할 수 있다. 최고 정책집행자는 조직의 공식적 의사전달체계의 한계를 극복하기 위하여 상향적 의사전달을 활성화할 수 있는 방법을 적극적으로 개발해야 한다.

동료간 또는 동일 직위의 기관간의 횡적(lateral) 의사전달은 효율적 정책집행을 위하여 대단히 중요하다. 부처간 협조를 얻기 위해서는 공식적 의사전달 통로를 — 예컨대 협조전이나 공식회의 — 통하기 전에 비공식적으로 정책문제를 조율하거나 정책의도를 설명하거나 또는 공식통로이지만 공식적 지위가 아닌 개인적 입장에서 의견을 교환하면 집행의 효율성이 높아진다.

마지막으로 애매한 언어를 사용하여 그 뒤에 숨으려는 관료적 행태는 효율적인 의사전달을 어렵게 한다. 의사전달은 정확·간결·명확하게 — 의사전달의 ABC — 이루어져야 한다.

❖ **의사전달의 ABC**(accuracy, brevity, clarity)

① Accuracy(정확성): 의사전달은 두 가지 점에서 정확해야 한다. 하나는, 내용이나 인용한 통계치 또는 도표가 정확해야 한다. 다른 하나는 철자, 구두점 그리고 문법이 정확해야 한다.

② Brevity(간결성): 의사전달은 요점을 간결하게 표현해야 한다. 만일 보고서가 서너 장 이상이면 전면에 요약문을 부착하는 것이 좋다.

③ Clarity(명확성): 문장은 분명하고, 가능한 짧게 단문으로 표현해야 한다.

나. 자   원

전통적으로는 인적·물적 자원 그리고 권위를 효율적 집행을 위한 중요 요소로 보았지만 오늘에 있어서는 정보 및 지식이 중요한 자원으로 부각되고 있다. 집행체계 내에 지식·정보관리체계를 정립하고, 이를 활용할 수 있는 인적·물적 자원을 확보할수록 집행의 효율성은 높아진다.

다. 집행자의 특성

정책집행은 집행자의 적극적 행위를 필요로 한다. 집행과정에서 상당한 재량권을 가지고 있는 집행자의 전문성, 사기, 정책에 대한 인식 등이 집행의 효율성에 영향을 미친다. 특히 지식·정보사회에 있어서는 집행자의 창의성이 필수적이다. 창의적 집행자가 되기 위해서는 예산·인력·정보 관리뿐만 아니라 집행체계에 대한 지식도 있어야 한다. 그리고 내부 통제를 강조하는 시각에서 벗어나서 성과와 자신의 책임을 더 강조하는 시각을 지녀야 한다. 또한 창의적 집행자는 다양한 집단들과 협상을 위한 복잡한 연결망 속에서 — 이러한 상호 작용에서 집행자는 대단히 한정된 영향력을 가진다 — 책임성을 확보할 수 있는 방법을 개발해야 한다.

라. 점 검

최고 집행자는 정책집행이 의도한 방향으로 진행되고 있는지에 대해 계속적으로 점검(fallow-up)을 해야 한다. 반면에 최고 집행자가 너무 집행적 측면에 관여해도 문제가 야기될 수 있다.

마. 이론적 배경의 적절성

정책집행에 관련된 적절한 이론을 배경으로 해야 한다. 이론적 기초가 없는 정책집행은 실패 가능성이 높으며, 또한 잘못된 이론을 바탕으로 한 정책집행은 정책의 역효과를 초래하게 된다. 예컨대 교육시간을 늘리면 집행자의 집행효율성이 그만큼 높아질 것이라는 막연한 인과관계에 입각한 집행전략은 자칫 탁상공론이 될 수 있다.

바. 지 도 력

정책집행의 성과는 행정수반을 포함한 정치관료들의 관심과 이들의 지도력에 큰 영향을 받는다. 최고 집행자가 정책집행을 방해하는 집단에 대한 수호자로서 그리고 집행과정에 대한 감독자이며 비판자로서 지도력을 얼마나 잘 발휘하느냐 하는 것은 집행의 성공에 있어 대단히 중요한 요인이다.

(2) 외적 환경요인들

집행을 어렵게 만드는 근본적인 이유는 정책결정에 비해 정책집행은 상대적으로 오랜 시간이 걸리기 때문인데 이는 정책결정 당시에 전제한 정치적·경제적·사회적 조건들이 계속적으로 바뀌기 때문이다. 그러나 무엇보다도 집행 지체나 실패의 근본 원인은 집행환경의 변화 그 자체에 있는 것이 아니고 집행체계가 환경변화에 적절히 적응하지 못한다는데 있다. 환경 변화에 대응하며 원래의 정책의도를 달성하기 위해서는 집행자의 창의성이 요구되며, 실천계획을 환경 변화에 따라 계속적으로 수정해야 하지만 실제에 있어 이는 대단히 어려운 일이다.

가. 정책문제

정책을 통하여 해결하려는 문제가 집행체계의 해결역량 범위를 넘은 경우에는 집행 지체가 나타난다. 예컨대 비교 불가능한 가치나 대안들 중에 선택을 해야 하거나, 한 대안을 선택함으로써 포기해야 할 다른 대안이 가져올 기회손실이 매우 큰 딜레마 상황에서는 집행의 효율성을 기대하기 어렵다.

나. 참여자들간의 갈등

집행과정에는 이해관계를 달리하는 다양한 참여자들 —정치가, 중앙부처, 지방자치단체, 이해집단, 시민단체 등— 이 있는데, 이들간의 갈등이 정책오류를 야기하기도 한다. 특히 정책결정과정에서 여과되지 않은 참여자들간의 갈등은 집행과정에서 재현되거나 심지어 확대되기도 한다.

다. 대상집단

대상집단(target group)이란 정책집행을 통하여 서비스를 전달받거나, 새로운 행태가 요구되는 집단이다. 대상집단의 조직화 정도, 지도력 및 과거의 정책이 집행의 효율성에 영향을 미친다. 또한 대상집단의 범위가 광범위한가 아니면 국지적인가, 대상집단의 행태가 다양한가 아니면 동질적인가에 따라 집행효율성이 달라진다.

라. 상급기관의 지지

상급기관이란 행정수반, 기관장, 정치적 후원자 등 집행기관의 정치적, 행정적, 재정적 또는 상징적 자원에 영향을 미칠 수 있는 권한을 지닌 기관을 말한다. 상급기관이 정책에 대해 얼마나 열성적으로 지지를 하는가에 따라 집행효율성이 달라진다.

마. 기술적 난점

정책문제를 해결할 수 있는 기술의 확보 정도에 따라 집행효율성이 달라진다. 공해나 에너지 문제 등은 이를 해결할 수 있는 기술이 개발되면 집행적 어려움을 해결할 수 있을 것이다.

Ⅲ. 정책집행자의 영향력 행사방법

정책집행자는 집행과정의 다양한 참여자들에게 영향력을 미칠 수 있어야 한다. 영향력을 행사하는 방법은 다양하지만, 여기서는

권위, 설득, 그리고 협상이라는 세 가지 방법에 대하여 설명하고
자 한다.

1. 권위의 확보

권위(authority)란 어떤 사람으로 하여금 다른 사람(기관)의 결정이
나 명령을 거역하기 어려운 지시로 간주하여 당연한 것으로 받아
들이게 하는 힘이다. 예컨대 부하가 상관의 지시를 자발적으로 따
르는 것은 그의 권위를 인정하기 때문이다. 권위는 명령이나 결정
의 정통성을 인정하여 스스로 이를 따르려는 심리를 유발하는 것
이다. 다시 말해 명령을 받는 사람이 자발적으로 자신에게 영향력
을 미칠 수 있는 정당한 권리가 권위행사자에게 있다고 인정하는
심리적 요인이다.

이런 점에서, 권위는 권력(power)과 구별되는 개념이다. 권력이
상대방의 의지와 무관하게 자신의 의지를 관철시킬 수 있는 능력
이라면, 권위는 상대방에 의해서 심리적으로 받아들이게 하는 힘
이다. 지시하는 사람의 명령을 의심 없이 수용할 수 있는 범위
에서 인정된다는 점에서 Barnard는 권위를 '무관심권'(zone of in-
difference), Simon은 '수용권'(zone of acceptance)이라 하였다.

관료제에서 명령체계가 확립되어 있다 하더라도, 상관에 대한
부하의 인식이 부정적이라면 표면적으로만 따르거나 불복하게 된
다. 그러므로 상급자(기관)의 명령이나 결정에 권위를 인정받을 수
있는 방법을 개발해야만 한다. 행정부처에서 권위를 갖기 위한 방
법으로는 다음과 같은 것들이 있다.

첫째, 적발 및 제재이다. 명령을 불이행한 사실이 적발될 가능

성이 높고, 적발되면 제재를 받게 될 때, 부하는 명령에 복종하는 것이 유리하다고 생각할 것이다.

둘째, 법령이나 규칙도 권위의 원천이다. 법령이나 규칙을 강조하거나 이것을 준수하도록 호소함으로써 이에 따르려는 심리를 유발할 수 있다.

셋째, 법원의 판결을 통한 법적 권위의 확보이다. 법원이 일정한 형태의 행위를 금하거나 또는 합법성을 인정하는 판결을 내리면, 당해 행위는 법적 정당성을 부여받게 되어 강력한 권위를 인정받게 된다.

넷째, 특정 사안에 대해 결정권을 일임받는다. 정책과정에 참여하는 사람이나 집단이 너무 많고, 이들이 모두 너무나 바쁘기 때문에 특정 사안에 대하여 특정인에게 ─ 일상적으로 의장이나 집행임원들에게 ─ 결정권한을 일임하는 경우가 많다. 이러한 경우 일임을 받은 기관의 결정은 전체의 의사로 인정받아 관계자들로부터 권위를 인정받을 수 있다.

2. 설   득

어떤 대안이 자신 또는 사회 전체에 이익이 되는지를 명확히 판단할 수 없기 때문에 더 많은 시간, 정보, 기술, 노력 등이 필요한 경우가 많다. 설득(persuasion)은 아직 상대방의 제안에 대해 어떻게 대응해야 할지 결정하지 못하고 있는 상황에서 자신의 진의를 설명하고 이해시켜 이를 받아들이도록 하는 기술이다. 다시 말해 설득은 상대방에게 현재의 상황, 협조적 관계의 필요성, 가치나 신념, 이해관계의 일치 가능성, 원용할 이론의 적합성, 각자에게 돌아올 이익 등을 설명하여 상대방으로 하여금 자신이 의도하는 방향으로 판단하도록 유도하는 것이다. 설득을 위해서는 다음과 같은 단계를 거쳐야 한다.

첫 단계는 설득할 상대방에의 '접근'이다. 일반적으로 직위, 안면관계, 과거에 제공하였던 지원 등을 바탕으로 하여 설득할 상대방에게 접근할 수 있다. 특히 법적으로 접근이 금지되어 있거나, 업무상 접근이 용이하지 않은 경우 첫 단계의 중요성이 부각된다. 예컨대, 대통령, 장관, 국회의원, 직속상관의 상관에게 접근할 기회는 상당히 제약되어 있으며, 업무시간에 판사와의 면담은 법적으로 금지되어 있다. 또한 기밀 누설이나 부정부패를 방지하기 위하여 관료가 이해관계자를 직접 만나지 못하도록 규제하는 경우도 있다. 이러한 상황에서 접근이 불가능하다면 설득의 기회도 없어지기 때문에 설득의 역할을 '누가', '언제' 맡을 것인가 하는 것 자체가 중요한 결정이다.

그런데 접근은 설득을 위한 필요조건이지 충분조건은 아니다. 접근을 한 다음에는 자신의 진정성에 대한 '상대방의 신뢰'를 얻어야만 한다. 어떤 방향으로 결정하도록 유도하는 논리 속에 숨겨진 이해관계가 있는 것이 아닌가 하는 의심을 상대방이 가진다면 설득은 성공하기 어렵다. 신뢰는 당면 문제의 설득과정에서 생겨나기도 하지만 대체로 오랜 기간 동안 쌓아온 관계, 명성 또는 행동의 결과를 통해 얻어진다. 따라서 설득을 잘 하기 위해서는 자신의 도덕성이나 신뢰를 유지·개선하려는 지속적인 노력이 필요하다.

이상의 두 과정이 ―접근과 신뢰― 확보되었다면, 정책문제와 관련된 사실에 대한 완벽한 '분석·개발능력'이 있어야 한다. 대체로 정보 분석이나 설득안 개발은 설득 당사자보다는 전문지식과 정보를 지닌 보좌관에 의해 이루어진다. 그러므로 관련 문제에 정통한 인적 자원을 확보하고 있지 못하다면 설득과정에 많은 취약성이 노정된다. 물론 관련 문제에 대한 전문성을 지닌 인적 자원을 충분히 확보하고 있다 하더라도 설득 당사자가 문제를 정확히 파악하지 못하거나, 자신이 알고 있는 사실을 상대방에게 효율적으로 보여 줄 수 없다면 설득과정에서 그의 영향력은 제한될 수밖에 없다.

또한 설득을 위한 제안이 당사자 및 관계 당사자에게 미칠 영향에 대해서도 파악하고 있어야 한다. 뿐만 아니라 설득을 하려는 사람은 상대방 및 관련 당사자들이 나타낼 수 있는 반응 그리고 설득을 위해 제시한 안이 받아들여질 경우 상대방에게 미칠 개인적, 정치적 또는 조직적 측면에서의 영향에 대해 알고 있어야 한다.

마지막으로, 상대방에게 매력이 있는 유인의 —예컨대, 경제력, 지위 보장— 확보 정도가 설득의 중요 자원이다.

3. 협 상

1) 협상의 개념과 종류

비록 권위나 설득능력이 없더라도 상대방에게 영향력을 미칠 수 있는 방법은 협상이다. 협상은 상호 의존적인 당사자 간에 서로의 이익을 위하여 각자가 지닌 자원의 교환방법을 합의해 가는 기술이다. 즉 협상은 협상참여자가 다른 참여자의 태도, 신념 또는 행태를 변화시키고자 노력하는 과정이다.

협상의 주체에 따라 협상을 국내협상과 국제협상으로 구분할 수 있다. 국제협상은 두 나라간의 협상과 셋 이상의 다자간 협상으로 구분된다. 국제협상은 협상의 주체면에서 국내협상과 구별될 뿐만 아니라 협상에 영향을 미치는 요인들이 복잡하고 다양하다는 점에서도 차이가 있다. Salacuse(2008)는 국제협상을 정치적·법률적 다원성, 국제적·경제적 요소, 외국정부와 관료의 역할, 불안정성과 변화, 이데올로기의 차이, 문화의 차이라는 여섯 가지 점에서 국내협상과 구별하였다. 또한 국제협상은 국내의 사법부와 같은 강제력을 가진 조정기구가 결여되어 있다는 점에서 국내협상과 차이가 있다. 그리고 국제협상은 국제적 게임과 국내적 게임이 결합되어 있다. 이를 두 수준이론(two level theory)이라 하는데, 국제협상의 결과가 국내정치적 과정에서 비준을 받아야 하며, 이러한 국내협상이 국제협상에 영향을 미치며, 그 역도 마찬가지이다(Evans et. al., 1993).

한편 참여자가 얻게 될 협상결과를 기준으로, 배분적(distributive) 협상과 통합적(intergrative) 협상으로 구분할 수 있다. 배분적 협상은 둘 이상의 협상자들이 협상을 통하여 얻을 수 있는 양이 고정된 상황에서 자신이 좀 더 가지기 위해 경쟁하는 협상이다. 영화게임처럼 한쪽이 더 가지게 되면, 다른 쪽은 그만큼 잃게 되는 협상이다. 이에 비하여 통합적 협상은 협상 참가자들이 협력하여 가치를 창출하거나 서로에게 유리한 결과를 도출할 수 있는 협상이다.

그리고 협상참여자의 지향성을 기준으로 입장 위주의 협상(positional negotiation)과 원칙주의적 협상(principled negotiation)으로 구분할 수 있다. 입장 위주의 협상은 당사자가 각자의 입장을 표명하고 협상을 진행하면서 상대방의 입장에 한 걸음씩 접근해 가는 방법이다. 이에 비해 원칙주의적 협상은 일정한 원칙이나 기준을 제시하고 그 원칙의 수락 여부나 원칙에 입각한 해결방법을 모색하는 협상이다.

❖ 환경협상에서 입장 위주의 협상과 원칙주의적 협상의 예

  지구환경 관리를 위한 국제협상에서 발전국가들과 개도국들간에 뚜렷한 입장 차이가 있다. 북쪽 국가는 지구환경 관리를 위해 모든 국가가 똑같이 노력해야 한다고 주장하는 반면, 남쪽 국가는 산업화 과정에서 지구환경을 오염시킨 북쪽 국가의 역사적 책임을 들어 북쪽 국가가 주도적인 노력을 해야 한다는 입장이다. 따라서 지구환경에 관한 남북 국가간의 입장 차이를 인식하고 상대방의 입장을 고려하면서 협상이 타결되어야 한다. 왜냐하면 지구환경 관리는 모든 나라가 참여해야만 효과가 있기 때문에 협상이 결렬되면 결국 지구환경은 파괴될 수밖에 없다.

  기후변화 협상에서는 기후 온난화를 막기 위하여 모든 나라에서 이산화탄소의 배출량을 일정수준 이하로 감축시키고자 하는 '획일적 부담원칙'과 국가별로 차이를 인정하자는 '차별적 부담원칙'이 대립되고 있다.

2) 협상의 필요성

  협상은 상대방의 자발적 행위에 맡겨두는 것보다 영향력을 행사하여 더 좋은 결과를 얻을 가능성이 있다고 생각할 때 시작된다. 협상의 필요성은 크게 두 가지이다. 하나는, 일방적으로는 할 수 없는 새로운 것을 획득하기 위해서이다. 다른 하나는, 상대방과 협력하여 문제나 분쟁을 해결하기 위해서이다.

  과거 행정부는 집행과정에서 주도적 입장에 있었기 때문에 협상의 필요성을 별로 인식하지 못하였다. 그러나 오늘날 집행과정은 고유 영역과 자원을 지닌 참여자들이 연계되어 있기 때문에 관료도 정책목적을 달성하는 과정에서 다양한 참여자들과 협상이 불가피하게 되었다. 더욱이 협상을 통해 시간과 예산을 절약할 수 있다. 또한 협상을 통해 도달한 정책결정은 집행과정에서 협상자로

부터 협조를 얻을 수 있다. 협상은 시간과 예산이 많이 소요되고 협상의 결과가 최선이 아닌 차선의 합의에 도달하게 되더라도 법원을 통한 소송에 의존하는 것보다 효율적이다.

3) 협상의 단계 및 방법

협상단계는 학자들마다 다르게 설명한다. Cohen(1999)은 예비, 초기, 중간, 최종, 그리고 이행의 다섯 단계로 구분하였다. 안세영 (2008)은 협상상황 분석과 전략 수립, 정보 교화, 본 협상, 마무리 협상으로 구분하였다. 그런데 협상과정은 각 단계들이 순차적으로 진행되는 선형적 과정이기 보다는 협상의 결과와 정보를 계속적으로 평가하여 그 결과를 후속 협상 또는 새로운 협상의 준비를 위하여 환류해야 하는 동적 순환과정이다. 즉 협상이 진행되는 단계마다 변화하는 상황에 따라 초기 요구, 동기, 입장, 전략을 재평가해야 한다. 그러나 여기서는 협상의 준비, 진행, 종결이라는 세 단계로 구분하고, 각 순차적 단계에서 적용할 수 있는 협상방법에 대해 설명한다.

(1) 협상의 준비

협상을 성공시키기 위해서는 많은 준비가 필요하다. 협상 테이블에 앉기 전에 협상 당사자가 누구이며, 어떤 의제를 논의해야 하며, 만일 협상이 실패할 경우 서로에게 어떠한 영향을 주며 각자의 예상된 반응은 어떠한 것인가에 대해 미리 파악해야 한다.

가. 협상 의제와 범위의 구체화

협상이 문제 해결을 위한 것인지 아니면 새로운 계획을 수립하기 위한 것인지를 파악해야 한다. 문제 해결을 위한 협상이라면 상호간의 현재 입장이나 주장 그리고 문제가 된 사례에 대해 검토해야 한다. 또한 과거의 사건에 대한 것인가 아니면 계속적으로 제기될 문제인가도 판단해야 한다. 새로운 계획 수립에는 장기적 계약관계를 형성하기 위한 경우와 새로운 규칙을 만들기 위한 협상이 있다.

또한 협상해야 할 의제가 영합 게임(zero sum game)인가 아니면 협상당사자 모두가 이득을 볼 수 있는 협상인가를 — 파이의 크기가 정해져 있는가 아니면 더 크게 할 수 있는가 — 판단해야 한다. 상대방 손실을 통해서만 본인이 이득을 얻을 수 있는 영화 게임적 협상이라 하더라도 전체가 이익이 될 수 있는 방안이 없는지 검토해 보아야 한다.

나. 협상의 최종권한이 누구에게 있는지 파악

협상에 임하기 전에 공식적인 협상권한을 지닌 사람이 참석하는지, 어느 직급의 사람이 참석하는지를 미리 파악해야 한다.

다. '협상의 최선의 대안 계약'(best alterative to negotiated agree-ment: BATNA)

협상 전에 자신과 상대방의 '협상의 최선의 대안 계약'(BATNA)은 어떠한 것인가를 파악해야 한다. BATNA는 현재 협상이 실패하여 합의에 도달할 수 없는 경우 당사가가 택할 수 있는 대안을 말한다. 협상과정에서 상대방의 BATNA를 알 수 있거나 또한 자신의 BATNA를 상대방이 알 수 있도록 하는 등 BATNA를 협상의 지렛대로 활용할 수 있다. 이를 파악하기 위해서는 세 가지 중요 변수들을 고려해야 한다: 협상력, 시간, 그리고 정보(Bingham, 1996).

협상력이란 경제적인 측면에서 경쟁력, 정부의 승인을 받을 수 있는 정통성, 최종안을 집착하다 협상이 실패할 위험부담 정도, 난관 돌파력, 도덕성, 선례 등을 포함하는 개념이다. 협상력이 높을수록 협상을 통해 최선의 대안을 도출할 가능성이 높아진다.

협상에 있어 시간은 중요한 자산이다. 협상은 과정이기 때문에 상당한 시간이 소요된다. 협상기일을 얼마로 잡을 것이냐, 언제 타결을 도출할 것인가 등을 고려해야 한다. 협상의 최종 기한이 임박하거나 최종 기일에 이르러서야 협상이 타결되는 경우가 많다.

세 번째 변수는 정보이다. 상대방의 자원이나 전략, 협상에 성공했을 경우와 실패했을 경우 부담량 등에 관해 가능한 한 정확하고 풍부한 양의 정보를 수집해야 한다.

라. 협상규칙 타결

협상 전 또는 초기에 협상규칙에 대하여 합의하는 것이 좋다. 다국간 국제협상에서는 협상규칙에 관한 의정서(protocol)를 채택하는 경우가 많다. 일반적으로 협상규칙에는 다음과 같은 사항들이 포함된다.

첫째, 언론에 대한 공개 여부이다. 협상을 소신있게 진행하기 위해서는 타결될 때까지 언론을 배제하기로 약속하는 경우가 있다.

둘째, 협상의 시한, 일정 그리고 장소 등에 대해 미리 약속해야 한다.

셋째, 최종기일 전에 실제적 의제는 모두 제기해야 한다. 협상이 타결된 후 일방이 새로운 의제를 제기한다면 협상 타결의 의미가 희석될 수 있다.

(2) 협상의 진행

협상의 방법은 명시적 또는 묵시적으로 편익을 약속하거나 위해가능성(危害可能性)을 협박하는 것이 일반적이다. 그러나 구체적인 협상방법은 협상 진행과정에 따라 그리고 협상의 성격이나 당사자의 시각에 따라 다양하다. 모두에게 이익이 될 수 있는 통합적 협상과 상대방의 손해를 통해 다른 한편이 이익을 얻게 되는 배분적 협상은 진행과정에 있어 차이가 난다.

가. 협상상황에 따른 협상전략

협상전략은 협상상황과 연관되어 있다. 즉 협상상황에 따라 협상의 성격이 달라지며 또한 협상전략도 달라지는 것이다. 상대국과의 관계 형성이 중요하지만 협상을 통해 얻게 될 성과는 그리 중요하지 않은 협상상황을 관계상황(relationship situation)이라 한다. 반면에 협상으로부터 얻을 것으로 기대되는 성과는 큰 반면 상대자와의 관계 형성은 별로 중요하지 않은 상황을 거래적 상황(transactional situation) 혹은 피자 가르기(pizza-cutting)라 한다. 그리고 상대와의 관계뿐만 아니라 협상성과도 별로 기대할 것이 없는 상황은 무관심상황(indifferent situation)이다. 한편 상대와의 관계도 중요하고, 기대되는 협상성과도 클 것으로 기대되는 상황은 승-승(win-win) 또는 피자 굽기(pizza-cooking)상황이라 한다. 마지막으로 절충상황(compromise situation)은 관계와 성과의 중요도가 비슷한 상황을 의미한다.

한편 협상상황을 협상자간의 관계와 협상성과라는 두 기준에 따라 구분할 수 있다(Lewicki et. al., 2009). 관계기준은 협상참가자간의 관계가 얼마나 중요한가 하는 것이다. 만약 협상상대자와 우호적

자료: Lewicki et. al.(2009, 16) 재구성.

관계를 유지하거나 개선하는 것이 당사자에게 중요하다고 인식하면 협상의 중단기적 이익이 어느 정도 손해가 예상되더라도 이를 용인하게 된다. 협상전략에 영향을 미치는 또 다른 요소는 협상성과이다. 협상을 통하여 얻게 될 중단기적 성과가 중요하다면 협상 상대자와의 관계가 악화되더라도 성과를 얻기 위하여 전략을 구사하게 된다. 협상상황의 두 기준에 따라 협상전략을 [그림 6-1]과 같이 다섯 가지로 유형화할 수 있다.

수용전략(accommodating strategy)이란 패-승(lose to win)전략이다. 즉 관계의 중요성이 높은 반면 성과의 중요도는 상대적으로 낮은 상황에서 취하는 전략이다. 비록 협상성과가 낮더라도 상대방의 주장을 수용함으로써 좋은 관계를 유지하고자 하는 전략이다.

회피전략(avoiding strategy)은 관계와 성과가 모두 낮은 패-패(lose-lose) 상황, 즉 무관심상황에서 취하는 전략이다. 갈등을 겪으면서 협상을 해야 할 필요가 없을 경우 적극적으로 협상에 응하지 않거나 협상을 거부하는 전략이다.

협력적 전략(collaborative strategy)은 관계와 성과가 모두 높은 승-

승(win-win) 상황에서 취하는 전략이다. 서로 정보와 의중(bottom line)을 공개하고 상호 신뢰의 바탕에서 협상하는 전략이다. 이러한 전략을 통해 협상 참여국 모두가 최대의 이익을 얻을 수 있다.

경쟁적 전략(competitive strategy) 협상의 성과가 중요하지만 관계는 그리 중요하지 않은 상황에서 취하는 승-패(win-lose) 전략이다. 이를 강성입장(hard position)은 협상 또는 투쟁적 협상이라고도 한다(Lewiki et. al., 2009). 미래의 관계를 포함한 어떠한 대가를 치르더라도 기대하는 협상성과를 얻고자 하는 상황에서 취할 수 있는 전략이다. 경쟁적 협상전략을 사용하면 많은 성과를 얻을 수도 있지만, 정보 수집, 기밀 유지 등을 위한 비용과 시간이 많이 소요되며, 상대방도 경쟁적 협상전략을 사용하면 서로에게 손해가 되는 패-패의 결과를 초래할 수도 있다.

타협전략(compromise strategy)은 만족전략이라고도 하며, 상황에 따라 다양한 전략을 구사하는 접근법이다. 예컨대 적극적인 협력을 이끌어 낼 수 없지만 성과를 포기하기도 어렵고 관계 악화도 원치 않을 경우 타협전략이 효과적이다. 타협전략은 상호 공평하다고 느끼게 되고, 간편하면서도 빠르게 협상을 타결할 수 있기 때문에 현실적으로 가장 많이 채택되고 있다.

나. 대인관계적 역학(the interpersonal dynamics) 파악

어떠한 협상당사자도 협상과정에서 개성과 감정을 완전히 배제하기 어렵다. 그러므로 협상과정에서 상대방이 논점에 대해 어떻게 인식하고 있는지를 파악하고, 상대방과의 인간적 관계를 형성하는 등 대인관계적 역학을 파악해야 한다. 또한 자신의 판단을 유보하거나, 상대방의 불평이나 화를 받아주는 등의 기술이 필요하다.

다. 상대방의 욕구와 관심 파악

협상 준비과정에서 상대방의 욕구에 대해 미리 파악을 하였더라도 협상과정에서 보다 실제적인 욕구나 관심을 가능한 빨리 파악해야 한다.

라. 협상타결을 가능케 할 요인 창출

상대방의 욕구나 관심을 파악하여 협상타결에 이를 수 있는 요인들을 창출하기 위해서는 개방적이고 창의적인 노력을 해야 한다. 협상 대상과 타결이 가능하다는 확신을 가지고 가능한 타협안에 대해 상대방과 마음을 터놓고 이야기를 하며, 최선이 아닌 차선의 방안에 대해서도 고려하는 것이다.

마. 협상중재인 개입

때로는 자신의 이익이나 관심을 직접적으로 거론하기 곤란한 경우가 있다. 이러한 때에는 중재인의 도움을 받아 협상을 타결할 수 있다. 중재인은 각자의 주장이나 이익을 초월하여 쌍방에 이익을 줄 수 있는 절충안을 제시하고 당사자들이 이를 수락하도록 설득하게 된다.

(3) 협상의 종결

또 어떤 희생을 치르더라도 주어진 협상시한 내에 타결을 도출해야 하는 경우와 협상시한의 제약 없이 각자의 진의를 숨기고 전략적 입장에서 이루어지는 협상은 진행방법이 다르다. 협상은 항상 성공하는 것은 아니다. 난관을 해결할 수 있는 가능성이 거의 없어졌다고 판단되면 협상을 언제 어떻게 종결시킬 것인가를 고려해야 한다. 협상의 계속여부는 법률, 선례, 전통, 시장 가치, 전문

적 기준, 능률성, 투입비용, 과학적 자료 등을 이용하여 판단해야
한다. 때로는 상대방의 안을 수락하는 것보다 협상을 종결시키는
것이 바람직한 경우도 있다.

Ⅳ. 정책집행 연구를 위한 접근법들

1. 정책집행 내용적 접근방법

정책집행을 연구하기 위해서는 사회과학에서 발전된 주요 접근
법들을 원용할 필요가 있다. 우리는 이러한 접근법들을 통해 성공
적 집행을 위한 주요 변수들을 추출해 낼 수 있다. 지금까지 다양
한 접근법들을 제시하고 있지만(김형렬, 2000; Hogwood & Gunn, 1984),
여기서 구조적, 절차적 · 관리적, 행태적 그리고 정치적 접근법에
대해 설명하기로 한다.

그런데 동일한 접근법이라도 집행환경에 따라 집행의 본질이 다
르기 때문에 다른 차원의 시각이 필요하다. 여기서는 집행환경을
'안정적 환경'과 '급변적 환경'으로 대별하고, 각 접근법의 특성을
설명하기로 한다. 전자는 집행자가 정책을 통해 달성하고자 하는 변
화의 방향, 폭 그리고 시기에 대해 통제가 가능한 상황을 의미한다.
안정적 환경에서의 집행은 본질적으로 기술적 또는 관리적 문제에
불과하다. 이에 비하여 후자는 집행환경을 구성하는 다른 조직들이
나 정책여건이 불안정하고, 환경요소들의 반응이나 변화를 집행자가
예측 · 통제하기가 대단히 곤란한 상황을 의미한다. 이러한 환경에서
의 집행은 계속적인 문제 인지와 정책결정을 해야 한다.

1) 구조적 접근법

집행의 효율성을 높이기 위해서는 우선 합리적인 조직구조를 갖추어야 한다. 즉 집행계획은 담당조직에 대한 고안에서부터 출발하는 것이 일상적이다. 구조적 접근은 위에서 구분한 두 가지 환경에 따라 달라져야 한다.

우선 '안정적 환경'에서의 집행구조는 명확한 과업할당과 계층제를 강조하는 관료제 형태가 바람직하다. 여기서는 전문화, 통솔의 범위, 조정체계 등 전통 조직이론에 따른 집행구조를 마련하면 된다.

반면에 '급변적 환경'에서는 관료제와는 다른 형태의 조직구조가 필요하다. 이러한 환경에서 집행조직은 변화하는 상황에 신속히 적응할 수 있는 형태로 고안해야 한다. 이를 위해서는 계층제적 구조보다는 유기적인 조직구조를 갖추고, 변화에 신속히 대응할 수 있는 조직형태가 되어야 한다. 이러한 조직구조로서는 Adhocracy, 임시조직, 연계망 조직 등이 있다. 유기적이고 동태적인 형태의 조직은 공식적·수직적 의사전달체계를 고집하는 관료제적 조직에 비해 정보처리능력이 우수하며, 신속하고 융통성이 있기 때문에 급속히 변화하는 환경에 보다 잘 대처할 수 있다.

그러나 정부조직들의 수직적 관계, 공공기관으로서의 책임성, 정책의 일관성이나 형평성 등을 고려할 때 공공조직에 이러한 동태적 조직구조를 받아들이기가 쉽지는 않을 것이다. 정부조직이 지니는 특수성을 감안하여 현실적으로 과연 이러한 조직형태가 잘 운영될 수 있을지에 대해서는 계속적인 검증이 필요하다. 이런 점에서 전통적 정부조직 형태가 융통성을 가질 수 있도록 동태적 구조와 혼합시키는 등 보다 현실적인 방법을 고려할 수 있다.

예컨대, '이중 권위' ― 예컨대, 프로젝트 팀장과 조직의 직속상관 ― 와 같은 문제들이 있겠지만, 관료제에 Adhocracy를 결합하는 방법, 특정 과업을 위해 상호 연관된 부서나 민간에서 전문 인력을 발탁하여 전문성별로 과업팀을 이루고 과업팀장이 업무를 조정해 가는 조직형태를 고안해 볼 수 있다. 예컨대 지구환경 협상을 위해 정부에 분산되어 있는 통상·환경관련 조직과 기능을 통합하고, 민간의 경제인과 전문가를 포함한 Adhocracy를 만드는 것이다. 아울러 이러한 조직체계 안에 환경협약별 또는 지역환경별 문제가 발생할 때마다 관계 실무자와 해당 경제인 및 전문가가 임시팀을 만드는 방안을 생각해 볼 수 있다.

한편 조직구조와 더불어 집행에 참여하는 관련 조직들과 합리적인 연계체계를 갖추는 것도 중요하다. 집행사례 연구에서 집행 지체의 요인으로 빈번히 지적되고 있는 것들 중의 하나는 준자율권(準自律權)을 가진 수많은 집행자간의 조정의 어려움이다. 즉 집행과정에서 부처이기주의 등으로 상호 통제력을 갖지 못하는 참여자들간의 조정은 실제에 있어 대단히 어렵다. 또한 비록 직계적으로는 명령하달 관계에 있는 상하조직간이지만 실제에 있어 하부기관이 상급기관의 명령을 정확하게 전달받지 못하거나, 받았더라도 이를 즉각적으로 집행하지 않는 사례들이 많다. 이처럼 계층적 통합이 약할수록 그만큼 집행이 지체되게 된다.

그러나 효율적인 정책집행을 위한 구조적 접근을 아무리 잘했다 하더라도 구체적인 집행절차나 관리방법을 개발하지 않으면 조직이 움직이지 않는다. 따라서 절차적·관리적 접근의 중요성을 인식해야만 한다.

2) 절차적·관리적 접근법

관련 기술이나 집행과정을 구체화하기 위하여 관리적 절차를 개발하는 것은 집행의 구조나 체계를 잘 갖추는 것 못지않게 중요하다. 여기서도 다시 집행환경을 두 가지로 구해서 설명하기로 한다.

'안정적 환경'에서는 집행을 위한 일정표를 짜서 이에 따라 제반 활동들이 이루어지도록 통제하면 목표를 달성할 수 있다. 집행과정에서 일어나는 문제들은 기술·관리적 수준이어서 절차나 관리기법을 동원해서 해결할 수 있다. 이러한 상황에서의 집행단계는 대개 다음과 같다: ① 목표의 구체화, 성과기준 설정, 진행비용이나 소요시간 산정, ② 집행조직, 인원 및 자금동원, 절차 및 방법 등에 관한 집행계획 수립 및 이의 시행, ③ 의도대로 잘 집행되고 있는지 감시·점검하고, 차질이 있을 경우 신속하고 적절한 대책 수립.

안정적 환경에서의 집행과정의 특징은 환경으로부터 큰 영향을 받지 않기 때문에 집행절차를 통제할 수 있다는 점이다. 이러한 접근법에 근거한 관리기법의 전형적 예로 NPC(Network Planning & Control)를 들 수 있다. 이는 수행해야 할 과업을 명시화하고, 과업의 실제적 진행상황과 수행되어야 할 논리적 단계와의 관계를 분석하여 집행을 관리·통제하려는 분석틀을 말한다. CPM과 PERT는 NPC의 대표적 기법이다.

이에 비해 '급변적 환경'에서는 다음과 같은 절차나 관리가 필요하다: ① 다양한 가정 및 방법에 입각한 미래 예측, ② 상황 적응적 기획, ③ 보다 확실한 상황이 나타나기 전에는 여러 개의 전제조건 설정, ④ 잠정적 목표와 계획, ⑤ 집행계획에 대한 계속적 점검, 환류 그리고 조정, ⑥ 가정, 목표 그리고 계획에 대한 계속적인 재검토 및 수정.

절차적·관리적 접근법은 구조적 접근법을 보완한다는 의미에서 중요할 뿐만 아니라 정책집행이 관리와는 다른 차원에서 ─특히 '급변적 환경'에서─ 역동적이고 상황 적응적이라는 점을 강조하는 의미를 지닌다. 물론 실제의 집행환경은 불확실성과 통제 가능성을 기준으로 '안정적 환경'과 '급변적 환경'으로 이분되기보다는 이를 양극으로 한 어느 위치에 있다. 그러므로 실제의 집행과정에서는 예측성과 통제 가능성의 정도에 따라 다양한 집행절차나 관리기법들을 적절히 혼합하여 원용해야 할 것이다.

그런데 아무리 절차나 관리기법이 상황에 맞게 잘 마련되어 있다 하더라도, 다양한 이해집단들의 동의를 이끌어 낼 수 있는 협상절차를 갖추고 있지 못하다면 집행이 성공적으로 이루어지기는 어렵다. 이는 행태적 접근의 중요성을 의미하는 것으로, 다음에는 이에 대해 검토하기로 한다.

3) 행태적 접근법

정책집행은 수많은 참여자들에 의해 이루어지는데, 이들이 비협조적이라면 그 정책을 집행하기 곤란하다. 게다가 기본적으로 사람은 변화에 저항하려는 속성을 지니고 있다. 그러나 변화에 대한 태도는 순응과 불응으로 대별하기보다는 적극적 동조에서 적극적 반대를 양극으로 한 어느 선상에 있을 것이다. 그러므로 행태적 접근의 주요 관심은 참여자들의 다양한 행태를 정책집행과 어떻게 연계시키느냐 하는 점이다.

사람들은 변화를 왜 두려워하는가? 우선 변화는 불확실성을 뜻하게 되고 어떤 사람들은 이러한 불확실성을 견디어 내지 못하기 때문에 변화 그 자체를 두려워한다. 변화에 대한 막연한 두려움뿐만 아니라 보다 구체적인 두려움도 있다. 변화로 인한 수입 감소나 직업 불안 또는 경력 불인정 등의 경제적 요인과 관련된 두려움이 그것이다. 그리고 새로운 기술의 습득, 새로운 환경에서의 근무 등과 같은 비경제적 요인에 대한 두려움도 있을 수 있다.

변화에 대한 두려움 이외에도 몰인간성, 형식주의, 자율성 감소 등과 같은 관료제적 병리현상이 집행에 대한 불응의 원인인 경우도 있다. 더욱이 집행자가 정책결정자나 집행부의 무능이나 정책실패, 또는 다른 정치적 목적을 위해 정책집행을 강행한다고 인식할 경우에는 더욱 강한 저항적 행태를 띠게 된다.

마지막으로 정책집행자나 대상집단이 변화의 속도가 너무 빠르다고 인식하는 경우에 다양한 수단들을 동원하여 집행을 지체시키기 위해 노력할 것이다.

4) 정치적 접근법

조직구조와 관리절차가 잘 마련되어 있고 또한 조직원의 행태가 순응적이라도, 현실적으로 영향력을 가진 개인이나 집단을 고려하지 않는다면 이들의 반대로 인해 집행성과가 낮아질 수 있다. 여기서 일컫는 정치적 접근은 조직의 내·외적으로 발생하는 권력관계에서 초점을 둔 것이다. 즉 집행과정에는 필연적으로 갈등이 발생한다는 것을 전제로, 이러한 갈등을 타협과 협상으로 해결함으로써 집행의 효율성을 높이려는 것이다. 정치적 접근법은 공공조직뿐만 아니라 비영리 또는 민간조직에서 감축 또는 혁신정책을 집행하는 과정에서 보다 중요성을 지닌다.

2. 정책집행 과정적 접근방법

지금까지 진행되어온 정책집행 연구를 크게 3세대로 구분해 볼수 있다. 첫 번째 세대는 1960년대 후반에서부터 1970년대 초반까지 정책집행 사례들에 대한 연구이다. 미국의 경우, 1960년대 Johnson 대통령의 주도 아래 의회를 통하여 추진된 위대한 사회(The Great Society)라는 비전을 가지고 다양한 사회문제를 해결하기 위한 법령들을 만들기 위하여 노력하였다. 제정된 법령을 시행하기 위한 조직과 예산 그리고 인력을 충분히 갖추었지만 대통령이 임기를 마칠 때까지 사회적으로 개선된 것이 별로 없음을 발견하였다. 학자들이 이러한 결과가 초래된 원인을 탐색하고 발견한 사실은 구체성이 결여된 정책을 결정하는 것보다 효과적인 정책수단을 마련하여 집행하는 것이 더 어렵다는 것이었다(Nakamura and Smallwood, 1980; Mazmanian and Sabatier, 1989). 따라서 정책학자들은 많은 노력을 기울여 만든 법령에 대한 기대가 무너지고 정책집행이 지체되었거나 실패된 집행사례들을 분석하였다.

집행 연구의 2세대는 1970년대 중반 이후부터 진행되었는데, 한개 또는 소수의 사례에 초점을 맞추기 보다는 많은 사례에 일반화될 수 있는 체계적 이론이나 모형을 개발하였다. 2세대적 연구들은 크게 두 가지 접근으로 이루어졌다. 하나는 하향적 시각에서 정책집행과정을 이론화 하려는 것이다. 다른 하나는 집행체계의 가장 낮은 단계에서부터 시작하여 위쪽으로 진행되어 가는 일련의 과정(chain)에 대하여 연구하는 것이다.

1) 집행과정에 대한 하향적 접근(top-down approach)

정책집행을 이해하기 위해서는 우선 정책집행자들에 의해 구체화될 정책의 목적과 전략을 분석해야 한다. 하향적 접근은 정책결정자들에 의해 만들어진 목표와 정책의 실제적인 집행과 결과와의 괴리에 초점을 맞춘다.

Horn(1979), Mazmanian과 Sabatier(1989) 등이 성공적인 정책집행을 위한 조건으로서 고려해야 할 요인들을 제시하였다. 이들이 하향적 시각에서 정책집행을 연구한 목적은 정책결정자에게 바람직한 집행을 위한 규범적 처방을 제시하려는 것이었다. 하향적 접근법은 다음과 같은 가정들에 기초하고 있다(Birkland, 2005).

첫째, 정책은 분명하게 정의되어 성과를 측정할 수 있는 목표가 있어야 한다. 하향적 접근 전략의 성공정도는 장기적이고 지속적으로 변화하는 환경에서 정책목표를 얼마만큼 분명하게 지속적으로 정의할 수 있느냐에 달려 있다.

둘째, 정책은 목표 달성을 위한 정책 도구들을 잘 갖추고 있다.

셋째, 정책 내용에는 명확한 정책지침이 있거나, 대상집단의 순응을 극대화할 수 있도록 구성된다(정정길 외, 2006).

넷째, 집행주체가 하나이거나 권한관계가 분명한 소수의 기관들에 의해 집행된다.

다섯째, 집행과정에는 최상위 집행기관에서 정책메시지를 전하면 하위 집행기관으로 단계적으로 전달되는 '집행의 연속성'(implementation chain)이 존재한다.

여섯째, 정책고안자는 집행자들의 능력과 책무(commitment)에 대한 충분한 지식을 갖고 있다. 집행자의 능력이란 자금, 인력, 법적 권위와 자율성 등과 같은 집행조직이 수행할 과업에 소요될 자원을 동원할 수 있는 능력을 말한다. 집행자의 책무란 교사, 순경, 대민담당자와 같은 일선에서 집행업무를 담당하는 사람의 정책목표에 대한 공감도와 목표 달성을 위한 열정을 의미한다.

하향적 접근법에서는 이상에서 전제한 가정들이 현실과 맞지 않을 때에는 이를 집행자들이 극복할 수 있다고 본다. 따라서 정책의 성과는 집행자들이 목표를 성취하도록 유인하거나 통제할 수 있는 정책결정자의 능력에 달려 있다. 그러나 하향적 접근법은 다음과 같은 실제적인 한계들을 지니고 있다.

첫째, 정책의 목표나 목적의 명확성에 대한 강조이다. 실제의 정책과정에서는 소수의 의견 배제, 갈등 증폭 등으로 인하여 불완전한 합의에 이르러 의도적으로 애매하게 정의하는 선에서 타협되는 경우가 많다.

둘째, 정책내용이 불명확하여 지방정부나 일선 집행자가 원래의 정책 의도를 무시하고 자신의 해석에 따라 집행하기도 한다. 때로는 일선 집행자가 집행 여건을 고려하여 전략적 지체(strategic delay)를 하는 경우도 있다. 지방정부나 이익집단이 지역 이익이나 지역인의 정치적 압력으로 인해 집행을 지체시키거나 거부할 수도 있다. 예컨대 건설교통부에서 부동산 활성화라는 정책목표를 달성하기 위한 집행수단으로 양도소득세 감면안을 추진하자 지방정부들과 야당이 반대하여 입법화가 상당 기간 지체된 적이 있다.

셋째, 정부의 집행담당 조직이 하나라고 보는 것이다. 실제의 정책집행과정에는 다양한 중앙정부 부처, 지방정부, 공기업이 서로 연계되어 있다. 대부분의 정책은 조직간의 협력을 통하여 원활히 집행될 수 있는데, 상위조직 또는 주도조직이 다른 조직들이 협력하도록 강요할 수 있는 강력한 권한을 가지고 있는 경우는 거의 없다. 즉 중앙정부의 주도기관에서 정책집행을 시작할 수는 있지만 집행속도를 자유롭게 조절할 수는 없다.

넷째, 하향식 접근법에서는 정책이 하나의 목표만을 가진 것으로 가정한다. 그러나 실제에 있어 상충적인 목표를 동시에 달성해야 할 경우도 있다. 예컨대 수자원정책에 있어서 '수질 보존'과 '수량 확보'라는 상충적(trade off) 관계인 목표를 동시에 달성해야 하는 경우가 많다.

마지막으로 하향적 접근법은 집행과정에 영향을 미치는 변수와 변수들간의 인과관계에 대한 이론을 바탕에 의거하여 집행이 이루어진다고 전제한다. 하지만 실제적으로 부적절한 이론을 바탕으로 하거나 이론적 바탕이 없이 집행되기도 한다.

2) 집행과정에 대한 상향적 접근(bottom-up approach)

최고 집행자의 관점에 분석하는 하향적 접근에 대한 대칭적 시각은 일선집행자의 관점에서 분석하는 상향적 접근이다. Lipsky (1971)가 처음 사용한 일선 집행관료(street-level bureaucrat)는 교사, 사회복지사, 순경 등과 같이 정책 대상집단(target group)과 직접 대면하면서 집행업무를 수행하는 사람을 말한다. Elmore(1979)는 집행과정 및 관련 상호관계들이 현장의 집행자에서부터 최상위 정책고안자에게까지 거슬러 올라간다는 의미에서 후방향적 접근(back-ward mapping)이라고 하였다. 상향적 접근은 하향적 접근 또는 전방위적 접근(forward mapping)과 대조적으로 집행과정을 다음과 같은 가정에 입각하여 분석한다.

첫째, 정책목표는 명확하지 않으며 오히려 애매하며, 같은 정책영역에 있는 다른 목표들뿐만 아니라 일선 집행관료의 규범이나 동기와도 상충된다. 하향적 접근에서는 순응(compliance) 확보에 관심을 두는 반면 상향적 접근에서는 갈등이 어떻게 타협과 협상을 통하여 완화되는가에 관심을 둔다.

둘째, 제정된 법이나 형성된 정책 그 자체가 아니라 정책과정 전체를 통하여 발생되는 갈등과 타협의 연속을 집행으로 본다.

셋째, 참여집단들은 모두 집행과정의 적극적 참여자이다. 그러나 이러한 가정은 대상집단들간의 권력 차이를 간과했다는 점에서 비판을 받을 수 있다(Sabatier, 1986). 참여자들은 정책목표 대신에 집행문제 해결에 관심을 둔다. 따라서 집행과정에 가장 큰 영향을 주는 것은 일선 집행관료(street-level bureaucrats)와 대상집단이라고 본다.

3) 통합(synthesis): 정책집행 연구의 제3세대

하향적 접근이나 상향적 접근은 각기 장·단점을 가지고 있기 때문에 집행환경에 따라 이들을 적절히 적용하는 것이 바람직하다. 이런 점에서, Elmore(1979)는 후방향적 접근과 전방향적 접근을 결합하여 정책결정자들이 집행을 구조화하기 위해 정책 도구를 어떻게 선택하는가를 분석함과 동시에 낮은 계층의 집행자들의 동기와 욕구를 어떻게 실현시키는지에 대하여 분석하였다.

Sabatier (1986)는 각 접근법이 보다 잘 적용될 수 있는 조건을 분석하고, 그러한 조건에 맞는 접근법을 적용하는 것이 바람직하다고 주장하였다. 예컨대 특정 정책에서 지배적인 정책이나 법규가 없거나, 다양한 참여자들이 존재하는 경우 또는 이해관계가 첨예하게 대립되는 집행상황에서는 상향식 접근법을 적용하고, 그 반대의 경우에는 하향적 접근을 하는 것이다.

한편 Sabatier와 Jenkins-Smith(1993)는 정책영역 내의 정책공동체 내에서 조직화된 이익집단들이 지지연합을 형성하여 상호작용하는 과정에 대하여 하향적 접근과 상향적 접근에 의한 분석변수들로 구성된 옹호연합모형(The Advocacy Coalition Framework: ACF)을 제시하였다. ACF모형은 정책과정에서 다양한 이해관계자들이 자신들의 정책신념을 중심으로 옹호연합체를 구성해 정책결정에 영향을 미치는 과정을 잘 설명해주는 모형이다. 옹호연합은 소속된 조직은 다르지만 유사한 신념체계를 공유한 개인 및 정부·비정부의 행위자들의 집합체로 구성된다(Sabatier, 1986; Sabatier and Jenkins-Smith, 1993; Sabatier and Weible, 2014). 정책핵심 신념은 잘 변하지 않기 때문에 옹호연합은 안정적으로 유지된다. 각각의 옹호연합들은 자신들의 신념체계가 정부의 정책에 반영되도록 경쟁한다. [그림 6-2]에서 볼 수 있듯이, ACF모형은 상향식 접근으로 정책 하위체계의 지지연합들의 상호 관계성을 분석하는 한편 정책체계에 영향을 미치는 '상대적으로 안정적인 변수들', '체계외부의 사건', '정책변동을 야기하는 여론', 그리고 '하위체계의 제약과 자원' 변수를 하향적 접근으로 도출하였다. 다음에서는 ACF모형에 대하여 좀 더 구체적으로 설명하기로 한다.

(1) 정책하위체계(Policy Subsystems)

Sabatier와 Weible(2014)은 정책과정에 영향을 미치고자 하는 참여자들은 전문화 되어야만 한다고 가정한다. 정책하위체계 안의 참여자들은 그들만의 강력한 신념을 실제 정책에 투영시키려 노력한다.

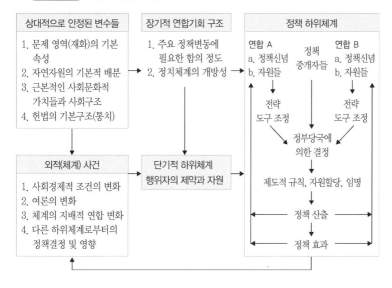

그림 6-2 옹호연합모형의 도표

상대적으로 안정된 변수들	장기적 연합기회 구조	정책 하위체계

상대적으로 안정된 변수들
1. 문제 영역(재화)의 기본 속성
2. 자연자원의 기본적 배분
3. 근본적인 사회문화적 가치들과 사회구조
4. 헌법의 기본구조(통치)

장기적 연합기회 구조
1. 주요 정책변동에 필요한 합의 정도
2. 정치체계의 개방성

정책 하위체계
연합 A
a. 정책신념
b. 자원들

정책 중개자들

연합 B
a. 정책신념
b. 자원들

전략 도구 조정

전략 도구 조정

정부당국에 의한 결정

제도적 규칙, 자원할당, 임명

정책 산출

정책 효과

외적(체계) 사건
1. 사회경제적 조건의 변화
2. 여론의 변화
3. 체계의 지배적 연합 변화
4. 다른 하위체계로부터의 정책결정 및 영향

단기적 하위체계 행위자의 제약과 자원

자료: Sabatier and Weible(2014, 202).

(2) 외적 변수(External Factors)

정책하위체제에 영향을 미치는 외적 변수는 두 가지로 구분된다. 하나는 다소 안정적인 변수들로 10년 이상의 긴 시간 동안 안정적인 것들이다. 안정적인 외적 변수에는 문제영역의 기본속성, 자연적 자원의 기본적 배분, 근본적인 사회문화적 가치들과 사회구조 그리고 헌법의 기본구조가 포함된다. 또 다른 외적 변수는 역동적인 체계외적 사건이다. 역동적인 외부 변수들은 정책하위체제에 단기적으로 큰 영향을 주며 아울러, 제약 및 재원으로도 작용하게 된다. 역동적 외적 변수에는 사회경제적 조건변화, 여론변화, 체계의 지배적 연합변화 그리고 다른 하위체계로부터의 정책결정 및 영향이 포함된다.

(3) 신념체계(Beliefs)

옹호연합의 신념체계는 변화의 용이성에 따라 규범적 핵심, 정책핵심, 이차적 측면으로 나눌 수 있다. 규범적 핵심(normative core)은 모든 정책에 적용되는 근본가치를 의미한다. 이것의 변화는 종교의 개종처럼 그 변경가능성이 희박하다. 정책핵심(policy core)은 규범적 핵심을 달성하기 위한 기본 전략에 관한 근본적인 정책시각이나 입장이다. 이것은 쉽게 변하는 것은 아니지만 사회경제적으로 심각한 변화가 발생하면 변할 수 있다. 이차적 신념(secondary beliefs)은 행정규칙, 예산배분, 규정 해석 등과 같이 정책핵심을 집행하기 위해 필요한 도구나 정보탐색과 관련된 규칙으로 신념체계 중에서 가장 쉽게 변할 수 있다. 이차적 신념체계는 정책핵심 신념을 실현하기 위한 도구로서의 성격을 지닌다. 실제로 정책행위자는 정책핵심 신념체계보다 정치적 이해관계를 기초로 옹호연합을 구성하기도 한다. 여기서 이차적 신념체계는 상대 옹호연합을 이기기 위한 구체적 대응전략으로서 나타난다(박상원·박치성, 2009). 이들간의 서로 상반된 정책대안들은 제3자인 정책중개자(policy broker)에 의해 중재된다.

(4) 정책중개자(Policy Broker)

정책중개자는 경쟁적인 옹호연합간에 정책 갈등이 발생할 때 이를 중재하여, 합리적인 해결책을 찾는 역할을 하는 제3자를 의미한다. Sabatier 등은 정부관료 및 정치인(국회의원) 등이 각 정책옹호연합간의 대립과 갈등을 완화하고 타협점을 이끌어 내는 역할을 한다고 주장한다. 정책중개자는 ① 옹호연합간의 갈등을 줄여 타협을 이끌어내는 역할, ② 이차적 신념의 변화에 간여하여 정책변동에 영향을 미치는 역할, ③ 정책성향을 갖고 옹호연합과 밀접한 관계를 갖는 역할을 한다.

(5) 정책학습과 정책산출

정책지지연합의 신념체계의 변경은 정책학습에 의하여 발생한다. 옹호연합모형에서는 정책학습을 장기적이고 점진적인 정책변화를 촉진하는 원동력으로 파악하고 있다. 옹호연합체는 이해관계 또는 같은 정치철학을 바탕으로 정책신념을 갖는다. 신념체계는 외부적 충격이나 정책학습을 통해 조정되거나, 혹은 정책중개자의 적극적 역할에 의해 변화되기도 한다.

정책핵심을 변화시키기 위해서는 정책연구의 계도기능(enlightenment function)을 통한 10년 이상의 장기간에 걸친 정보의 축적이 필요하다. 이와 같은 정책학습이 가능한 조건은 정책옹호연합간에 어느 정도의 갈등이 존재하거나, 그들 사이에 논쟁을 촉진하는 공개적이고 전문적인 토론회 및 공청회가 있을 때 가능하다. 정책학습에 따른 정책핵심요소의 변동은 대부분 커다란 사회경제적 환경변화나 정권변동에 의한 새로운 통치연합의 출현과 같은 정책하위체계 외부에서 비롯된다.

이상과 같은 ACF모형은 하향적 접근과 상향적 접근의 주요 내용을 대폭 수용하여 새로운 이론모형을 구성하였다는 점에서 그 의의가 크다. 그러나 다음과 같은 문제를 제기할 수 있다.

첫째, 통합모형의 가장 바람직한 형태는 하향적 접근과 상향적 접근의 제 변수간들간의 유기적 연계성이 있어야 한다. 그러나 Sabatier의 통합모형은 두 접근방법의 변수들이 각기 다른 범주에서 나열되어 있을 뿐, 유기적 관련성에 대한 타당한 설명이 부족하다. 또한 지나치게 연구변수들이 많아 연구자원이 많이 소요되는 문제도 예상된다.

둘째, 정책집행 이외에도 정책결정, 평가 및 환류 과정 전반을 대상으로 하는 정책학습 모형의 성격이 강하다. 정책옹호연합모형에서는 정책학습이 외부충격과 함께 신념체계 변화와 정책변화를 일으키는 중요요인임에도 불구하고, 이에 대한 상세한 경로를 제시하지 않았다. 정책과정의 내부에서 학습이 어떻게 정책변동을 일으키는지에 대한 설명이 필요하다.

셋째, 정책하위시스템 내 또는 정책공동체(policy community) 내에서 지지·옹호 연합집단의 대상 범위를 구체적으로 한정하기가 현실적으로 어려운 난점이 있다.

이상과 같은 한계에도 불구하고 정책옹호연합모형은 정책하위체계를 환경요인과 구분하여 이를 중심적인 분석단위로 삼았다는 점에서 모형의 설명영역을 넓혔다는 강점이 있다. 또한 원래 모형을 수정·보완하면서 설명력을 높여가고 있어서 많은 연구자들이 이 모형을 바탕으로 다양한 사례들을 분석하고 있다.

제 7 장

정책평가이론

정 / 책 / 학

7

정책평가이론

개 요

정책평가는 감사, 프로그램 평가, 점검 등의 용어로도 사용되고 있다. 지금까지 정책평가를 위한 이론과 방법들이 지속적으로 발전되어 왔지만, 급변하는 환경에서는 원래 의도한 대로 정책효과를 거둘 가능성이 낮다. 이런 점에서 정책평가를 통하여 정책의 성공 또는 실패에 대한 관리책임을 확인할 필요가 있고, 정책평가의 결과를 다음 정책과정에 환류하여 지속적으로 수정한다면 시행착오를 줄일 수 있다.

이 장에서는 먼저 정책평가의 개념과 유형 및 목적에 대하여 설명한다. 다음으로 정책평가의 기준으로서 효율성과 형평성에 대하여 논의한다. 마지막으로 정책평가방법에 대하여 설명한다.

한편 정책은 양적으로 측정하기 어려운 질적인 측면을 지니는 경우가 많음에도 불구하고 지금까지 평가연구는 계량적·과학적 방법을 원용하는 방법에 치중하여 왔다. 그러나 아무리 정교한 계량 기법을 동원하더라도 정책문제에 대한 인식, 정책목표의 옳고 그름, 정책 소망성 등을 측정하기는 어렵다. 그렇다고 이를 포기하고 양적으로 평가 가능한 대상만을 평가해야 할 것인가? 이는 어두운 곳에서 열쇠를 잃어버려 놓고 밝은 전등불 밑에서만 찾으려는 것과 같다.

이런 점에서 정책이 가지는 질적 측면을 평가하기 위한 질적 방법의 개발이 앞으로의 평가연구의 한 방향이라 하겠다. 우리는 관계된 사람들간의 담론을 통한 평가 또는 현상학, 이해적 방법 등 이미 사회학에서 개발되어 있는 질적 방법에 대하여 설명한다.

Ⅰ. 정책평가의 개념과 유형 및 목적

1. 정책평가의 개념

정부부문에서 행하는 정책평가는 매우 다양하다. 국제수준에서 보면, 발전국이나 국제기구는 그들이 지원한 국제기금을 개도국이 제대로 사용하고 있는지를 측정하기 위해 모니터링(monitering)하도록 협약을 맺기도 한다. 국가수준에서 정책평가는 중앙정부나 각종 재정지원 기관이 지방자치단체나 기금수령자가 지원금을 얼마나 잘 사용했으며, 기대된 효과를 어느 정도 달성하였는가에 대해 알기 위해 또는 지역 개발담당자가 사업의 장·단기 효과를 알아보기 위해 실행되기도 한다.

일반적으로 정책에 관한 정보 획득을 위해 평가활동을 하지만 이는 정책평가의 유일한 동기는 아니다. 때로는 법규에서 정책평가를 하도록 규정하고 있기 때문에 이루어지기도 한다. 중앙정부나 재정지원자가 정책평가를 조건으로 재정 지원을 하는 경우도 많다. 또한 조직 내에 감사기관이 있어 중앙정부, 지방자치단체 또는 개별 기관단위 수준에서 업무에 대해 정기적으로 평가를 하기도 한다.

이처럼 평가라는 용어는 다양한 수준과 의미로 사용되고 있어서 정책평가의 개념 정의도 학자에 따라 다양하다. 그런데 정책평가의 개념화가 중요한 이유는 정의방법에 따라 정책평가의 범위가 달라지기 때문이다. 다시 말해 정책평가를 좁은 의미로 정의하면 평가활동의 범위가 좁아지며, 넓게 하면 그만큼 넓어지게 된다.

여기서는 평가활동의 범위를 기준으로 하여 지금까지 행해진 개념 및 정의들을 소개하기로 한다.

가장 좁은 개념은 정책산출(policy output)에 초점을 두는 것이다. 정책 산출이란 정책집행으로 나타난 실체적 결과나 상징적 표현을 의미한다. 여기서 실체적 결과란 정부가 실제로 행한 것에 대한 관찰 가능한 지표이다. 예컨대 특정 회기 동안 국회에서 통과된 법안의 수, 대기 오염을 정화하기 위해 사용된 예산 총액이다. 상징적 표현이란 관찰 또는 측정하기 곤란한 추상성을 지니는 정책 내용이다.

정책평가를 정책산출로 한정할 때는 정책을 통하여 실제로 이룩한 정책성과(policy outcomes)는 포함하지 않는다. 그리고 민원처리 건수, 수혜자의 수 또는 예산 집행을 통해 나타난 결과에 대한 측정은 포함되지 않는다. 또한 정책산출은 정책효과(policy impact), 즉 정책으로 인해 사회에 나타난 의도되었거나 의도치 않은 변화를 포함하지는 않는다. 따라서 보다 넓은 의미의 정책평가의 개념에는 정책성과 및 정책효과에 대한 평가가 포함된다. 이러한 정의에 따르면, 정책평가는 정부가 달성하고자 하는 목표를 기준으로 정책효과에 대한 객관적·체계적 활동이다.

이보다 더 광범위한 정의는 산출뿐만 아니라 과정이나 노력, 즉 정책 투입과 전환에 대한 평가활동을 포함하는 것이다.

이상과 같은 정책평가의 개념 정의를 바탕으로 여기에서는 가장 넓은 의미로 정의하고자 한다. 왜냐하면 정책평가의 근본 목적은 평가결과를 다음 정책과정으로 환류시켜 정책의 질을 높이고자 하는 것이기 때문에 정책산출과 정책효과는 물론 정책투입과 정책과 정까지도 포함시켜야 하기 때문이다. 다시 말해 정책평가에는 정책결정과정에서 고려해야 할 정치적·이념적 요소, 정책목표, 취급한 정보의 적절성 등도 포함되어야 한다.

또한 정책평가자는 정책이 처음에 고안된 대로 충실히 진행되고 있는지를 밝혀야 하기 때문에 정책평가에는 정책 운영에 관한 평가도 포함되어야 한다. 이는 결과평가와 구별되는 과정평가(process evaluation)에 해당하는 것이다. 여기서 운영이란 개념을 사용한 것은 집행을 포괄하는 개념으로 사용하기 위해서이다. 정책집행은 새로운 정책을 처음 시행하는 것인데 비해 운영은 반복적 시행도 포함하는 것이다. 그리고 환류과정에 대한 평가를 포함하여, 평가결과가 다음의 정책과정으로 제대로 환류되고 있는지도 평가대상에 포함된다.

이러한 관점에서 정책평가를 정의하면, "정책개선에 기여하기 위하여 명시적 또는 묵시적 기준에 따라 정책결정·운영·효과에 대하여 과학적 방법으로 행하는 판단"이다. 이를 네 가지 요소로 구분하여 좀 더 자세히 설명하기로 하자.

첫째, 정책평가는 정책개선에 기여하고자 하는 것이다. 평가 연구는 통제된 변수만을 취급하는 실험실 상황에서의 순수 연구와는 다른 실용적 성격을 지닌다. 정책평가자는 정책실무자가 더 나은 결정을 할 수 있도록 도움을 주어야 하기 때문에 순수 연구자보다 더 높은 수준의 기술을 발휘해야만 한다(Weiss, 1997).

둘째, 정책평가는 일정한 기준에 따라 정책의 성공 여부를 판단하는 것이다. 평가활동의 핵심은 정책평가를 위하여 수집한 자료를 평가기준에 따라 판단하는 것이다. 일반적으로 공식적 정책목표가 평가기준으로 원용되지만 유일한 기준은 아니며, 정책관련 집단들의 기대 등도 정책의 성공 여부를 판단하는 기준이 될 수 있다.

셋째, 정책평가는 정책목표를 포함한 정책결정과정, 정책의 운용 및 정책효과에 대해 가치 판단을 하는 것이다. 정책평가가 다음의 정책과정에 환류되어 정책개선에 이바지하기 위해서는 정책목표가 제대로 수립되었는지, 정책결정과정에서 문제점은 없었는지를 밝혀내어야 한다.

넷째, 정책평가는 과학적 방법에 따라 행하는 일종의 탐구활동이다. 이는 평가절차는 일종의 연구활동이라는 의미이다. 그 연구가 계량적이든 질적이든 사회과학적 연구로 받아들여질 수 있는 공식적이고 엄격한 방법에 의해 이루어져야 한다. 평가의 결과는 평가대상이나 다음의 정책과정에 큰 영향을 미치기 때문에 타당성과 신뢰성이 있어야만 한다.

2. 정책평가의 유형

1) 내부평가와 외부평가

정책평가를 담당하는 부서가 자체적으로 하는 '자체평가' 또는 '내부평가'와 외부기관에 의한 '외부평가'로 구분할 수 있다. 그러나 평가를 받는 정책은 다양한 조직들과 연계되어 있어서 "무엇에 대한 내부 또는 외부이냐"가 명확하지 못한 경우도 있다. 내부와 외부평가 중 어느 것이 더 바람직한가? 그 대답은 어느 한쪽이 절대적인 장점을 가졌다고 볼 수 없다. 어떤 평가가 더 바람직한가는 평가에 대한 신뢰도, 객관성, 정책에 대한 이해, 활용 가능성, 자율성, 책임성 등의 요소들을 고려하여 판단해야 한다.

신뢰도 측면에서 보면, 내부평가보다는 외부기관이나 전문가가 행한 평가가 공적 신뢰를 얻기 쉽다. 그러나 외부평가는 현실과 괴리가 많거나 중요 정보를 빠뜨린다는 점에서 신뢰도가 오히려 낮을 수도 있다.

객관성 측면에서는 내부평가자에 비해 자유로운 위치에 있는 외부평가자가 객관성을 확보하기 용이하다. 신념이나 가치에 따라 평가자가 선택하는 평가방법이나 해석이 달라질 수 있기 때문에 평가 의뢰자가 정책평가에 있어 편견이 최소화되도록 조건을 만들어 주는 것이 중요하다.

내부평가자는 정책과정에 가까이 있기 때문에 정책의 현실적 문제들을 잘 이해하고 있다. 그러나 외부평가자라도 실무자와 협의하면서 진행하면 필요 정보를 충분히 얻을 수 있다. 내부평가가 외부평가에 비해 활용될 가능성이 높다. 그러나 명성이나 권위가 높은 외부기관에 의해 평가가 수행되면 피평가기관이 그 결과에 많은 관심을 가질 것이다.

자율성면에서는, 내부평가에 비해 외부평가가 넓은 시각에서 혁신적인 개선방안을 제시하기에 유리하다. 만일 평가자가 조직에 소속된 사람이라면 평가결과에 대한 책임성 문제는 보다 쉽게 해결할 수 있을 것이다. 그러나 계약을 통해 수행한 평가의 경우는 평가의 질이나 효용에 대한 책임문제가 발생할 가능성이 있다.

2) 평가 가능성 측정

평가 가능성 측정(evaluability assessment)이란 본격적인 평가활동을 하기 전에 평가활동의 적합성, 기술적인 적용 가능성 등을 검토하기 위한 일종의 예비평가이다. 실제에 있어 평가활동이 비협조적인 상황에서 수행되거나, 평가결과가 환류되지 못하고 그 자체로 끝나버리는 경우가 많기 때문에 현실적으로 효과가 있는 평가활동을 위해 평가 가능성 측정이 필요하다.

평가 가능성 측정을 위한 방법은 소규모 표본을 추출하여 정책의 가정들을 정책에 명시된 목표에 비추어 비교하고, 이들 가정이 합리적이라고 할 수 있는지 여부에 대한 규범적 질문을 하는 것이다. 또는 정책효과를 평가하기 위해 개발한 성과지표나 평가절차가 의도한 평가를 할 수 있으며, 실제의 평가시간은 어느 정도 소요되는지 등을 파악함으로써 전면적 평가의 실행 가능성을 검토한다.

이러한 평가 가능성 측정은 평가자가 평가작업을 계속 수행할 것인지 여부를 결정하고, 본격적인 평가작업을 수행할 경우 평가방식 및 구체적인 평가절차를 수립하는데 도움을 준다. 또한 평가 가능성 측정의 결과는 정책목표의 명확성과 측정 가능성 그리고 집행활동을 통한 목표 달성 가능성을 알 수 있게 한다.

3) 형성적 평가와 총괄적 평가

평가는 목적을 기준으로 형성적 평가(formative evaluation)와 총괄적 평가(summative evaluation)로 구분할 수 있다(Scriven, 1991). 교과과정 평가를 예로 들면 형성적 평가는 교과과정을 개발하는 동안 이의 개선에 도움을 주기 위한 정보를 산출하는 것이다. 즉 형성적 평가는 교과과정 개발자에게 도움을 주고자 하는 것이다. 이에 비해 총괄적 평가는 교과과정을 확정한 후에 그 성과나 효과를 평가하는 것이다. 총괄적 평가는 교과과정 채택을 고려하고 있는 정책 결정자에게 그 효과성에 대한 정보를 제공하기 위한 것이다. 또 다른 예로서 요리사가 요리를 하면서 맛을 보는 것은 형성적 평가, 고객이 자신이 먹었던 음식에 대해 평가하는 것은 총괄적 평가라 하겠다.

형성적 평가는 정책집행 단계에서 정책개발자 및 정책집행자를 돕기 위해 고안된 것이다. 그리고 총괄적 평가는 정책결정자에게 평가결과를 환류하여 최종안을 개선하는 것이 목적이다. 반면 사실상 정책이 특정 시점에서 종결되는 경우는 드물다. 특정 정책이 실패한 것으로 평가되었다 하더라도 정책결정자는 평가결과에 따라 정책을 포기하기보다는 이를 수정하여 다시 시도하는 경우가 많다. 이처럼 정책이 종결과 지속의 두 경우만으로 선택되기보다는 계속적으로 수정되는 것이 일반적이기 때문에 형성적 평가와 총괄적 평가의 구분은 상대적이라 하겠다.

4) 과정평가와 결과평가

과정평가(process evaluation)는 정책이 진행되고 있는 동안에 무엇이 일어나고 있는지를 검토하는 것이다. 여기서는 주로 의도된 행동과 실제적 행동, 참여자들의 활동, 고객의 반응 등에 초점을 맞춘다. 집행자에게 정책이 어떻게 진행되고 있는지에 관한 정보를 알려주기 위한 모니터링은 가장 빈번히 사용되는 과정평가의 한 형태이다. 또한 정기적 현장 방문이나 고객 추적(client tracking) 등을 통해 정책의 운영적 효율성을 측정하는 것도 과정평가의 예이다.

이에 비해 결과평가(result evaluation)는 정책집행의 결과 대상집단에 미친 영향에 대한 평가활동을 말한다. 어떤 기관이 보다 효율적으로 집행한 것으로 평가되었다고 해서 정책결과도 마찬가지로 효율적이라고 판단할 수는 없기 때문에 이 양자를 구분할 필요가 있다. 효과성이나 고객 만족의 정도를 측정하는 것은 결과평가에 속한다.

그런데 형성적·총괄적 평가와 과정·결과평가로의 분류는 중복적인 것처럼 보일 수 있다. 형성적 평가는 정책 개선에 필요한 정보를 도출하기 위한 집행과정에 대한 평가라는 점에서 과정평가와 중복된다. 또한 '총괄'과 '결과'평가는 집행 후에 무엇이 나타났는가에 대한 평가라는 점에서 유사하다. 그러나 형성·총괄평가는 평가자의 의도에 따른 구분인데 비해, 과정·결과평가는 평가자의 역할과는 아무런 관계가 없다. 단지 정책 단계 내지 국면에 따른 구분이란 점에서 차이가 있다. 하지만 과정·결과평가도 결국 정책 개선을 목적으로 하는 것이므로 두 평가유형은 중복적 측면이 많다.

5) 계속평가와 종합평가

계속평가는 정책과정 중에 계속적으로 평가를 하여 수시로 환류하는 평가이다. 계속평가의 중요 목적은 정책내용, 구조 또는 절차를 개선하기 위한 정보를 제공하기 위한 것이다.

이에 비해 종합평가는 평가대상인 정책이 집행된 후에 이의 성과나 효과를 평가하는 것이다. 종합평가의 목적은 정책을 개선하기보다는 정책을 계속 수정 혹은 종결할 것인가를 결정하기 위한 것이다.

3. 정책평가의 목적

정책평가의 공식 목표는 합리적 결정에 활용하기 위한 것이지만, 실제에 있어서는 다른 목적에 이용되기도 한다. 중요 정책참여자 혹은 대상집단의 반대에 직면하거나, 정책집행자의 이해관계 때문에 그리고 환경 변화 등에 대처하기 위해 정책평가를 실시하기도 한다. 따라서 정책평가자는 정책결정자가 평가 연구를 통해 실제로 추구하는 것이 무엇이며, 평가결과를 어떻게 이용하려고 하는가에 대해 알고 있어야 평가목적에 필요한 정보를 산출하도록 평가 고안을 할 수 있는 것이다. 정책결정자, 자금지원자 또는 사업관리자 등이 정책평가를 실시하도록 하는 중요 인물이며, 정책평가자는 이들의 실제적 목적에 맞추어 평가 고안을 해야겠지만, 이들의 관심에만 편중하여 평가활동을 해서는 안 된다(Weiss, 1997). 이들이 아무리 높은 위치에 있다 하더라도 정책결정권을 지닌 유일한 인물은 아니며, 수많은 정책참여자는 물론 대상집단 또한 정책이 어떻게 운영되고 있고 무엇이 문제인지에 대해 잘 알고 있으며, 정책평가의 결과에 대해 많은 관심을 가지고 있기 때문이다.

이러한 점에서 정책평가자는 정책개선에의 기여라는 정책평가의 공식 목적과 더불어 다양한 실질 목적들을 파악할 필요가 있다.

1) 공식 목표

정책평가를 통해 정책결정자에게 공식적으로 다음과 같은 정보를 줄 수 있다.

첫째, 정책을 '계속할 것인지' 또는 '종결할 것인지' 여부를 판단하기 위해서이다. 정책평가를 하는 중요한 이유는 정책운용 중간에 정책을 계속할 것인지 또는 자금지원을 지속할 것인지를 판단하기 위해서이다.

둘째, 정책내용이나 절차에 대한 개선방안을 마련하기 위해서이다. 정책평가의 중요 목적은 정책이 목표를 달성한 정도를 파악하기 위해서이다. 평가결과를 통해 자원을 더 투자해야 할지 또는 삭감해야 할지, 특정 정책내용이나 전략을 덧붙일 것인지 뺄 것인지 여부를 판단할 수 있다.

셋째, 경쟁적인 정책들간의 자원 배분을 위해서이다. 특정의 목표를 달성하기 위하여 몇 가지 유사한 정책들을 동시에 실행하는 경우가 있다. 일반적으로 한 정책만이 모든 면에서 장점을 지니는 경우는 드물기 때문에 각 정책의 장·단점을 평가하여 유사정책을 비교하거나 자원 배분을 달리할 수 있다.

2) 실질 목표

정책결정자는 정책평가를 구실로 다음과 같은 실질 목적을 추구하기도 한다.

첫째, 정책을 연기할 목적으로 사용되기도 한다. 정책결정자는 평가연구를 위해 특별위원회를 만들고, 평가결과를 기다리는 형식을 통해 결정이나 집행을 연기하는 수단으로 이용한다.

둘째, 책임 회피이다. 정책을 둘러싼 찬·반론이 많을 때 정책결정자는 어느 쪽으로도 치우치지 않은 공정한 결정을 했다는 증거로써 평가를 실행하기도 한다.

셋째, 정책을 홍보하기 위하여 정책평가를 활용한다. 정책 관리자는 자신의 업적을 대단히 성공한 것으로 외부에 알리는 수단으로 정책평가를 이용하기도 한다. 정책에 대해 우호적인 평가를 상위 기관, 자금 공급자, 대상집단, 영향력 있는 인물, 언론 등에 보내어 정책에 대한 우호적 인식을 얻어내고자 하는 것이다. 이에는 정책의 긍정적 측면을 확대하거나 부정적 측면을 축소한 '오도된 평가'와 정책에 대한 반대나 정책실패를 무마하기 위한 '무마용 평가'가 있다.

Ⅱ. 정책평가 기준

정책평가의 기준은 효율성이나 형평성, 시민의 만족도 등이다. 그러나 "그 정책이 가치 있는 것이냐?" 또는 "누구를 위한 것이냐?" 등과 같은 의문에 대답하기 위한 정책평가도 있다.

정책평가의 일차적 기준은 정책목적(policy goal)이다. 정책목적을 평가기준으로 삼기 위해서는 평가자는 질적인 정책목적이나 입법의도를 구체적인 평가기준으로 전환시키는 노력을 해야 한다. 만약 교육정책의 목적이 '학생능력의 발달'이라 한다면, 교육을 통해이 목적의 달성정도를 어떻게 평가할 것인가? 학생의 개인적 관심에 ―예컨대 예능, 사회, 정치, 국제문제 등― 관한 측정을 포함시킬 수 있을 것이다. 그리고 시민으로서의 소양이 어느 정도 개발되었는지를 측정하는 지표도 포함되어야 할 것이다. 또한 지적능력, 사고력, 비판력과 같은 개인적 자질 향상의 정도를 측정하는 항목도 개발해야 할 것이다.

정책평가의 다음 기준은 정책목표(policy objectives)이다. 그런데 정책목표를 평가기준으로 삼는 데는 크게 두 가지 어려움이 있다.

첫째, 정책목표 중에는 측정이 곤란한 경우가 많다. 대학교육을 통한 개인의 수입 증가, 실업률 감소, 직업만족도 향상은 측정이 비교적 쉽지만, 가정생활 개선, 사회성 향상, 작업 생산성 향상은 측정이 어렵다.

둘째, 정책목표들 간에 갈등이 존재할 수 있다. 교육환경 개선을 위한 시설 투자와 교사봉급 인상은 갈등적 목표의 예이다.

한편 정책목표 자체가 평가의 기준이 되기도 하지만, 다른 한편으로는 설정된 정책목표가 어느 정도 가치가 있는 것인가 하는 소망성이 평가기준이 된다. 소망성에 포함될 구체적 평가기준으로는 다음과 같은 것들을 들 수 있다.

① 정책의 효율성이나 효과성
② 수입의 재배분이나 평등과 같은 형평성
③ 사회적 욕구를 충족한 정도인 대응성
④ 정책에 투입된 고정비용 및 가용비용
⑤ 정책의 정치적 실현 가능성
⑥ 도덕, 윤리 또는 사회적 규범에 부합되는 정도
⑦ 헌법을 위시한 법 규정에의 부합 정도
⑧ 적시성

지금까지 우리나라의 경우 회계감사, 심사분석, 감사원 감사 등에서는 평가기준이 횡령, 낭비 등 합법성이나 효율성에 치중되었다. 그러나 정책평가자는 이상의 기준들을 평가의 목적이나 상황에 따라 적절히 혼합하여 사용해야 한다. 여기서는 정책평가의 기준으로서 효율성과 형평성에 대해서만 설명하기로 한다.

1. 효 율 성

정책과정의 효율성을 측정하기 위해서는 정책과정이나 성과에 관련된 경험적인 증거가 있어야만 한다. 가령 경직적이고 위계적인 관료제적 특성으로 인해 정책과정에 낭비적 요소가 많다는 결론을 내리기 위해서는 관료제적 특성으로 인한 비효율성에 관한 경험적 자료가 있어야만 한다. 그러나 정책의 비효율성을 측정한다는 것은 실제에 있어 곤란하거나 불가능한 경우가 많다.

효율성을 측정하기 위해서는 정책과정에의 투입 자원, 산출 또는 성과가 측정 가능하거나 화폐가치로 환산할 수 있어야 한다. 또한 정책과정이 일정한 단위로 분할되어야만 측정이 가능하다. 그러나 실제에 있어서 정책과정을 분할하거나 투입 및 산출을 측정하기 곤란한 경우가 많다. 더욱이 정책대상자는 정책을 통해 산출되는 재화나 서비스에 대한 선호를 시장가격과 같은 표준비용으로 표시하지 않기 때문에 효율성을 비용측면에서 측정하기가 어렵다.

이런 점에서 그 재화나 서비스를 받기 위하여 '기꺼이 지불할 의사'를 시장기제에서의 개인효용을 대치하는 개념으로 보고 이를 측정하려는 시도들도 많다. '지불의사'가 높다는 것은 그만큼 정책수요가 높다는 것이기 때문에 이를 통해 정책의 효율성을 간접적으로 측정하는 기준이 될 수 있다. 그러나 지불의사가 공공 재화나 서비스의 한계가치를 적절히 나타낼 수 있는 개념으로 보기는 어렵다. 때로는 효율성을 주민들의 만족도로 측정해야 하는 경우도 있는데, 이 경우 어떻게 주관적인 효용을 객관적으로 측정할 것인가? 삶의 질, 만족도, 복지 등과 같은 주관적 효용을 분석적 수준에서 개인 또는 사회의 효용으로 추정하는 방법도 있으나, 이도 논리적 타당성에 있어 한계가 있다.

한편 정책에 투입된 비용이나 성과를 다른 정책과 비교하여 상대적 효율성을 측정해 볼 수 있다(Lane, 1995). 다양한 정책들의 효율성을 비교하거나, 공공과 민간부문에서 공급하는 동일한 서비스 또는 유사 정책의 생산성이나 효율성을 비교하는 것이다. 비용 대신에 표준화된 지표를 통해 유사 정책들의 비용과 성과를 측정하는 '상대가격 비교'(relative cost comparison)도 가능하지만 표준화된 지표로 대치할 수 없는 요인들을 빠뜨릴 가능성이 있다.

2. 형 평 성

Rawls의 공정성으로서의 정의는 형평성에 대한 논의의 출발점으로서 널리 알려져 있다. 그러나 Rawls의 논리를 형평성의 평가 기준으로써 응용하는데는 현실적·기술적인 한계가 있다. Rawls 이론을 보다 명료화하기 위하여 A, B 두 사람으로만 구성된 사회를 가상한 단순모형을 살펴보기로 한다. 두 사람은 각기 경제활동을 하여 M_1와 M_2의 수입이 있지만, 이 둘이 협동하여 경제활동을 하면 각자가 하는 것보다 더 많은 수입을, 즉 $M > M_1 + M_2$, 올릴 수 있다고 하자. 또 하나의 가정으로 부자 A와 가난한 B가 부가가치 창출에 9 : 1의 기여를 했다고 하자. 이 경우 부가적 수입을 어떻게 배분하는 것이 정당한가?

부가가치 창출에 기여한 정도에 따라, 즉 한계 생산이론에 따라 배분하는 것은 정의의 원리가 아니다. 즉 정의나 공정성은 배분에 있어 차등의 원칙에 따라야 한다. 그런데 정부가 A에게 세금을 부가하여 B에게 수입을 이전시키면, 정부의 재배분정책으로 인해 시장 산출이 달라질 수 있다. A는 자신의 수입 중 일정분을 세금으로 갹출해야 하기 때문에 근로의욕이 떨어져 경제활동을 줄이게 되며, 이로 인해 사회의 총생산이 줄어들게 된다. 즉 재배분정책을 통한 형평성 추구는 사회 전체의 효율성을 떨어뜨리게 되는 결과를 만든다.

이러한 상황에서 Rawls의 해법을 평가하기 위해서 다음과 같은 세 가지 의문을 제기할 수 있다.

첫째, 재배분정책에 있어 차별원칙을 어떻게 구체화할 것인가?

둘째, 재배분의 원칙이 구체화되었다고 상정한다면, 정부가 이를 집행할 수 있는가?

셋째, 해결책이 알려졌고 또한 이를 집행하는 것이 가능하다면, 이것이 실제로 정의로운 것인가?

이러한 의문들에 대해 명확한 대답을 하기는 곤란하다. 실제에 있어 다양한 이견이 있음에도 불구하고 효율성의 개념이나 측정에 대해서는 어느 정도 합의를 도출할 수 있지만, 형평성에 대해서는 측정기준, 집행 가능성, 집행된 정책이 과연 정의로운가에 대해서 합의를 도출하기가 지극히 곤란하다.

Ⅲ. 정책평가 방법

1. 양적 평가 방법

체계적이고 과학적인 정책평가를 하기 위해서는 엄격한 방법론에 입각한 일반적인 연구절차를 따라야 한다. 물론 연구절차는 연구방법의 유형에 따라 조금씩 다르다. 실증적 조사연구(survey research)와 실험연구 또는 질문 기법 등 조사방법에 따른 구체적 절차는 약간씩 차이가 있다. 그렇다고 근본적인 차이가 있는 것은 아니며, 어떠한 방법에 입각한 평가연구라도 다음과 같은 절차를 거치는 것이 일반적이다: ① 목표의 구체화, ② 변수 추출 및 변수간의 관계 설정, ③ 가설 설정, ④ 연구 고안, ⑤ 자료 수집, 분석 및 해석.

1) 목표의 구체화

정책평가를 위해서는 우선 평가의 기준이 되는 정책목표가 명확해야만 한다. 그런데 실제 정책상황에서는 정책목표가 명확하게 구체화되지 못한 경우가 많다. 설령 목표가 어느 정도 구체화되었다 하더라도 이의 달성 여부를 측정하거나 화폐가치로 환산하기 곤란한 경우도 많다. 더욱이 정책목표가 단기간에 나타나는 경우도 있지만, 오랜 세월이 흘러야 달성 여부를 평가할 수 있는 경우도 있다. 그리고 한정된 대상집단에만 영향을 미치는 정책이 있는가 하면 전세계를 대상으로 하는 정책목표도 있다.

또한 사회문제란 대단히 복잡한 것이어서 그 문제를 해결하기 위한 한정된 변수만을 선정한다는 것은 대단히 어려운 작업이며, 또한 편견이 개입될 소지가 많다. 더욱이 정책결정이 합리적인 분석을 통하기보다는 협상과 타협과 같은 정치과정을 통해 결정되는 경우가 많기 때문에 정책목표가 애매모호하게 정의되는 경우도 많다.

이러한 상황에서 정책평가자가 목표를 구체화하기 위해서는 다음과 같은 방법들을 고려하면 도움이 될 수 있다.

첫째, 목표를 단기, 중기 그리고 장기로 구분해 보면 구체화를 하는데 보다 편리하다. 물론 이러한 기간별 구분도 명확한 기준이 있는 것은 아니지만, 예컨대 다음 연도까지 '지하철 전공정의 50%

달성'과 같이 빠른 시간 안에 특정 정책의 기대된 결과를 알 수 있다면 이는 단기 목표이다. 이에 비해 정책을 통해 이룩하고자 하는 기대된 결과는 장기 또는 궁극적 목표이다.

둘째, 정책 실무자에게 문의하거나 자문을 받아 정책목표를 구체화하는 것이다. 그러나 실무자들간에 목표에 대한 합의가 이루어지지 못하거나 평가를 위해 객관적 입장에서 기꺼이 자문에 응해 주는 것을 기대하기가 곤란한 경우가 많다.

셋째, 정책평가자가 정책과정의 초기 단계부터 정책입안자나 집행자들과 공동으로 참여하는 것이다. 이는 목표 구체화를 위해 가장 유용한 방법이지만, 현실적으로 이러한 기회를 가질 수 있는 평가자는 ― 특히 외부평가자의 경우 ― 별로 없을 것이다.

넷째, 델파이 방법(Delphi method)의 적용이다. 이는 전문가 집단에게 특정 질문을 한 후, 이에 대한 이들의 의견을 통계적으로 분석하여, 극단적인 경우를 제외한 의견들을 다시 제시하여 전문가들의 의견을 다시 묻는 과정을 반복적으로 시행하는 것이다. 이러한 과정을 통해 전문가들의 정책목표에 대한 공통적인 견해를 축약해 낼 수 있다.

2) 변수 추출 및 변수간의 관계 설정

정책목표를 구체화하였다면 그 다음 단계는 정책평가모형에 포함될 변수들을 추출하고, 이들 변수들간의 유의미한 관계를 설정하는 것이다.

일반적 연구는 조사자가 문제를 제기하는 데서부터 출발한다. 그 다음으로 연구목적을 달성하기 위한 관련 이론들을 분석해야 한다. 연구자는 이론적 검토를 통해 설명되어야 할 또는 영향받는 종속변수를 선정하고, 이에 영향을 주는 독립변수들을 탐색하며, 이들의 관계에 관한 가설을 설정한다. 그런데 정책평가 연구에 있어서는 종종 이러한 과정이 정반대로 된다. 즉 정책인 독립변수에서부터 출발하여 이것이 종속변수인 기대된 정책목표에 어떠한 영향을 어떻게 미쳤는가를 분석한다.

정책평가의 핵심적 요소는 인과관계의 추론이다. 정책결정자는 정책을 통해 특정 대상집단에서 목표한 만큼의 변화가 일어날 것을 기대한다. 그러나 A라는 정책을 만들고 이를 집행한 후 B라는 현상이 발생했다고 해서 반드시 A라는 원인에 의해 B라는 결과가 발생하였다는 인과관계를 추론할 수 있는 것은 아니다.

범죄 예방정책을 예를 들어 이러한 사실을 설명하기로 하자. 이 정책의 목표는 범죄를 예방하는 것, 즉 범죄 발생 가능성을 미리 막는 것이다. 그런데 어떤 사람이 범죄를 하지 않았다는 것을 범죄 예방정책의 효과로 볼 수 있는가? 또는 범죄 예방정책을 집행한 후 범죄 발생률이 낮아졌다면 그것이 이 정책의 영향 때문인가? 나아가 범죄 예방정책보다는 오히려 빈부 격차, 친구의 영향, 가정적 문제와 같은 사회적 요인이 더 큰 영향을 미치는 요인이 아닌가? 등을 생각해 볼 수 있다. 따라서 정책평가자가 철저한 범죄 예방정책에 따라 범죄 발생률이 줄어들었다는 사실을 발견했다고 해서 단정적으로 이 두 현상이 인과적으로 연관되어 있다고 추론할 수는 없다.

또 한가지 지적할 사항은 인과관계의 추론 및 검증이 이론영역에 속하기 때문에 모든 원인과 결과 그리고 이들의 관계를 분석대상에 포함시킬 수는 없다는 점이다. 모든 원인과 결과를 추론해 내는 것 자체가 대단히 어려운 작업이기도 하지만, 정책현상에 내재해 있는 모든 질적 변수들을 실증적 평가를 위한 준거틀에 포함시킬 수 없는 본질적 한계도 있다. 설령 모든 관련 변수들이 평가를 위한 준거틀이나 모형에 포함된다고 하더라도, 현상을 보다 단순화하여 명확하고 깊이 있는 인과관계를 분석해야 하는 이론의 기능에는 부합되지 않는다. 요컨대 정책과 정책에 의해 야기된 결과나 효과간의 인과관계를 추론하기 위한 한정된 수의 중요 변수들을 선정하는 데서부터 정책평가과정이 출발하는데, 이 단계가 가장 중요하면서도 매우 어렵다.

그러면 이처럼 중요하고도 어려운 변수 추출을 보다 효율적으로 하기 위해서는 어떻게 해야 할 것인가?

우선 평가할 현상에 관련된 이론들을 탐색해야 한다. 관련 현상에 대한 기존의 연구들을 검토해 봄으로써 다른 연구자나 평가자가 다루었던 변수들을 검토하고, 이로부터 변수들을 추출해 낼 수도 있다. 기존의 연구가 없을 경우에는 인근 이론들을 검토해 보거나 집단 또는 개인적 경험이나 상상력을 동원해야 한다.

평가자가 한정된 수의 변수들을 추출하였다면 이들 변수간의 관계를 추론하는 가설을 만드는 것이 다음 순서이다. 가설에 입각해서 인과관계를 검증하기 위해서는 모형 내지 평가의 준거틀을 사용하는 것이 일반적이다. 초기에 만들어진 모형이 현상을 잘 설명하지 못하는 것으로 판명된다면 추가적인 변수들을 더 발굴하여 기존의 모형에 추가하여야 한다. 평가 연구의 우수성은 체계적·과학적 평가모형을 얼마나 잘 만드느냐에 달려 있다.

3) 가설 설정

시민들이 대중교통보다 자가용을 선호하기 때문에 교통문제가 더욱 커지고 있다고 인식하고 있는 어떤 정책결정자의 예를 생각해 보자. 이 정책결정자가 만든 정책목표는 '대중교통 이용률 확대'이고, 경제적 유인이 시민의 태도를 변화시킬 것이라는 기대에 입각하여 목표 달성을 위한 경제적 유인책을 강구하였다. 나아가 "이러한 변화는 시민의 대중교통을 이용하는 행태 변화를 일으키고, 이는 대중교통 이용률 확대로 이어질 것"이라는 가설을 설정하였다. 이 경우 정책평가모형은 다음과 같은 세 가지 가설로 구성할 수 있다.

첫째, 경제적 유인이 대중교통 이용률을 높이는 방향으로 시민의 태도를 변화시킬 것이다.

둘째, 태도 변화는 행태 변화를 일으킬 것이다.

셋째, 행태 변화는 대중교통의 이용을 증대시킬 것이다.

이상과 같은 가설설정을 바탕으로, 정책평가를 위한 기초모형을 다음과 같이 [그림 7-1]으로 나타낼 수 있을 것이다.

이를 바탕으로 모형을 좀 더 구체화시킨다면 [그림 7-2]와 같이 된다. 여기서는 대중교통 이용률 확대를 위한 경제적 유인이 독립변수가 되고, 이에 의해 두 매개변수인 대중교통의 고급화, 시민의 인식 변화가 이루어진다. 이는 시민의 행태 변화로 이어져서 결국 대중교통의 이용률 확대라는 종속변수에 영향을 미치게 될 것이라는 가정에 입각해서 형성된 모형이다.

─── 그림 7-1 정책평가를 위한 기초모형 ──────────

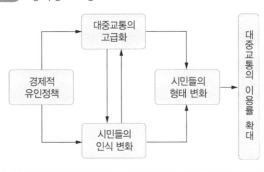

그림 7-2 정책평가모형

이상과 같은 정책평가모형 설정에 있어 유의할 점은 평가모형 설정과정에서 정책실무자와 협의하는 것이 여러 가지 점에서 유리하다는 것이다. 이의 가장 큰 이유는, 정책결정자가 왜 그 정책을 만들었던지를 아는 것이 평가를 위해서 중요하기 때문이다. 또한 정책집행자들이 취했던 다양한 행태가 평가모형에 변수로 포함될 수 있기 때문이다. 정책집행자들은 집행과정에서 정책결정 단계에서는 전혀 예측하지 못한 문제들에 직면하는 경우가 허다하기 때문에 이러한 것들을 변수화하여 정책평가모형에 포함시키면 보다 설명력이 높은 수정된 평가모형을 만들 수 있을 것이다. 마지막으로, 정책결정자나 집행자들이 계속적으로 협의함으로써 정책평가의 결과가 이들에게 효과적으로 전달될 수 있게 되고, 또한 정책실무자들이 평가결과에 관심을 가지게 되어 다음의 정책과정으로 환류될 가능성이 높아진다.

4) 연구 고안

일단 정책평가모형을 만들고 나면 평가자는 자료를 수집·측정·

분석·해석하는 과정을 어떻게 효율적으로 할 것인가에 대해 생각해야만 하는데, 이것이 바로 연구 고안(research design)을 하는 목적이다. 연구 고안이란 평가를 위해 수행해야 할 여러 단계로 평가자를 이끌어 주는 논리적 모형이다.

정책평가를 위한 연구 고안에 있어 가장 이상적인 방법은 실험법을 사용하는 것이다. 그러나 사회적, 정치적 또는 윤리적 고려에 의해 실험법을 원용할 수 없는 경우도 많다. 그래서 대안적 방법들이 강구되고 있는데, 준실험법을 통해 정책평가를 하는 경우가 일반적이다. 이외에도 통제집단 고안(The Control Group Design), 시계열 분석(Time Series Analysis), 전후 비교 고안(The Before & After Design), 변량분석(Analysis of Variance: ANOVA) 등이 있다.

5) 자료 수집

연구 고안이 일단 끝나게 되면 그 다음으로는 설정한 평가문제에 대한 해답을 얻거나 또는 가설 검증을 위한 자료 수집을 해야 한다. 자료 수집은 연구 고안에서 이미 채택한 방법에 따라 이루어져야 한다.

정책평가를 위한 자료 수집과정에서 다양한 원인들로 인해 완벽한 자료를 수집하기가 대단히 어렵다. 그러므로 최대한 객관적이고 타당성 있는 자료를 수집하기 위한 절차를 고안해야 한다. 예컨대, 정책을 사회실험으로 보고, 정책효과를 평가할 경우 실험법을 원용해야 하지만 현실적으로 실험집단과 통제집단을 구분하기가 쉽지 않다. 더구나 정책이 실시되기 전에 두 집단을 동등화시킬 수 있더라도 실험 후의 정책효과를 평가하는 과정에서 평가의 타당성을 저해하는 요인들이 참으로 많다. 그래서 준 실험법을 활용하게 되는데 이러한 경우 역시 평가의 객관성이 그만큼 낮아지게 된다. 이런 점들로 인해, 자료 수집을 위한 연구 고안을 신중하게 해야만 한다.

6) 분석 및 해석

평가 연구자는 수집한 자료를 통계적으로 분석하거나 주관적으로 해석해야 한다. 평가 연구자는 분석이나 해석을 하기 전에 사용한 평가 고안, 자료 수집, 통계적 분석방법 등이 주어진 평가목적에 적합한지를 다시 한번 검토해 보는 것이 좋다. 평가방법의 적합성에 대한 검토는 평가결과의 해석을 좌우하게 된다.

미국에서 1965년부터 시행한 가난한 집 자녀들이 정규학교에서 학업성적을 올리기 위한 유치원 무상교육, 소위 Head Start Program에 대해 1969년에 Ohio대학교가 실시했던 정책평가의 예를 들어보자. 이들은 정책이 집행된 4년 후에 평가작업을 시작하였기 때문에 정책 실시 이전부터 유치원 교육을 받은 실험집단과 받지 않은 통제집단으로 무작위로 분류할 수 없었고, 또한 정책이 시행되는 동안 이들의 변화를 관찰할 수도 없었다. 이들은 초등학교에 재학하고 있는 1·2학년 학생들 중에서 유치원 교육을 받았던 경험을 기준으로 집단을 구분하여 두 집단간의 인지 및 정서능력을 측정·비교하였다. 이들은 읽기 능력이나 지능지수(IQ)와 같은 인지 능력에서 유치원을 다녔던 학생이 다니지 않았던 학생보다 높았다고 분석하였다. 그러나 자기 존중감이나 행태 등 정서면에 있어서는 차이가 없다는 결론을 내렸다(Baker, 1988).

그 후 이러한 평가방법과 결과 해석에 대해 많은 비판이 제기되었다. 기본적으로 이 평가는 실험집단과 통제집단이 동등화되지 않았다. 이들은 초등학생들을 평가대상으로 하였기 때문에 실험자 선정에 있어 문제점이 있었다. 유치원 교육을 시킨 부모는 무상교육의 혜택을 받을 수 있었음에도 불구하고 시키지 않은 부모에 비해 교육에 관심이 더 많았다고 해석할 수 있을 것이며, 이러한 부모의 차이가 인지 능력의 차이에 영향을 끼쳤을 것이다. 따라서 유치원 교육을 받았기 때문에 인지 능력이 향상되었다는 해석은 그만큼 과장된 것이라고 하겠다. 또한 유치원 교육을 받은 후 몇 년이 지난 학생들에 대해 유치원 교육의 효과를 측정하였지만, 인지 능력의 차이는 유치원 교육뿐만 아니라 그 동안에 경험한 요인, 즉 역사요인에 의해 나타날 수도 있다.

2. 질적 평가 방법

1) 정책평가에서 질적 방법의 중요성

양적 평가는 정책현상이 지니는 질적 의미를 평가하는데 한계가 있다. 가령 도서관에 대한 양적 평가를 위해서는 소장 도서의 수, 연간 도서구입비, 연간 예산, 전산화 정도 등에 대해 평가를 할 것이다. 만약 일정 지역의 도서관들이 서로 협정을 맺어 특수 분야의 도서를 특정 도서관에서 집중적으로 구입하기로 특성화하였다면 도서관별 '특성화 정도'를 계량적으로 측정한다는 것은 사실상 대단히 어려운 일이다. 그러나 '특성화 정도'는 도서관 평가를 위하여는 중요 변수로 취급하여야 할 것이다. 또한 희귀본의 가치를 어떻게 계량화할 것인가?

이러한 점에서 경험적 방법만이 과학의 세계를 구성하는 것으로 좁게 해석해서는 안 되며, 이론의 기능을 인과관계에 대한 설명뿐만 아니라 현상에 내재해 있는 의미에 대한 평가를 포함하는 질적 평가의 중요성을 인식해야만 한다. 질적 평가 방법이 양적 방법과 구별되는 것은 평가대상의 자료가 질적이며, 평가 기준이 주관적이라는 점이다.

질적 평가 방법은 양적 방법의 상대적인 개념으로 이해될 수 있다. 쉽게 표현하면 질적 개념은 총체적(holistic)이고 주관성이 강한데 비하여 양적 개념은 수치로 표현됨으로써 특정적이고 객관성이 강하다. 이런 점에서 질적 방법에 의한 정책평가는 그 철학적 배경이나 구체적인 기법이 양적 방법과 같이 통일적이 아닌 것이 특징이다.

질적 평가 방법의 발전은 사회의 질(quality)에 대한 평가가 본격화되면서 시작되었다. 질적 방법은 정확한 정보와 자료를 획득하기가 용이하지 않고, 정책결과에 대한 가치 판단이 어려운 경우가 초래되는 양적 방법의 한계를 극복하기 위한 시도로서 그 유용성을 인정받고 있다. 이러한 평가방법은 한때 통계학을 배우지 못한 사람들의 도피처로 여겨졌지만 이제는 정책의 주요한 평가방법으로 자리를 잡고 있다.

질적 평가 방법은 원래 기대하지 않았던 현상을 발견하는데 특별한 가치를 둔다. 근본적으로 피평가자의 입장이나 그들의 영역에서 평가대상을 지켜보는 것이다. 이를 위해서는 많은 자료와 정보가 요구되며, 평가자는 주로 관찰과 심층적 면접 등에 의존하는 경향이 있다. 질적 방법은 이와 같은 기법 등을 이용하여 정책의 진행 상황을 설명하고, 대상자의 반응과 행동을 설명한다. 즉 정책결정과 집행에 관련된 사람들 뿐만 아니라 정책 수혜자들을 만나 자세한 자료를 획득하여 이를 토대로 평가자가 정책결과에 대해서 판단을 내림으로써 복잡한 상호작용을 이해하게 되고 변화의 과정을 알 수 있게 한다.

질적 방법의 장점들을 요약하면 다음과 같다.

첫째, 정책 참여자들의 관점을 잘 이해할 수 있고, 그들의 관심사항에 대응할 수 있다.

둘째, 길게는 역사적 인식이나 정책 상황을 이해하고 이러한 상황 요인들이 정책에 미친 영향이나 정책이 성립된 배경 그리고 발전과정을 입체적으로 파악하여 평가할 수 있다.

셋째, 편견이나 미리 준비된 도구 없이 정책을 평가할 수 있고, 기대하지 않았거나 계획하지 않았던 평가 요인들을 발견할 수 있다.

2) 질적 평가를 위한 연구 고안

질적 평가 방법의 핵심은 자료 수집에 있다. 조작을 통하여 특정하고 한정된 자료만을 수집하는 양적 방법에 비하여 질적 방법은 보다 많고 다양한 자료를 필요로 하기 때문에 여러 가지 자료 수집방법이 이용된다.

질적 평가자들은 폭넓게 수집된 자료를 통하여 특정 정책의 저변에 깔린 규범과 가치체계를 이해하고자 노력해야 한다. 또한 물리적·인공적 환경, 현장에서의 기타 사항들에 대해서도 주의를 기울여 정책결과를 동적인 관점에서 고찰하고 발견된 사실의 원인을 추적해야 한다. 이를 위해 질적 평가도 연구 고안의 기본틀을 최소한 가지고 시작하는 것이 좋다.

질적 평가에 있어 연구 고안을 한다는 것은 어떤 면에서는 모순적이라고 할 수도 있다. 질적 평가를 하기 위해서는 평가자가 평가대상에 접근하여 사람들과 이야기하거나 자료들을 수집하면서 다음에 무엇을 할 것인가를 파악할 수밖에 없는 경우가 많다. 게다가 정책평가는 엄격한 시간적 제약에 따라 한정된 자원으로 진행되는 경우가 보통이므로 질적 평가라 하더라도 연구 고안이 필요하다. 질적 평가를 위한 연구 고안에서 고려해야 할 중요 사항들을 들면 다음과 같다.

우선 어떤 사례를 선택할 것인가를 결정해야 한다. 평가 대상을 대표적이거나 전형적인 사례로 할 것인지, 현장에 대해 평가할 것인지 아니면 극단적인 사례를 선택할 것인지 또는 이들을 혼합할 것인지를 결정해야 한다. 그리고 사례를 선택한 이론적 또는 논리적 근거가 있어야 한다.

다음으로 누구와 얼마 동안 이야기할 것인가를 정해야 한다. 평가자는 공무원, 수혜자, 시민, 전문가 등 정책과 관련된 사람들의 의견과 경험이 어떤 종류의 자료를 위한 최적의 원천이 되는가를 판단해야 한다. 그리고 평가자는 예상되는 정보의 중요성에 따라 연구 시간을 할당하고 얼마나 많은 사람들과 또는 얼마나 오랫동안 머물러야 할 것인가를 결정해야 한다.

3) 질적 평가의 한계

질적 방법에는 윤리적인 문제가 개입될 수 있다. 즉 질적 평가자는 정책 참여자의 처지와 입장을 자신의 것으로 받아들여 평가 자체가 왜곡(bias)될 가능성이 있다. 예컨대 질적 평가자는 행정가나 정책결정자들이 갖는 효율성문제, 비용문제 그리고 유사한 목적의 다른 정책과의 상대적 평가문제 등에 관심을 두기보다는 정책대상집단(자)에만 관심을 둠으로써 그들이 갖는 사항을 과대 평가할 수 있다.

이런 점에서 질적 방법과 양적 방법을 결합하여 사용하는 것도 좋은 방법이다. 예컨대 이 두 가지 방법을 조합하여 정책과정에 대해서는 질적 방법으로 평가하고, 그 결과에 대해서는 양적 분석을 하는 것이다. '질은 무엇'에 해당하고, 양은 '얼마나 많은가'에 해당한다. '질적'이란 어떤 것을 특징 지우는 뜻을 의미하는 반면 '양적'은 그것의 측정량에 해당하는 것이다. 이런 연구방법의 조합을 통해 평가의 범위를 넓히고 유용한 자료 수집 및 수집된 자료의 해석 능력을 높일 수 있다.

Ⅳ. 주요 질적 방법들

1. 공공선택론

1) 공공선택론이란 무엇인가?

우리의 삶은 선택의 연속이라 할 수 있다. 그런데 선택에는 '개인 선택'과 '사회 선택'이 있다. "어떤 옷을 입을까?"를 결정하는 것은 개인 선택이며, "국방력 수준을 어느 정도로 할 것인가?"는 사회 선택이다. 사회 선택도 다시 시장원리에 의한 '시장 선택'과 정부의 개입에 의한 '비시장 선택'으로 나누어 볼 수 있다.

쌀가격 결정에 있어 쌀의 수급에 따른 시장기제에 의해 결정된다면 시장 선택이고, 농민과 도시민의 소득을 고려하여 정부가 개입하여 결정한다면 비시장 선택이다. 공공선택(public choice)이란 사회 선택 중 비시장 선택을 의미한다.

공공선택을 해야 하는 가장 큰 이유는 공공재가 존재하기 때문이다. 생산과정에 참여하지 않았거나, 비용을 지불하지 않는 사람이 공공재를 사용하더라도 사회적으로 이를 막기가 어렵다. 정부는 세금을 내지 않은 사람들을 배제하고 국방이나 치안 서비스를 제공하기는 곤란하다. 결국 사회 전체가 손해를 보더라도 자신의 이익만을 챙기려는 무임승차자(free rider)가 속출하게 되고, 이들로 인하여 결국 공공재를 효율적으로 공급할 수 없게 된다.

그렇다면 어떻게 이러한 문제를 해결해야 할 것인가? 공공선택론은 이러한 의문에 답하기 위해 경제학적 방법을 원용한다. 즉 경제학적 분석방법을 원용하여 공공부문에서 전개되는 제도적 상호작용을 설명하고 바람직한 방향을 제시하고자 하는 이론들을 총칭하여 공공선택론(public choice theory)이라 한다(Mueller, 1989: 1).

2) 공공선택론의 기본 가정

공공선택론은 기본적으로 '합리적 선택'과 '방법론적 개인주의'라는 두 가지 가정을 바탕으로 하고 있다.

합리적 선택(rational choice)이란 경제학의 '경제적 인간'(economic man)을 전제로 하는 개념이다. 즉 사람은 자신의 개인적 목적을 추구하며, 이를 위해 계산된 행위, 즉 '합리적 행위'(rational act)를 하는 존재이다. 경제적 인간은 현재보다 더 나은 상황을 위하여 합리적 선택을 하는데, 이때 선택의 기준은 기대 가치(expected value)이다. 즉 경제인은 기대 가치를 실현하여 자신의 효용을 극대화하고자 한다.

이기적 · 합리적 존재인 경제인이 자신의 효용을 극대화하고자 하는 행태는 시장에서의 선택뿐만 아니라 공공선택에서도 마찬가지로 나타난다. 정치적 결정에 있어서도 개인은 공익과 같은 추상적 이념보다는 구체화된 자신의 이익을 추구하려고 한다. 그러므로 공익을 위한 정치가의 노력도 공공선택론적 관점에서는 소속 정당의 승리나 자신의 재선(再選)과 같은 자기 중심적 이익의 반영에 지나지 않는다(Lane, 1995).

방법론적 개인주의(methodological individualism)란 모든 사회적 실체는 기본적으로 개인 행위자들의 집합(sets)이라는 가정이다. 즉 집단이 아닌 개인을 분석의 출발점으로 보기 때문에 사회나 국가 또는 계급 같은 개념도 개인의 집합 이상의 의미를 두지 않는다. 공공선택론에는 "사람은 인간으로서 동등한 가치를 가지며, 개인의 자유는 사회정책의 최고의 목적이다"라는 가정이 내재되어 있다(Buchanan, 1975). 모든 사회적 사실이나 규칙성은 개인적 특성으로 환원될 수 있다는 환원주의적 관점이 사회적 규칙성에 관한 거시적 설명을 위한 미시적 기초를 마련해 주고 있다.

3) 공공선택론의 유형

공공선택론은 다양한 정치현상들을 다루며 그 이론의 기본적 시각도 매우 다양하다. 공공선택론에서 다루는 '정치현상', 즉 공공선택적 시각에서 다루는 연구대상은 크게 두 가지로 구분할 수 있다(Mueller, 1989; 고바야시 요시아키, 1988; Buchanan, 1991: 218-226).

첫째, 우리들에게 어떠한 정치가 바람직한 것인가를 밝히는 '규범적 공공선택론'이다. 사회계약이론의 맥을 이은 Buchanan과 Tullock의 헌법적 질서의 형성에 관한 '헌법의 경제이론', Rawls의 '정의론', Arrow의 '사회적 후생함수'에 관한 연구가 대표적이다. Arrow는 사회적 후생함수를 일종의 헌법으로 받아들이지만 시민들이 헌법에 완전히 동의하지는 않는다고 본다. 그래서 합의된 규범에 부합하는 기준을 찾고자 하는 관료가 정책결정을 할 때 따라야 할 윤리적 지침이 바로 사회 후생함수라고 보았다.

둘째, 우리 사회가 어떠한 상태에 있는가를 경제학적 방법으로 설명하는 '실증적 공공선택론'이다. 헌법적 계약이 이미 확정된 다음 단계 —즉 이미 주어진 헌법적 구조하에서— 국가가 어떻게 하면 공공재를 공동으로 그리고 적은 비용으로 생산해 낼 것인가 하는 방법을 찾고자 한다. 실증적 공공선택론에서는 이기적이고 합리적인 경제·정치의 주체가 투표를 통해 각자의 선호(preference)를 나타내 보이는 과정을 시장과 유사한 것으로 보고, 다양한 투표방식에 대한 설명을 시도한다.

4) 실증적 공공선택론: 다양한 투표 방식

(1) 집단적 선택이 필요한 이유

이기적·합리적 개인들로 구성된 사회에서 집단적 선택을 해야 하는 이유를 설명하기 위해 각기 한 가지 상품을 생산하는 두 사람으로 구성된 사회를 가상해 보자. 즉 A라는 사람은 가축을 기르고, B는 옥수수를 생산하는데, 이들은 각기 생산한 상품을 서로 교환함으로써 자신의 후생 수준을 높일 수 있다.

그런데 A와 B는 각자의 상품을 교환하기보다 상대방의 상품을 훔칠 수도 있다. 교환을 통해 당사자들이 모두 이득을 볼 수 있지만, 서로 훔치는 행위를 할 때는 기껏해야 '영화 게임'밖에 안 된다. [표 7-1]을 통해 이를 설명하기로 하자.

A가 소를 기르고, B가 옥수수를 기르고 있는 사회에서, 만약 한 사람은 훔치지 않는데 다른 사람이 훔쳤다면, 훔친 사람이 더 많은 재화를 가질 수 있다. 그러나 두 사람 모두 상대방의 재화를 훔친다면, 그 결과는 서로 훔치지 않은 때보다 더 나빠진다. 그러

표 7-1   2인 영화 게임의 예

A/B	훔치지 않는다	훔친다
훔치지 않는다	I A(가축 10, 옥수수 9) B(가축 8, 옥수수 6)	III A(가축 6, 옥수수 3) B(가축 10, 옥수수 9)
훔친다	II A(가축 10, 옥수수 10) B(가축 5, 옥수수 3)	IV A(가축 7, 옥수수 5) B(가축 7, 옥수수 5)

므로 양자는 서로 훔치지 않기로 협약을 함으로써 둘 다 잘 살 수 있다. [표 7-1]의 경우 IV에서 I로 옮겨갈 때 개인은 물론 사회 전체적으로 이득이 된다.

이러한 관계는 공공재의 경우도 마찬가지이다. 공공재는 공동으로 생산해야 하지만, 일단 공급되고 나면 생산과정에 참여하지 않은 사람이라 하더라도 그의 소비를 막을 수 없는 특징을 지닌다. 공공재 공급에 모든 사람이 참여한다면 모두가 더 잘살게 되지만, 특정인만 빠진다면 그 사람은 상대적으로 많은 혜택을 누리지만 다른 사람은 결국 손해를 보게 된다.

그러나 사회 구성원의 수가 대단히 많다면 협약을 어기는 사람이 있더라도 이를 즉각 탐지해 내기 곤란하다. 따라서 큰 지역사회나 단체에서 자발적인 계약 준수를 전제로 공공재를 생산한다면, 무임승차자로 인해 공공재 공급이 과다 또는 과소하게 된다(Olsen, 1965). 따라서 지역이 넓고 이질적인 사람들로 구성된 사회에서는 어떠한 행동이 서로에게 혜택이 되는지를 공개적으로 밝힐 필요가 있다. 질서를 지키는 사람에 대한 유인과 어기는 사람에 대한 제재에는 사회적 선택이 필요한데, 민주주의 사회에서는 구성원들의 투표를 통해 이를 결정하게 된다.

(2) 투표를 통한 결정방법

투표는 개인들의 서로 다른 선호를 집계하여 집단결정을 유도하는 효과적인 방법이다. 투표를 통한 결정방법도 다양한데 이에 대해 좀 더 설명하기로 한다.

가. 만장일치에 의한 표결

모든 사람이 찬성해야 결정된다는 것은 모두 만족한 상태에 있다는 것을 의미하므로 가장 이상적이며, 이는 파레토 최적 상태와 유사하다. 그러나 만장일치에 도달하기 위해서는 무한대의 의사결정비용을 필요로 한다. 즉 모든 구성원이 만족할 수 있도록 의제를 계속 수정하거나 의제가 결정됨으로써 그 결과 구성원 개개인이 얻을 수 있는 혜택에 관하여 납득이 가도록 설명해야 하는 등 합의에 도달하기 위해서는 막대한 시간과 노력이 필요하다. 또한 구성원 개개인들은 자신에게 유리한 결정이 되도록 본심을 숨기고 행동하는 전략적 책략(strategic maneuvering)에도 소모적 시간과 정력을 투입한다. 이렇게 모든 구성원이 토론, 설득, 교섭 등을 통하여 최종합의에 도달하기까지 소모되는 시간이나 투입 자원들을 의사결정비용이라 한다.

❖ **파레토 최적**

파레토 최적은 다른 사람에게 손해를 끼치지 아니하고는 누구도 추가적인 이익을 기대할 수 없는 상태이다. 다시 말해 사회 전체적으로 최적의 자원배분이 된 것을 의미한다.

이러한 비용부담을 줄이기 위하여 다수결 원칙을 채택한다면 과연 전체 중 어느 정도 이상의 가결이 바람직한 것인가? 이에 대한 대답은 만장일치에 도달하기 위해 소요되는 손실, 즉 의사결정비용과 일부 반대를 무시하고 안건을 통과시켰을 때 초래되는 손실 또는 특정 안건에 대하여 자신이 반대하였음에도 불구하고 다수가 찬성함으로써 결정된 안건이 실행되어 그 결과 초래될 사회전체적 손실 가능 정도를 따져서 결정할 수 있다.

나. 다수결에 의한 표결

민주정치 과정에서는 과반수 이상의 동의를 요구하는 다수결 원칙이 일반적이다. 그러나 다수결 투표는 다수의 횡포, 즉 '소수에 대한 강압'을 초래할 수 있다. 또한 이래도 좋고 저래도 좋다는 중간 선호를 가지고 있는 집단이 결정에 중대한 영향을 미치는 경우가 있다. 이와 같은 다수결 투표방식의 결함을 보완하기 위해서 2/3의 찬성을 요구하는 조건부 다수결 제도나 선호의 강도를 반영하는 점수 투표제(point voting)가 있다. 점수 투표제는 자신의 선호 강도에 따라 일정한 점수를 각 선택대상에 배분함으로써 점수의 합계가 가장 높은 안이 채택되는 제도이다.

다. 순환과 투표의 모순

A, B, C라는 3인으로 구성된 위원회에서 100만원을 B와 C가 A를 제외시키고 각각 60대 40으로 나누어 갖고자 했다고 하자. 이때 A가 C에게 50대 50으로 나누어 갖자고 제안한다면, C는 새로운 제안에 찬성할 것이다. B는 자신이 원래의 계획보다 조금 손해를 보더라도 A에게 45대 55를 제안하여 새 연합을 형성하려고 시도할 것이다. 이러한 과정이 계속 진행된다면 순환(cycling)이 일어

나게 된다.

3명으로 구성된 위원회에서 특정 지역을 공장, 아파트 또는 공원 중 하나로 개발하려는 결정을 다수결로 채택하려고 하는 경우를 예로 가정해 보자. 위원 각자가 [표 7-2]와 같은 우선순위를 갖고 있는 경우, 이 위원회는 다수결로서는 아무런 결정을 할 수 없다.

표 7-2 투표의 모순

개인/우선순위	1순위(3점)	2순위(2점)	3순위(1점)
A	공 장	아파트	공 원
B	아파트	공 원	공 장
C	공 원	공 장	아파트

[표 7-2]에서 우선순위별로 점수화하여 각 대안들 중 두 가지씩 비교해 보자. 우선 공장과 아파트를 비교하면 A와 C가 아파트보다 공장을 선호하므로 2:1로 공장이 아파트보다 선호된다. 한편 아파트와 공원을 비교하면, A와 B는 아파트가 공원보다 2:1로 선호된다. 공장이 아파트보다 선호되고, 아파트가 공원보다 선호되므로 논리적으로 마땅히 공장이 공원보다 선호되어야 할 것이다. 그러나 공장과 공원을 직접 비교해 보면 B와 C가 공장보다 공원을 선호하여 공원이 2:1로 채택된다. 결국 세 대안들이 한번씩 채택되기 때문에 다수결 투표로는 결론을 내릴 수 없다. 이와 같은 현상을 '투표의 모순'이라 한다.

라. 담   합

각 대안에 대한 투표자의 선호강도가 다르다면, 절대 반대를 하는 소수를 무시한 다수결에 의한 결정은 문제가 있다. 이러한 상황에서는 담합(logrolling) 또는 투표 거래(vote trading)가 나타날 수 있다.

담합과정을 이해하기 위해 선호강도가 균일하게 분포되지 않은 [표 7-3]의 예를 보도록 하자.

표 7-3   담합의 예

투표자/안건	X	Y
A	−2	−2
B	5	−2
C	−2	5

각 안에 대한 숫자는 그 안건이 통과되었을 때 세 투표자의 효용이 현재에 비해 달라지는 정도를 의미한다. 그러므로 안건이 부결된 때에는 효용수준에는 변화가 없게 된다. B는 X안이 C는 Y안이 통과될 때 손해보다 이득이 크기 때문에, B가 Y안에 C가 X안에 찬성표를 던지기로 담합하면 두 안은 모두 통과될 수 있다.

[표 7-3]에서 숫자가 기수적(基數的)이고 개인 상호간에 비교 가능한 효용이라면, B와 C의 교환은 세 명으로 이루어진 공동체 전체의 후생수준을 향상시킨다. 투표 거래가 없다면, 각 안건에 대해 상대적으로 강한 선호강도를 갖는 소수는 다수에게 압도당할 것이기 때문이다. 이 예에서 두 안만을 비교한다면 공동체 전체로서 2만큼의 이득을 얻을 수 있다. 다시 말해 X안이 통과됨으로써 B가 가지는 5의 효용은 나머지 두 사람의 효용인 −2의 합인 −4보다 1이 많으며, Y안의 통과에서도 마찬가지로 1이 많기 때문에 전체적으로 두 안이 통과됨으로써 2만큼 많게 된다.

5) 사회 후생함수

(1) 사회 후생함수의 개념

서로 다른 의사결정기준을 가진 개인의 총합으로서 비시장 의사결정은 어떤 방식으로 이루어져야 하는가에 대해 가장 많이 알려진 기준은 "개인 효용의 총합을 극대화한다"는 Bentham의 공리주의이다. 그러나 이러한 기준은 개인간 효용을 비교할 수 있어야 한다는 문제점이 제기된다. 이러한 점에서 사회 후생함수론은 개인효용함수를 규정하는 '개인 선호의 순위화'(preference ordering)를 보장하는 형태로 사회 후생함수가 구축되어야 한다고 본다. 다시 말해 개인의 선호를 사회적 선호로 변환시키기 위한 일반적 정의를 사회 후생함수라 한다. 간단히 설명하면 n명의 구성원들로 구성된 사회 후생함수는 개인들의 선호형태(R_1, R_2, R_3, …, R_n)의 집합을 RK로 가정하고 모든 가능한 사회 선호의 집합을 R이라 하면, 사회 후생함수(social welfare function: SWF)는 RK에서 R로 가는 지도(mapping)로서 다음과 같이 표시할 수 있다. 여기서 W는 사회의 규범적 규율이나 가치 판단의 기준에 의한 영향을 의미한다.

$$\text{SWF: } RK \rightarrow R$$

그런데 미시경제학에서 소비자의 선호함수는 이행성(transitivity)을 지닐 때 정상적(regular)이라고 한다. 이행성이란 x, y, z 세 가지 대안이 있을 때 x를 y보다 더 선호하고, y를 z보다 더 선호하는 경우 x를 z보다 더 선호하는 것이 정상적이라는 것이다.

(2) Arrow의 불가능성 정리(Impossibility Theorem)

민주주의 사회에서 개인의 의사결정을 총합하는 수단으로서 다수결 원칙이 비이행성의 문제에 직면할 수 있다는 점은 앞에서 설명한 '투표의 모순'에서도 살펴보았다. 즉 개개인의 선호의 합의과정에서 투표의 모순이 발생하는 경우, 어떠한 근거를 바탕으로 하든지간에 개개인이 합리적 선택을 하더라도 다수결 원칙에 의해 합리적인 집단적 선택(혹은 사회적 선택)을 도출해 낼 수 없다는 점을 시사하고 있다.

Arrow는 불가능성 정리를 통하여 다수결 원칙으로는 바람직한 사회 후생함수를 도출해 낼 수 없음을 입증하였다. 따라서 다수결 원칙을 채용하는 정치체계에서 실제로 행해지고 있는 결정은 Arrow의 바람직한 조건의 한 가지 또는 그 이상을 만족시킬 수 없다는 의미에서 차선(second-best)의 선택이 될 수밖에 없다.

2. 신제도주의

1) 구조주의적 접근법과 신제도주의

사회현상이 자연현상과 같은 방식으로 인과관계적으로 설명될 수 있다는 것이 행태주의적 입장이다. 그러나 행태적 설명은 참다운 사회현상을 설명하는 것은 아니며 또한 사회현상에 대한 설명은 반드시 인과적인 것이 아닐 수 있다는 점에서 구조주의적 접근법의 유용성이 강조되었다. 여기서 구조주의는 철학에서 사용하는 개념으로 정치학이나 사회학에서 논의되는 구조기능주의와는 다른 개념이다.

구조라는 개념은 자연현상과 사회현상 모두에 적용될 수 있다.

화학에서 물질의 구조를 말할 수 있는 것처럼 관료제에서도 구조를 말할 수도 있다. 에너지나 빛과 같은 물리현상을 $E = mc^2$이라는 인과적 구조에 의해서 설명할 수 있듯이, 관료제도 내의 관료행태는 관료제라는 인위적으로 만들어진 제도적 구조와 관련하여 설명될 수 있다. 그런데 모든 구조에 대한 설명은 오로지 인과적일 필요는 없으며 현상의 성질에 따라 다른 방법도 가능하다.

사회현상에 대한 구조적 접근의 필요성은 사회현상이 자연현상과 달리 의미를 지닌 존재, 즉 의미현상이라는 점 때문이다. 돌이나 물 또는 갑자기 몰아치는 회오리바람은 자연 그 자체로부터 의미를 굳이 추출할 필요는 없다. 하지만 사람이나 사람의 관계로 구성된 사회제도는 의미적 존재이다. 그러므로 사람이나 제도에 대해서는 인과적 설명보다는 비인과적으로 이해해야만 하는 경우도 있다.

관료행태를 설명하기 위해서는 그들이 몸담고 있는 관료제와 그 행정문화나 조직의 규칙을 알아내고 이에 비추어 개별 관료적 행태가 지니는 의미를 파악해야 한다. 우리가 바둑을 둘 때, 상대방이 둔 한 수의 의미를 파악하기 위해서는 바둑의 규칙이나 행마의 요령을 알고 있어야만 하는 것과 같다. 요컨대 앎의 대상이 자연현상이 아니고 의미현상이라는 점에서 구조주의적 접근법을 통한 앎은 설명적이라기보다는 이해적 앎이다.

그러나 좀 더 따지고 보면 구조주의적 접근법에서 이해의 개념은 행태주의적 접근에서 추구하는 설명과 대립되는 개념은 아니다. 구조주의적 접근법에서 이해하고자 하는 의미현상은 언어적으로 표현하기 이전의 대상이다. 이는 다음에 설명할 현상학에서 말하는 주체자의 의도나 경험을 통해 발견되는 의미와는 다르다. 다시 말해 사회과학에서 제기되는 설명(explanation)과 이해(verstehen or understand)와의 대립은 구조주의적 접근에서는 심각하게 문제되지는 않는다.

신제도주의(new institutionalism)는 행태주의에 대한 반발로서 그러면서도 현상학과도 구별되는 구조주의적 접근법에 포함시킬 수 있는 하나의 방법론 또는 접근법이다. 원래 신제도주의는 정치학, 사회학, 경제학 등에서 연구되어 왔다. 최근에는 신제도주의를 원용하여 행정현상이나 정책현상을 연구하려는 시도들이 증대되고 있다. 그러나 신제도주의에 포함시킬 수 있는 연구들이 여러 학문에서 개별적으로 이루어져 왔으며, 또한 동일 학문 내에서도 설명 방식에 있어 많은 차이가 있다. 그러므로 신제도주의에 대한 통일적이고 명료한 설명을 하기는 어렵다. 여기에서는 정치학 및 사회학과 경제학으로 대별하고 각 학문에서 다양하게 연구되어 온 신제도주의의 기본 내용들을 중심으로 설명하기로 한다.

2) 신제도주의란 무엇인가?

신제도주의의 기본적 인식은 '제도가 중요하다'(Institutions do matter)라는 점이다. 이는 행태주의에서 중요시하는 개인보다 개인이 처한 환경인 사회적 맥락을 더 중요하게 본다는 의미이다. 물론 환경을 중시하는 접근법들은 신제도주의 외에도 많다. 신제도주의가 소개되기 전에 환경에 초점을 둔 체계이론(system theory)이나 상황론(contingency theory) 등이 그것이다. 그러나 이러한 이론들이 행태주의적 관점을 밑바탕에 깔고 있는데 비해 신제도주의는 개인을 둘러싸고 있는 제도의 의미를 파악하려는 구조주의적 관점에 선다는 점에서 차이가 있다.

한편 제도의 중요성은 전통적인 제도연구에서도 마찬가지로 인식하고 있었다. 다만 전통적 제도연구에서는 공식적인 사회제도 자체를 연구대상으로 하여 주로 제도의 개념과 속성을 분석하였다는 것이 신제도주의와의 차이이다. 신제도주의는 제도가 개인에 미치는 영향이나 개인의 유인체계에 미치는 제약을 분석하고자 한다. 즉 신제도주의에서 제도는 개인들 사이의 상호작용에 대한 제약장치로 인간에 의해 만들어진 것으로 본다.

신제도주의에서 의미하는 '제도'란 무엇인가? 신제도주의자들간에도 제도에 대한 정의에 있어 상당한 차이가 있지만 다음과 같이 세 가지 학파로 크게 분류할 수 있다.

첫째, 제도란 하나의 '균형점'(equilibrium)이다. 즉 개인들이 상호의 선호를 이해하고 이에 따라 최적의 행동을 선택한다면 존재하게 되는 '행태의 안정적 유형'(stable pattern of behavior)이다.

둘째, 제도란 규범(norm)이나 규칙(rules)이다. 즉 제도란 공식적 또는 비공식적 관계에 있는 사람들이 다른 사람의 행동에 대해서 공정하고 안정적인 예상을 가능케 하는 규칙과 규범을 의미한다.

셋째, 제도란 인간의 행동을 인도하는 '의미의 준거틀'(frame of meaning)을 제공하는 상징체계, 즉 '문화'이다. 그런데 문화란 규범의 총합으로 볼 수 있기 때문에 두 번째 범주에 통합시킬 수도 있을 것이다.

이러한 세 가지 정의의 분류는 각각 제도의 다른 측면을 강조한 것이지만 이들 모두 개인과 환경과의 관계에서 사회제도를 설명하려는 점에 공통점이 있다. 즉 이 세 정의들은 모두 개인이 선택할 수 있는 기회와 이에 영향을 미치는 제약들을 제도라 정의하면서 각기 상이한 유형의 기회와 제약에 초점을 맞추고 있다(정용덕 외,

1999).

그런데 공공분야에 신제도주의를 원용하고자 할 때 어떤 사회현
상을 제도로 보아야 할 것인가에 대해서 쉽게 답하기가 어렵다.
대체로 신제도주의에서는 권력을 다루는 정치현상과 자원 분배 및
화폐와 관련된 경제현상을 별개의 것으로 보지 않는다. 그 이유는
두 현상 모두 제도와 이익을 다루기 때문이다(Lane, 1995). 이러한
논의는 정치학에서의 신제도주의에 대한 연구들을 통해 좀 더 자
세히 논의하기로 한다.

3) 정치학에서의 신제도주의

신제도주의 정치학자들은 현대정치이론들이 정치제도를 설명하
는데 있어서 본질적 한계를 극복하고 이들에 도전하기 위한 대안
적 이론으로 신제도주의를 주창하였다. 그러면 신제도주의적 관점
에서 기존의 현대정치이론이 지닌 한계란 무엇인가? 대표적인 현
대정치이론들이 제도에 대한 설명에 있어 어떠한 한계가 있는지를
살펴보기로 하자.

우선 현대정치학에서 주류를 이루었던 합리적 선택이론을 들어
보자. 합리적 선택이론이란 인간의 합리적 행위가 지닌 특성을 체
계적으로 파악하여 그로부터 도출될 수 있는 다양한 주장들로서
정치현상을 설명하고자 하는 방법이다. 이 방법론에서는 정치제도
를 단지 개인과 집단 행동의 단순한 집합으로 본다. 또한 정치적
행위자의 선호(preference)와 힘(power)을 정치분석에서 '외생적으로
주어진 것'(exogenous givens)으로 취급한다. 그러므로 정치제도가
정치적 행동에 큰 영향을 미치고, 역으로 정치적 행동은 제도를
재형성한다는 점을 간과하였다.

현대정치이론에 중요한 또 하나의 흐름으로 구조기능주의를 들수 있다. 구조기능적 접근법은 공통적으로 인간의 행동을 사회적 구조로부터 이끌어내려 한다. 구조주의자들은 '구조'를 정치환경 으로부터의 자극에 합리적으로 적응한 결과로 이해한다. 예컨대 Weber는 관료제를 복합적인 현대사회 속에서 기능적으로 최적인 것으로 본 것이다. 그러나 제도가 항상 환경 변화에 적응하며 발전한다는 생각은 타당하지 않다. 다시 말해 정치적 행동은 구조로 부터 '상대적 자율성'을 가질 수 있다. 더 나아가 중요한 정치적 행위를 설명할 때는 제도가 정치적 행동에 미치는 영향과, 역으로 그 행동이 구조나 제도를 바꾸는 방법의 양 측면을 모두 고려해야 한다. 이런 맥락에서 제도란 "의미 있는 행동과 구조적 요소간의 상호작용"이라고 정의할 수 있다.

정치학에서는 신제도주의의 기본적 관점을 다음의 네 가지로 요약할 수 있다.

첫째, 제도는 사회체계에서 중요한 실체(entity)를 구성한다. 신제도주의는 제도를 사회 내의 행위자로서 독립적 역할을 수행하는 행동주체로 본다. 또한 상대적으로 자율적인 정치제도간의 상호의존성을 강조한다. 이는 제도를 결정의 주체로 간주하는 제도적 일관성과 정치제도가 사회의 단순한 반영 이상이라는 제도적 자율성에 관한 주장이다. 신제도주의는 개별 행위주체의 역할보다 국가를 형성하고 있는 제도가 더 주도적인 역할을 수행한다고 보는 것이다. 이러한 관점에서 신제도주의적 학자들은 제도가 사회의 중요 문제들을 어떻게 해결하는가, 제도가 어떻게 사회체계를 질서 있게 움직이도록 하는가 등에 대한 설명을 시도한다.

둘째, 기존 정치이론들은 정치체계의 기본 단위들이 비교적 단순하게 서로 잘 짜여져 있다고 보는데 반해, 신제도주의는 제도들이 서로 다중적이고 중첩적인 연관을 가지고 있다고 본다. 따라서 이러한 복잡성을 가진 정치체계를 통계학적 집합의 논리로 분석하거나 또는 분석수준을 하위체계수준으로 낮추려는 노력은 모두 무의미하다.

셋째, 기존 정치이론들은 정치란 이익갈등 속에서 희소자원을 분배하는 것이고, 행위란 그 결과의 기대에 관해 이루어지는 선택이며, 상징이란 현실 정치를 가리는 커튼에 불과하다고 본다. 반면 신제도주의는 시민의 정치 참여로 인한 결과보다는 참여과정 자체에서 즐거움을 찾으려 한다. 이런 점에서 신제도주의는 결과의 우위성에 대한 도전이며, 상징 및 의미작용의 중심성을 강조한다.

넷째, 제도가 이익을 결정한다. 신제도주의적 접근을 한 대표적 학자들인 March와 Olsen(1988)은 사회적 상호 작용들에 있어 이익보다 제도가 우선한다는 것이다. 다시 말해 제도가 개인의 선호와 이익을 결정하고, 개인과 집단의 이익에 관한 집단적 의사결정에도 중대한 영향을 미친다는 의미이다.

4) 경제학에서의 신제도주의

20세기 초반 이후 합리적이고 이기적인 인간 행태의 기본모형에 입각한 신고전 경제학은 상당한 분석력과 설명력을 가지고 경제학을 이끌어온 학파였다. 그러나 신고전파 경제학자들이 명확히 답할 수 없는 부분들도 상당히 있었다. 경제학에서의 신제도주의적 접근은 신고전 경제학에서 경제활동의 외부적 요인으로 간주되던 변수들을 내재화하려는 시도로 볼 수 있다. 즉 거래행위에서 거래비용이 없는 것으로 보았고, 정보비용에 대한 큰 관심도 없었다. 또한 경제적 삶은 사회적 삶 속에 깊이 뿌리를 박고 있기 때문에 그 무대가 되는 사회적 관행과 도덕, 관습 등을 떼어놓고 이해할 수 없다는 점을 경시하였다.

앞에서 살펴본 정치학의 경우처럼 경제학에서도 신제도주의 틀 속에 포함시킬 수 있지만 그 개별적 설명 대상과 초점에 있어서는 대단히 차이가 나는 이론들이 많기 때문에 여기서 그 대표적인 내용들에 대해서만 설명하기로 한다.

(1) 거래비용

신제도주의 경제학에서는 사회적 성과와 제도를 분석함에 있어서 거래비용의 중요성을 강조한다. 거래비용을 영으로 추정하는 신고전 경제학적 전제에 따른다면 제도는 결과에 아무런 영향을 미치지 못한다. 이는 신고전주의 경제모형이 제도의 중요성을 인식하지 못했다는 것을 의미한다.

그러나 현실적으로 거래행위에는 거래비용이 —협상이나 합의를 도출하는 비용과 도출된 합의를 집행하는 비용 등— 수반되는 것이 보통이다. 특히 이해관계자의 수가 많을 경우 거래비용이 매우 크게 될 것이다. 또한 어떤 기업이 특정 제품을 구매하기 위해서는 어떤 가격에 어떤 품질의 제품들이 있으며, 가격이나 기술이 변동될 가능성은 없는지, 거래선은 믿을 만한지 등을 알기 위해서 시간과 돈을 투자해야만 한다.

그런데 거래비용의 크기가 크다면 경쟁시장에서 구입함으로써 얻게 될 이익을 포기하고 그 기업이 명령체계를 이용하여 그 제품을 스스로 만들어내기로 결정할 수 있다. 그러나 기업의 규모가 커질수록 명령체계의 비효율성이 두드러지므로 시장기구의 효율성을 회복하기 위한 압력이 커지게 된다. 기업은 내부조직을 통해 교환할 것인가 아니면 시장기구를 통해 거래할 것인가를 결정해야 한다. Coase는 기업 거래비용을 최소화하기 위한 조직체계로 이해하고, 결국 거래비용의 크기가 작을수록 내부 통제 대신 시장기구를 통한 거래를 선호하게 될 것이라 하였다. Coase의 문제 제기를 통해 거래비용이라는 개념은 매우 중요한 이론적 도구로 부상되었으며 기업 합병, 수직적 결합 등이 새로운 각도에서 논의되는 등 경제학계에 광범위한 공감대를 형성하였다. 즉 거래비용이 큰 경우 시장을 통한 교환보다 기업이라는 조직을 포함한 제도의 문제가 중요하다는 것이다.

(2) 본인-대리인 모형

집단행동과정에서 발생하는 거래비용을 분석하기 위한 틀로서 대표적인 이론으로 본인-대리인모형(principle agent model)이 있다. 본인-대리인모형은 기업과 같은 사적 관계에 대해 적용되었으나 공공분야에서의 집단행동에서 야기되는 거래비용문제를 분석하기 위한 틀로서도 원용될 수 있다. 즉 시민이 본인이라면, 시민을 위해 봉사해야 할 정치인이나 관료는 대리인에 해당한다. 특히 시민과 정치인의 관계와 정치인과 관료간에는 '중복 본인-대리인 관계'(the double principle agent relationship)가 형성되어 있다.

이러한 국가의 중복 본인-대리인 구조에서는 불명확성, 기회주의적 행태, 도덕적 해이, 그리고 역선택 문제가 발생한다. 여기서 불명확성이란 대리인의 행위가 과연 본인의 이익을 위한 것인가, 그리고 대리인에게 돌아갈 보상은 무엇인가에 관해 이해하기가 어렵다는 것이다. 또한 정치인들은 자신을 대리인이기보다는 본인으로 생각하지만 선거철이 되면 국민과 국가의 대리인을 자처하는 기회주의적 행태를 보인다.

그런데 본인의 입장에서 대리인이 본인의 이익을 위하여 행동하도록 통제하고자 한다면 이를 위해서는 엄청난 비용이 소요될 것이다. 예컨대 주민 투표제(referendum)는 본인으로서의 주민이 대리인인 정치가를 통제하기 위한 제도인데, 실제로 이를 실시하는 데는 많은 문제점이 지적될 수 있다.

우선 주민은 특정 안건에 관련하여 현직의 정치가에 대한 신임을 묻기 위한 투표를 하기 위해서는 그 안건에 대해 잘 알고 있어야 하며, 또한 정치가의 그간의 활동에 대해 충분히 관찰할 수 있어야만 한다. 그러나 이는 곤란하거나 불가능하다. 공공분야에서 대리인이 본인을 위하여 봉사하도록 하기 위해서 시민의 요구를 정치체계가 자동적으로 반영할 수 있는 정치제도의 구축은 현실적으로 불가능하다. 그리고 시민의 정치가에 대한 통제뿐만 아니라 정치가의 관료에 대한 통제도 제한된 관찰능력, 제한된 합리성, 불균형적 정보, 전략적 행동 등으로 인해 중대한 한계가 있을 수밖에 없다. 또한 대리인에게 주어지는 보상의 불명확성, 대리인이 수행해야 할 바람직한 행동, 그리고 대리인의 행동과 결과간의 관계에 대한 불명확성이 통제에 있어서 장애가 된다.

본인-대리인모형에서 보면, 공공분야에서의 시민의 이익은 경제분야에서의 소비자 주권과 같은 개념으로 받아들여진다. 그러나 시민주권은 본인-대리인관계에서 발생되는 거래비용으로 인해 충분한 인정을 받지 못하고 있다.

3. 현상학

1) 현상학이란 무엇인가?

현상학은 20세기 초 Husserl(1859-1938)에 의해 체계화된 철학 사조 중의 하나이다. Husserl은 사변적인 독일 관념론이 붕괴되면서 19세기 후반부터 20세기 초에 걸쳐 형성된 '자연주의'에 대한 철저한 비판을 통하여 현상학을 발전시켰다. 자연주의는 르네상스시대 이래 비약적으로 발전한 자연과학, 그 중에서도 수리물리학의 성과에 크게 자극을 받아 제3자적 관찰, 실험, 법칙화 등의 물리적 방법이 모든 학문의 참된 방법이 될 수 있다고 본다. 또한 자연과학은 물론 역사학, 정치학 등 사회과학조차도 자연과학적 방법을 사용해야만 참된 학문이 될 수 있다고 믿는다.

Husserl에 의하면 객관주의, 실증주의 등으로 불리우는 자연주의의 근본 오류는 물리적 대상과는 근본적으로 다른 존재방식 및 인식방식을 지니는 대상들을 물리적 대상처럼 취급하는데 있다. 즉 자연주의가 범한 근본 오류는 자연, 정신, 사회, 종교, 예술 등 그 존재 및 인식구조에서 서로 구별되는 다양한 영역이 있음을 망각한 채 '자연'이라는 특정 영역에만 타당한 존재 및 인식원리를 일반화시켜 모든 영역에 무차별적으로 적용할 수 있다고 생각한데 있다. 자연주의의 입장을 따를 경우 사회현상을 그 현상의 본질에 합당하게 인식할 수 있는 가능성이 차단되어 버린다. 한편 Husserl은 제1차 세계대전을 경험하면서 이를 과학이라는 학문을 손에 쥔 인간에 의해 삶의 대대적인 파괴가 체계적이고 합리적으로 진행된 충격적 사건으로 규정하였다. 그는 삶이 이와 같이 위기에 빠진 이유를 학문이 삶에 대한 의미를 잊어버리고 단지 수단화되었기 때문으로 보았다.

Husserl은 현상학을 통해서 이러한 현대과학이 처한 위기, 더 나아가 현대인이 처한 실존적 위기를 극복할 수 있다고 믿었다. Husserl은 현상학을 '엄밀학으로서의 철학'이라고 했는데, 여기서 엄밀하다는 것은 ① 개념을 통해 그 개념이 지시하는 현상을 다른 여타의 현상들과 구별하면서 확인할 수 있고, ② 그 개념을 이루고 있는 개념요소들이 명확해야 한다는 것을 의미한다. 엄밀한 개념이란 현상 자체에 부합하는 개념이기 때문에 현상학을 엄밀학으로서 수립하고자 할 경우 일차적으로 "현상 자체로!"라는 현상학의 구호에서 나타나듯이 공허한 사변 혹은 자의적인 개념 구성을 멈추고 현상 자체로 귀환하는 일이다(이종관, 1995).

'원초적 환원'이나 '판단 중지'의 개념을 통해 추구하는 현상 자체로의 귀환에 대해 좀 더 설명하기로 한다.

2) 판단 중지와 간주관성

참다운 앎의 근거는 인식자의 의식과 그것의 대상과의 관계를 지칭하는 경험 자체 속에서만 찾을 수 있다. 구체적인 경험을 통해서 의식 속에 내재해 있는 본질 또는 지향성을 이해하는 것이다. 현상학의 관점에서 볼 때, 인식의 대상은 물리적 사건 또는 현상이 아니라 그러한 대상의 본질이며, 이러한 인식에 이르는 길은 실험적이거나 사념적(思念的)이어서는 안 되고 서술적이어야 한다. 현상학에서 서술하고자 하는 것은 과학이나 상식적인 앎이 아니라, 구체적 경험을 통하여 의식 속에 나타나는 그대로의 대상이다. 즉 현상학에서의 현상은 물리적인 현상이 아니라, 어떤 대상의 경험내용을 가리킨다. 현상학은 구체적인 개별적 경험을 통해서 들어오는 의식 내의 현상을 세밀히 서술함으로써 그것들 속에 공통으로 들어 있는 관념적 내용을 밝히고자 한다.

공통적인 관념적 내용을 파악하기 위해서는 먼저 판단 중지라는 의식적 절차가 필요하다. 우리는 여러 가지 선입견이나 지각의 불완전성으로 인하여 대상의 본질을 보지 못하는 경우가 많다. 따라서 우선 기존의 모든 이론체계를 비판없이 수용하는 것을 멈추어야 하는데 이를 판단 중지라 한다. 판단 중지를 통해 지금까지 우리에게 주어져 있던 모든 이론과 선입견에서 벗어나서 현상의 본질을 이해할 수 있는 것이다.

이러한 경험과 현상이 나타나는 총체적인 장을 '일상생활 세계'라 한다. 즉 일상생활 세계는 인간행위에 의해서 끊임없이 형성되고 해석되며, 변형되는 의미의 세계이다. 상식적 인간은 이러한 세계 속에 존재한다. 그리고 다른 사람과 의사소통이 이루어지는 지속적 현실은 상대방의 관점에서도 역시 사실로 받아들여질 것이라고 가정한다. 즉 다른 사람의 의식도 나와 동일한 근본 구조를 나타내는 것으로 나에게 주어진다. 이러한 세계는 나 또는 너만의 사적인 세계가 아니라 "그 시초부터 우리들의 것으로 경험되는" 상호 주관적 세계이다. 따라서 주관적 개인의 경험이 객관화, 즉 '간주관성'(間主觀性, intersubjectivity)을 지닐 수 있는 것이다.

간주관성에 대한 이해를 위해 다음의 예를 생각해 보자.

"온도계가 20도를 가리키고 있다면 누구든지 이를 보고 현재의 기온을 알 수 있고 또한 정말 20도인지 검증도 할 수 있다. 그러므로 이는 간주관적으로 타당하다. 그러나 어떤 사람에게 혹은 나에게 모두 '푸르다'라고 규정되는 그 무엇을 내가 보고 있는 그대로 보고 있느냐의 여부는 어느 누구도 알 수 없다."

　'푸르다'라는 술어를 정당하게 부여할 수 있는 대상들의 범위는 우리의 언어 공동체 내에서는 완전히 일치할 수 있다. 그러나 우리가 동일한 대상을 푸르다고 말한다고 해서 우리 모두가 동일한 지각내용을 가지고 있는 것은 아니다. 내가 빨갛다고 했을 때 갖게 되는 지각 내용을 다른 사람은 푸르다고 했을 때 느낄 수도 있다. 달리 말해서 "누가 어떤 색을 어떻게 보고 있느냐" 하는 것은 사실상 알 수 없다. 우리는 결코 타인의 의식 속으로 들어갈 수 없기 때문이다. 아니, 오히려 그것은 불필요하기까지 하다. 왜냐하면 푸르다는 것이 실제로 무엇인가를 알 필요는 없으며, 푸르다는 말을 실제로 어떻게 사용하고 있는가를 아는 것으로 충분하기 때문이다. 단지 우리가 무엇을 푸르다라고 부르고 무엇을 그렇지 않은 것으로 부르려고 하는가를 간주관적으로 이해할 수 있다면 그것으로 충분할 따름이다(Seiffert, 1994).

3) 합 일 감

　현상학은 일상 생활세계에 존재하는 사회현상의 의미를 간주관적으로 파악하고자 한다. 그러면 어떻게 사회현상의 의미를 파악할 수 있는가? 그것은 실증주의처럼 인과적으로 설명될 수 없고 오로지 이해를 통해서만 가능하다. 설명과 대립되는 이해는 흔히 '상상적으로 남의 입장에서 본 뜻'을 아는 앎의 양식이다. 남의 입장에서 보는 태도를 '합일감'(合一感, empathy)이라고 부른다. 결국 현상학적 이해는 심리적 추측인데, 여기서의 문제는 과연 그러한 심리적 추측의 객관성을 보장할 수 있는가를 따지는데 있으며, 행위자의 심리적 상태가 과연 사회적 의미와 같은 것임을 밝히는 것이다.

　이러한 점을 '치통'의 예를 통해 좀 더 알아보자. 과거에 치통을 앓은 경험이 있는 나는 타인이 치통을 앓고 있다고 말을 하면 결코 그의 내부에 들어갈 수 없지만 그가 진실을 말하고 있는 것이라 가정한다면, 그 때 그가 무엇을 느끼고 있는가를 충분히 '상상'할 수 있다. 나로서는 타인이 나와 완전히 동일하게 통증을 느끼고 있는가의 여부를 알 수는 없다. 그러나 현상학적 이해에 있어서 그것은 전혀 중요치 않다. 중요한 것은 우리 모두 "통증을 느낀다"는 문장으로 지칭되는 일정한 상황 속에 있으며, 바로 그 상황을 여타의 상황과 구별하고 있다는 점이다.

　행태주의자는 통증을 파악하기 위해서는 충치 여부와 그 정도를 분석해 봄으로써 알 수 있다고 할 수 있을 것이다. 그러나 통증을 느끼고 있는 상대방은 지각의 독점 상태에 있기 때문에 충치 구멍의 크기만으로 상대방의 통증의 정도를 설명할 수는 없다. 이는 실증주의적 입장에서는 제사에 바치는 포도주 잔의 가치는 그것이 유리냐 크리스탈이냐 하는 재질이나 경제적 가치로 파악하지만, 현상학적 입장에서는 하늘이 내린 빗물, 땅이 영글어낸 포도, 유한한 인간, 그리고 그에 의해 그려지는 세계의 신성함이 모여드는 작품으로 보는 것과의 차이와도 같다.

　치통의 예로 다시 돌아가서, 우리가 타인이 실제로 통증을 가지고 있는가를 알아보는데 있어, 단순히 "지금 통증이 있다"는 언명만이 주어지는 것은 아니다. 무엇보다도 그 언어적 언명은 통증을 지닌 환자의 비언어적 행동을 통해서도 보충적 지지를 받고 있다. 예컨대 말하는 투나 찌푸리는 모습 등의 표현이 지금 통증이 있음을 말해 주는 것이다. 우리가 그가 치통을 앓고 있느냐의 여부를 판단함에 있어 언명만으로는 결코 그것이 참인지 알 수 없고, 오히려 치통을 앓고 있는 사람의 외적 행동에 대한 지각을 통해 알 수 있는 전체적 상황과 연관하여 판단할 수 있다.

　이상을 요약하면 다음과 같다. 어떤 사람이 치통을 갖고 있는지 아닌지의 여부를 ―우리는 비록 그 사람의 의식 속으로 들어갈 수는 없다 하더라도― 그의 언어적 표현이나 여타 비언어적 표현 등을 근거로 거의 정확하게 높은 신뢰도로서 파악할 수 있다. 따라서 이러한 사실은 바로 우리 자신이 그와 같이 언어적이든 비언어적이든 모든 표현들을 이미 우리에게 주어진 일정한 상황의 표현으로 통찰하거나 이해하고 있는데 기인한다.

4) 현상학의 한계

　현상학은 모든 과학이 통일된 방법에 대한 꿈을 버리고 대상의 성질에 따라 서로 다른 방법으로 설명되고 이해될 수 있다는 점을 보여주었다. 특히 Husserl은 자기와 같은 주체성을 타존재자에게 이전하여 이해하는 간주관성 개념을 통해 '사랑의 공동체'를 향해 부단히 진화할 수 있는 가능성을 설명하였다. Husserl에게 사랑이란 단순히 가슴이 떨리는 감정적 느낌이나 상대방을 위한 자신의 상실을 의미하는 것이 아니라 타인 속에서 자신을 느끼는, 즉 타인 속에서 자신으로 삶을 의미한다. 자신을 타인 속으로 이전시켜 그 안에서 자신을 자신으로 사는 것이 사랑이기 때문에 진정으로 사랑하는 사람들은 상대방의 고통과 기쁨 등을 자신의 아픔이나 기쁨과 같이 느끼는 것이다. 20세기 현대주의의 특성인 개인주의가 가져온 사회적 어려움을 현상학적 이해를 통해 극복할 수 있을 것으로 본 것이다.

그러나 방법론 측면에서 현상학은 몇 가지 점에서 비판을 받을 수 있다. 첫째, 현상학적 언명은 그 주체가 말하는 영역 내에서의 개인적인 삶의 체험에 의존하고 있기 때문에 일반화의 문제가 있다. 간주관성의 판정기준은 현상에 대한 설명은 독자들의 "아! 역시 그렇구나"하는 동의여부에 달려 있을 따름이다. 그러나 비록 표준화될 수 없고, 따라서 모든 탐구자가 임의로 접근할 수 없다 할지라도 그것은 우리 삶의 해명에 커다란 역할을 할 수 있는 기틀을 지니고 있다는 점에서 일반화가 현상학의 방법론적 가치를 판단할 수 있는 절대적 기준은 아니다.

둘째, 현상학적 방법은 시간을 초월한 서술을 추구하는 것은 아니다. 현상학자들은 "이러저러한 것이 어떠하다"라고 말하지만, "그것이 언제나 어디서나 그러하다"라고 진술하지는 않는다. 즉 현상학적 이해는 특정한 시공간 영역에 대해서만 타당할 뿐이다. 현상학자들은 자신의 서술에 대해 그것을 스스로 '체험된 삶'으로 해석하여 "아! 그렇구나"라는 반응을 보이며 받아들일 수 있는 '오늘날의 사람들'이나 해당 사회의 인물에 관심을 두고 있을 뿐이다.

제 8 장

정책변동이론

정 / 책 / 학

8

정책변동이론

개 요

왜 일정기간 동안에는 정책이 대단히 안정적이고, 또 어떤 시기에는 어떤 요인으로 변동되는가? 이 장에서는 정책의 연속성과 변동을 설명한다. 정책은 시간이 경과함에 따라 안정적이게 되며, 변동은 대단히 서서히 그리고 조금씩 변동된다. 매우 드물기는 하지만 정책변동 에너지가 분출하여 큰 변동이 이루어지기도 한다. 이러한 큰 변동은 재해, 사회운동, 기술 변화, 경제적 위기 또는 비범한 사건, 역사적 사건에 의해 촉발되기도 한다(wilson, 2013).

이 장에서는 몇 가지 모형이나 이론을 통하여 우선 정책변동과 정책확산에 대해 설명한다. 정책변동이 일어나는 원인에 대한 이론으로서 국가 중심이론·순환이론·중단된 균형, 그리고 정책레짐이론에 대하여 설명한다. 그리고 정책변동과정에 관한 Sabatier와 Jenkins-Smith의 옹호연합모형, Hall의 패러다임 전이, Mucciaroni의 논제 맥락과 제도적 맥락에 관한 설명 및 Kingdon의 다중흐름모형을 설명한다. 그 다음에 정책변동의 요인에 관한 정책변동모형에 대하여 설명한다. 정책변동이란 정책을 수정하거나 종결시키는 것이다. 정책변동은 정책의 쇄신, 승계, 유지 그리고 종결이라는 네 가지로 유형화할 수 있다. 정책변동과 유사 개념으로 정책확산이 있다. 정책확산은 한 정부의 정책선택이 다른 정부들의 선택에 의하여 영향을 받는 것을 말한다.

I. 정책변동과 정책확산

1. 정책변동(policy change)의 개념과 유형

1) 정책변동의 개념

정책변동이란 정책을 수정하거나 종결시키는 것이다(유훈, 200). 정책변동은 정책이 본래의 모습과는 다른 모습으로 변화되는 것을 의미한다. 그러나 보다 엄밀하게 정책변동을 정의하기 위해서는 정책변동에 대한 시각을 두 가지 측면으로 구분해 볼 필요가 있다.

하나는, 정책변동을 정책과정과의 관련성으로 이해하는 입장이다. 즉 정책변동은 다른 하위 정책단계와 상호 관련성을 가지고 전개되는 순환적·복합적·동태적 과정으로 보는 것이다. 이러한 입장에서 보면, 정책변동은 정책내용의 변동만이 아니라 정책집행 방법까지 포함하는 개념이다.

다른 하나는, 시간의 변화에 따라 정책의 기조나 논리 및 정책의 내용과 집행방법이 달라지는 것을 정책변동으로 보는 것이다. 정책체계의 구조, 정책이념, 정책환경, 문제의 본질, 정책집행방법의 적절성, 정책효과 등은 시간의 흐름에 따라 변화하며, 이에 따라 정책변동이 불가피하게 일어난다.

후자적 입장에서는 모든 정책이 시간이 흐름에 따라 변동되는 것이므로 여기서는 전자적 관점에서 정책변동을 보기로 한다.

2) 정책변동의 유형

Hogwood와 Peters(1983)는 조직의 변동, 법률의 변동, 예산의 변동을 기준으로 네 가지 변동유형을 설명하였다: 정책의 쇄신, 정책의 승계, 정책의 유지, 정책의 종결. 그러나 이러한 유형화는 정책변동의 영향요인을 설명하기에는 부족하다는 한계가 있지만 유형별 특성을 이해하는데는 도움을 준다.

정책쇄신(policy innovation)이란 정부가 종전에 관여하지 않았던 분야에 진출하여 새로운 정책을 수립하는 것을 말한다. 정부가 우연히 새로운 분야로 진출하지 않을 것이라는 점을 고려할 때, 이 변동은 성격상 의도적이다. 이러한 활동은 새로운 것이기 때문에 기존 조직이나 법률 또는 예산 및 사업이 마련되어 있지 않다.

둘째, 정책승계(policy succession)이다. 정책승계란 정책이 시행되고 있는 분야에 기존 정책을 새로운 정책으로 대체하는 것을 말한다. 낡은 정책이 폐지되고 새로운 정책이 등장했다는 점에서 새로운 요소를 지니는 것은 사실이나 전술한 정책쇄신의 경우와는 달리 정부가 새로운 분야에 처음으로 진출하는 것은 아니다. 즉, 새로운 분야에 진출하는 것이 아니라 기존의 정책을 수정하고, 기존의 조직·법률을 개편·개정하는 것이다.

셋째, 정책유지(policy maintenance)이다. 정책유지는 기존 정책을 새로운 것으로 대체하는 것이 아니라 본래의 정책목표를 달성하기 위하여 정책수단을 조정하는 것이다. 예컨대, 인플레이션에 따라 급여수준을 조정하는 것이다. 정책유지는 환경 변화에 대한 정부의 수동적인 적응이 대부분이지만, 경우에 따라서는 관계 법령을 개정하거나 예산액을 조정하는 경우도 있다.

정책유지는 정책쇄신이나 정책승계에 비하여 변동의 질적 중요성은 다소 떨어질 수 있으나, 경우에 따라서는 변동의 폭이 이들보다 더 클 수 있다(유훈, 1999). 따라서 정책유지란 반드시 정부의 수동적인 대응을 말하는 것은 아니다.

넷째, 정책종결(policy termination)이다. 정책종결이란 특정한 정책을 의도적으로 종결시키거나 중지하는 것을 말한다. 이것은 정책쇄신의 다른 측면으로, 쇄신되는 그 후면에 종결되는 정책이 있을 수 있는데 이를 일컫는다. 순수한 의미의 정책쇄신이 희귀한 것과 같이 정책의 종결도 보기 드물다. 왜냐하면 관료는 자신의 정책이 실패했다고 객관적으로 평가되더라도 이를 인정하는 경우는 드물고 아직 정책효과가 나타나지 않을 뿐이라고 생각하기 때문이다 (Kingdon, 2003).

3) 정책확산(policy diffusion)

정책확산이란 한 정부의 정책선택이 다른 정부들의 선택들에 의해 영향을 받는 것이다(Charles and Volden, 2012). 정책확산은 정부 간 상호 연계된 정책결정을 포괄하는 개념이다. 정책결정자는 정책을 구상함에 있어서 새롭게 모든 요인들을 분석하기보다 과거에 시험되었던 정책들에 대하여 검토하기도 한다. 다른 지역에서 시행되었던 정책이 자신의 지역에서도 같은 효과를 나타낼 수 있을지를 검토하는 것이다. 정책확산은 정책옹호(policy advocacy)나 정책변동을 설명하는데 유용한 개념이다.

Charles와 Volden(2012)은 정책확산의 기제(mechanism)는 모방, 경쟁, 학습, 그리고 강제를 포괄한다고 설명한다.

모방은 다른 나라나 지역 또는 다른 부처에서 사용하였던 정책의 내용이나 수단을 답습하거나 일부 수정하는 것이다. 정책확산은 모방의 형태로 이루어지는 경우가 대단히 많다. 그러나 정책확산이 연못에 돌을 던질 때 수면에 생기는 파장이 퍼져나가는 것처럼 단순히 지역적으로 확산되는 것을 의미하는 것은 아니다. 오늘날의 세계는 과거와 다르며 또한 지역별, 국가별, 부처별 정책의 내·외적 환경이 각기 다르기 때문에 과거에 특정 정부에서 시행된 정책을 모방하여 사용하더라도 동일한 효과가 나타난다고 보장하기 어렵다. 외국에서 정책효과가 큰 것으로 판명된 금융정책이라 하더라도 경제의 규모와 상황, 국민적 감정이 다른 나라에서 그대로 채택할 수는 없다. 또한 모방은 긍정적 결과를 초래하지만은 않는다. 예컨대 마사회의 높은 수익률을 모델로 재정 확충을 위한 말산업 육성정책을 도입하였지만 예기치 못한 요인들로 인해 재정 손실이 확대되는 지방정부들도 있다.

한편 정부간의 '경쟁'이 정책확산을 확대시킨다. 오늘날 나라·권역·지역간의 경쟁이 매우 심하며, 이러한 정부간의 경쟁이 정책확산을 촉진시키는 요인이 된다. 정부는 시장기제에 의해 움직이는 기업만큼 창의적이기 어렵기 때문에 다른 정부와 경쟁해야 하는 정부로서는 다른 정부가 창출한 정책에 대하여 관심을 가지게 된다. 예컨대 어떤 지방정부가 폐기물정책을 개선하기 위하여 경쟁관계에 있는 지방정부들의 정책아이디어나 집행체계들에 대해 검토할 것이다.

또한 정부는 다른 정부의 정책경험을 '학습'한다. 정책결정자는, 과학자처럼, 다른 정부의 정책을 실험·관찰하고, 이러한 과정을 통해 학습하기도 한다. 예컨대 Mesegura(2006)는 각국의 무역자유화정책의 효과성에 대한 학습을 통하여 자국의 정책으로 구조화하는 사례들을 분석하였다. 정책은 복잡하고, 정책결정자의 목적도 다양하기 때문에 다양한 기준에서 정책을 학습하겠지만 정책에 소요될 비용이나 정책의 효과성에 초점을 맞추는 경우가 많다. 선출직 정책결정자들은 경제적 효과도 중요하지만 정치적 효과에 더 많은 관심을 가진다.

마지막으로 '강제'는 권력, 위협 또는 유인을 사용하는 것이다. 미국이 이란으로 하여금 핵무기를 폐기하도록 하기 위하여 사용했던 금융제재, 무역, 외교적 등의 제재와 폐기 후에 제공한 유인수단들을 동원한 정책꾸러미를 그대로 북한에 적용한다면 강제에 의한 정책확산에 해당한다. 중앙정부가 지방정부에 유인으로서 자금 지원을 약속하거나 또는 강력한 규제를 암시함으로써 특정 정책을 도입하도록 강요하는 사례도 이에 해당한다. 그런데 정책확산이 항상 성공적이기는 어렵다. 정책결정자는 도입할 정책이 과연 성공적으로 집행되고 기대한 효과를 발생시킬 수 있을 것인지에 대하여 심사숙고 해야만 한다. 정부의 능력, 정치적 여건, 정책의 구체성, 정책옹호 수준 등에 대하여 충분히 검토해야 한다.

II. 정책변동에 관한 이론과 모형

1. 정책변동의 원인에 관한 이론들

정책변동이 일어나는 원인에 대하여 다양한 관점의 이론들이 있다. 대표적 이론으로서 국가 중심이론, 순환이론, 중단된 균형이론, 정책레짐이론, 의사결정론, 다원주의, 엘리트론 등이 있으나 여기서는 앞의 네 가지 이론에 대해서만 설명하기로 한다.

1) 국가 중심이론(State-centered theory)

국가 중심이론은 정책변동을 야기하는 정부의 조직이나 리더의 역할에 초점을 둔다. 이 이론은 장기적인 정책 안정성을 유지하게 하는 견제와 균형의 원리에 입각하고 있는 정부체계의 역할보다는 정치체계를 운영하는 주요 공식 참여자들의 역할에 대해 분석한다. 즉 대통령, 국회의원, 대법원 판사, 정당, 직업 관료, 선출직 공무원이 정책변동을 촉진하거나 정책변동과정에서 수행하는 역할에 대하여 분석한다.

2) 순환이론(cyclic theory)

순환이론은 유기체에 생로병사의 주기가 있듯이 정부기관도 삶의 주기가 있다고 본다. 순환이론은 '보수-진보순환이론'(the liberal-conservative cycle theory), '정책순환이론'(policy cycle theory) 등과 같이 순환의 분석대상에 따라 다양하게 나뉘어진다. 순환이론은 정책 자체는 지속되지만, 정책의 목적, 지향성, 수단 등은 정부집단의 이념이 변하거나 정책지향성이 다른 정책집단이 새롭게 진입하면 변동된다고 본다.

예컨대 대북정책은 북한과 대치되어 있는 한 존속하지만, 정책의 지향성이나 집행전략은 정부의 성격에 따라 변동된다. 김대중정부를 이은 노무현정부는 진보적 성향을 지녔고, 이들 정부는 신기능주의에 바탕을 둔 햇볕정책이라고도 불리었던 '대북포용정책'은 북한에 대하여 유화적·포용적 내용의 정책을 이었다. 이 기간 동안 남북정상회담과 경제협력, 다양한 사회문화 교류가 활발히 이루어졌다. 그러나 보수정권인 이명박정부는 진보정권에서 지나친 온정주의적 정책을 추진함으로써 일방적인 퍼주기에도 불구하고 북한의 변화를 이끌어내지 못하고 오히려 북한에 끌려 다녔다고 비판하였다. '상생공영정책'이라고 명명되었던 이명박정부의 대북정책은 김대중정부와 노무현정부의 대북정책과는 이념적으로 대칭점에 있는 신제도주의에 바탕을 둔 원칙주의·실용성을 지향하는 정책이었다. 박근혜정부에서는 "신뢰프로세스"라는 슬로건 아래 이명박정부의 대북정책과는 차별화 하였지만 기본적으로는 보수적 성격의 대북정책을 지향하고 있다. 이처럼 진보와 보수 정권을 거치면서 대북정책은 큰 변동이 이루어졌으며, 앞으로도 집권정부의 이념지향성에 따라 변동될 것이다.

3) '중단된 균형'(punctuated equilibrium)

순환이론의 연장선에서 Baumgartner와 Jones(1993)는 정책변동은 점진적이거나 지속적인 흐름(flux)이기보다는 정책이 안정적이다가, 어떤 계기로 급격한 정책변동의 시기가 도래하고, 다시 안정적인 시기를 갖게 되는 순환적 과정으로 보았다. 사회운동이론은 어떻게 이익집단들이 급속한 성장·확산되고, 또 이들이 어떻게 여론과 정책변동에 영향을 미치게 되는가를 설명한다. 이는 일종의 사회운동이론(social movement theory)이다.

사회운동을 주도하는 이익집단 또는 정치집단은 주어진 게임의 규칙 하에서 자원을 배분하는 것이 아니라 게임의 법칙을 바꾸기도 한다. 변경된 게임법칙으로 인하여 위기를 넘기지만 그것이 또 다른 문제의 원천이 된다. 이것이 바로 임계 전환점(critical junction)인데, 이는 정책이 근본적으로 급격하게 바뀌어 새로운 정책이 지속되는 '중단된 균형'(punctuated equilibrium)을 이루게 된다

(Baumgartner and Jones, 1993; 노형남, 2013). 중단된 균형은 정책이 중단기적으로는 급격한 변동이 일어날 수 있지만 장기적으로는 대단히 안정적인 현상을 설명하는 개념이다. 이익집단들간의 정치권력의 균형은 오랜 기간 동안 상대적으로 안정적으로 유지되지만, 공중(the public)이 어떤 계기로 사회문제에 대한 인식이 갑자기 바뀌게 되면 자신들의 이익을 위한 투쟁에 돌입하게 되면서 안정적 상태는 중단된다.

균형(equilibrium)은 정책의 하위체계의 아이디어가 일치하는 정책독점(policy monopoly)을 의미한다. 정책독점은 정책결정이 정책결정과정의 주요 참여자들에 집중된 폐쇄체계의 상태를 말한다. 주요 정책결정자들은 정책독점상태를 유지함으로써 독점적 이익을 가지며, 이러한 상태를 유지하려고 노력한다. '철의 삼각관계'에서 전형적으로 나타나는 정책독점상태는 오랜 기간 동안 지속된다. 그러나 특정 논제에 대한 관심이 대규모적 또는 극적으로 증폭되면 정책독점은 파괴되고, 급속한 정책변동이 야기된다. 정책독점을 파괴시키는 요인들은 다양하다. 먼저 언론의 관심과 집중적이고 지속적인 보도와 논평이 큰 영향을 미칠 것이다. 또한 특정의 주장을 관철시키기 위하여 끊임없이 정책결정과정에 접근하거나 변화시키기 위하여 노력하는 단체들에 의하여 정책독점이 파괴되기도 한다.

4) 정책레짐이론(policy regime theory)

정책레짐이론은 장기적인 정책 안정성에서 이루어지는 정책변동의 단편적 사건들을 분석한다. 레짐이란 법과 절차 마련을 중시하는 협의체적 제도이다. 레짐은 공동체보다 제도화 수준이 낮은 협력체이다. 예컨대 신자유주의자들은 합리적 국가는 개별적으로 높은 비용을 지불하며 평화를 추구하기 보다는 안보레짐을 형성함으로써 평화와 안전을 유지하는 강한 동기를 가진다고 본다(김문성, 2013). 레짐이론은 크게 세 가지 차원으로 구성된다. 권력 장치(power arrangements), 조직 장치, 그리고 정책 패러다임. 정책레짐의 세 차원은 정책이 장기적인 안정성을 유지하도록 작동한다. 정책의 주요 변동은 정책레짐 환경에서 발생되는 스트레스에 의하여 일어난다. 사회적 재난, 신기술, 급격한 경제 위기, 급속한 인구구조 변화 등으로 인한 스트레스는 정책레짐에 영향을 미치고 나아가 실제적인 레짐의 변동도 가능하게 한다(Wilson, 2013).

2. 정책변동모형

옹호연합모형(The ACF)은 정책변동을 설명하는 모형이다. 이 모형은 정책에는 옹호연합의 신념체계가 반영되어 있다고 본다. 이런 점에서 중대한 정책변동과 사소한 정책변동으로 구분할 수 있다. 전자는 정책의 핵심가치가 변동하는 것이다. 이에 비해 후자는 이차적 또는 제도적 측면에서 나타나는 변동을 의미한다.

Sabatier와 Jenkins-Smith(1993)는 정책변동을 이해하기 위해서는 10년 이상의 시간적 관점이 필요하다고 보았다. 10년 이상의 시간의 흐름 속에서 정책변동을 분석해야만 정책과정의 사이클 속에서 성공과 실패에 관한 정확한 설명이 가능하다는 것이다. 그리고 정책변동을 이해함에 있어서 가장 유용한 분석단위는 정부조직이나 프로그램뿐만 아니라 정책하위체계 및 정책영역(policy domain)이다. 옹호연합모형 거시수준의 국가나 사회와 미시수준의 개인 사이에 있는 옹호연합이 핵심적인 분석단위이자 주요 행위자이다.

정책변동요인을 외부적 요인, 내부적 요인, 정책학습으로 설정하고 있다(그림 6-2) 참조). 외부적 요인 중에서 비교적 안정적인 요인으로는 정책문제의 특성, 천연자원의 배분, 사회·문화적 가치 및 사회구조, 기본적 헌법구조 등이 포함된다. 역동적인 외부요인으로는 사회·경제적 여건의 변화, 통치집단의 변화, 다른 하위체제로부터의 영향 등이 포함된다. 내부적 요인으로는 특정한 정책을 둘러싼 지지연합들로서 비교적 안정적이지만, 이러한 지지연합이 외부적 요인의 영향을 받거나 그 밖의 이유로 재편성될 수 있으며 다수파였던 지지연합이 소수파로 전락할 수 있다는 것이다. 지지연합의 재편성으로 소수파가 다수파가 될 때 정책의 변동이 일어난다. 정책지향적 학습은 지지연합 내에서도 이루어질 수 있겠으나, 다른 지지연합으로부터의 학습도 가능하다. 정책변동에 영향을 주는 요인으로서 다른 무엇보다도 정책학습이 중요하다. 정책학습은 외국의 전례나 경험으로부터 가능할 뿐만 아니라 과거의 경험으로부터도 가능하다(유훈, 2009).

한편 일정한 정책영역 또는 하위체제 내에서 신념을 공유하는 행위자들끼리 옹호연합을 형성한다. 이들은 기본적인 가치, 정책에 대한 인식, 정책수단에 대한 동의와 같은 중요한 신념체계를 공유하는 행위자들의 연합체이다. 옹호연합은 경쟁하는 세력에 대항해서 경쟁하거나 협력하며 정책과정을 이끌어 간다. 이러한 과정에서 때로는 정치인과 관료를 포함한 정책중개자의 중재활동을 통하여 정책변동이 촉진된다.

한편 Sabatier가 신념의 변화에 의한 정책변동이 일어나는 과정을 분석한데 비하여, Hall(1993)은 패러다임 전이(paradigm shift)에 의한 정책변동을 설명하였다. Sabatier는 신념의 변화로 인한 정책의 근본적인 변동은 쉽지 않다는 것을 암시하고 있으나, Hall은 패러다임이 변화하면 근본적인 정책변동이 가능하다고 보았다. Hall은 정책형성을 '정책목표'와 '정책수단'(또는 기술) 그리고 '정책환경' 등 세 가지 변수를 포함하는 과정으로 보고, 정책목표와 정책수단에 있어서 급격한 변화를 가져오는 정책변동을 패러다임 변동으로 개념화 하였다. 일반적으로 정책결정자는 정책문제의 본질을 파악하고, 정책목표와 이를 달성하기 위한 정책수단을 구체화하는 데 있어서 일정한 사고와 기준의 틀 속에서 활동한다. 이러한 틀은 너무도 당연하여 의심할 여지가 없고, 또한 조사, 분석할 수도 없는 것으로 여겨져서 상당한 영향력을 발휘하게 된다. 이러한 사고의 틀이 '정책패러다임'(policy paradigm)이다.

Hall은 패러다임 전이가 한꺼번에 일어나는 것이 아니라 일정한 단계를 거치며, 또한 하나의 패러다임이 생기면 일정 기간동안 연구현상에 대한 변칙성이 발견됨이 없이 패러다임을 바탕으로 이론들이 개발되어 Kuhn(2012)이 말하는 정상과학(normal science)의 단계에 이른다고 보았다. 여러 학파간의 이론적 차이는 탐구방법이 틀렸기 때문이 아니라 현상을 바라보는 방향과 그 방향에서 이론을 형성하는 방법이 달랐기 때문이다. 정상과학의 시기에는 패러다임에 의해 연구방향이 정해지고 그 실행방법도 동일하다. 그러다가 기존 패러다임으로 설명할 수 없는 변이현상이 등장하게 되면서 정상과학의 위기가 도래된다. 위기는 패러다임의 여러 변종을 유발시킴으로써 정상과학의 퍼즐 풀이의 규칙을 변화시켜 결국 새로운 패러다임이 출현하는 길을 열어준다. 기존 패러다임과 새로운 패러다임간의 경쟁과정에 정치가는 물론이고 정책공동체도

가담하게 되며, 결국 새로운 패러다임이 등장하게 된다. Hall은 패러다임 변경이 한꺼번에 일어나는 것이 아니라 ① 패러다임 안정기, ② 변이의 축적기, ③ 실험기, ④ 권위의 손상기, ⑤ 경합기를 거쳐서 ⑥ 새로운 패러다임의 정착기로 구분하였다.

그리고 Mucciaroni(1995)는 이익집단의 위상이 어떻게 부침을 거듭했는가를 분석하여 정책변동을 설명하였다. 이익집단 위상은 논제 맥락(issue context)과 제도적 맥락(institutional context)이라는 두 가지 변수를 통하여 분석된다. 논제 맥락은 정책변동에 영향을 미치는 이념적·경험적·환경적 요인들을 망라한 것이다. 제도적 맥락은 입법부와 행정부의 구성원들이 특정한 정책이나 산업에 대하여 지니고 있는 선호나 행태를 포괄적으로 지칭하는 개념이다. 논제 맥락과 제도적 맥락이 동시에 특정 이익집단에 유리할 때는 그 이익집단에 유리한 정책이 계속 유지되거나 불리한 정책이 유리하게 변동한다. 그러나 이슈 맥락이 특정한 이익집단에게 유리하더라도 제도적 맥락이 불리할 때는 정책도 불리하게 돌아간다. 즉 정책이나 이익집단의 위상에 미치는 영향이 제도적 맥락이 논제 맥락보다 강하다.

Kingdon(2003)의 '다중흐름모형'은 원래 정책의제설정을 위한 모형으로 제시된 것이나 정책변동과정에도 원용할 수 있다. [그림 4-4]를 통하여 설명한 바와 같이, Kingdon은 정책문제, 정책대안, 그리고 정치라는 세 가지 독립된 요인들의 흐름이 교차하면서 정책창이 열리는 과정을 통하여 정책변동을 설명한다.

Kingdon은 문제의 흐름, 정책대안의 흐름, 정치의 흐름이라는 세 가지 독자적인 흐름이 존재하며, 이들 흐름이 어느 순간에 결합할 때 정책변동이 일어난다고 보았다. Kingdon은 이 순간을 정책창(policy window)이 열린다고 하며, 정책상황주도자들이 자신들의 관심대상인 문제에 정책결정자의 관심을 집중시켜 그들이 지향하는 정책변동을 관철시키는 기회로 본다. 정책창은 정책제안자가 자신이 제안한 해결책을 관철시키거나 혹은 자신의 문제에 주의가 집중되도록 만들 수 있는 기회를 의미한다. 이러한 기회는 오래 지속되지 않는다. 정책창이 열렸다는 것은 어떤 정책을 지지하는 사람들이 그들이 선호하는 해결책을 강요하거나 자신들의 문제에 관심을 기울이도록 압력을 행사하여 정책변동의 기회를 맞이하였다는 것을 의미한다(Kingdon, 2003; 최성락 · 박민정, 2010).

Kingdon의 다중흐름모형은 정책변동과정이 비합리적 과정, 예측이 곤란한 과정 또는 무작위적인 과정으로 이루어지고 있다는 것을 설명하는 모형이다.

참 고 문 헌

1. 국내 문헌

권기헌. (2008). 「정책학」. 서울: 박영사.

김동원. (2002). 민-관 파트너십과 행정의 책임성: 미 워싱톤 수도권의 지능형 교통시스템의 교훈. 「한국행정논집」, 14(2): 399-423.

김문성. (2009). 「행정학. NET」. 서울: 박영사.

_____. (2013). 초국가적 제도주의에 근거한 박근혜정부의 대북정책의 새로운 접근법: 신기능주의와 신제도주의적 정책에 대한 비교평가를 중심으로. 「GRI연구논총」, 15(2): 120-144.

김준기. (2000). 정부-NGO관계의 이론적 고찰: 자원의존모형의 관점에서. 「한국정책학회보」, 9(2): 5-28.

김형렬. (2000). 「정책학」. 서울: 법문사.

노형남. (2013). 역사 임계 전환점에 연유한 정체 지향성의 중단된 균형 -브라질 경제 생태계의 민주주의를 중심으로-. 「국제지역연구」, 17(1): 89-114.

박상원·박치성. (2009). IPTV 정책과정에 관한 분석: 옹호연합의 신념체계 변화과정을 중심으로. 「한국행정학보」, 43(3): 197-228.

박천오. (1999). 한국 이익집단의 정책과정상의 영향력과 활동패턴: 정부 관료제와의 관계를 중심으로. 「한국행정학보」, 33(1): 239-259.

박홍윤. (2012). 「정책평가론」. 서울: 대영문화사.

백승기. (2009). 「정책변동」. 서울: 대영문화사.

안세영. (2008). 「협상사례중심 글로벌협상전략」. 서울: 박영사.

오석홍. (2013). 「행정학」. 서울: 박영사.

유 훈. (2010). 「정책학」. 서울: 대영문화사

이윤식. (2010). 「정책평가론」. 서울: 대영문화사.

이해영. (2010). 「정책학신론」. 서울: 학현사.

정정길·최종금·이시원·정준금. (2006). 「정책학 원론」. 서울: 대명출판사.

주재현. (2008). 「정책과정론」. 서울: 대영문화사.

최봉기. (2010). 「정책학개론」. 서울: 박영사.

최성락·박민정. (2010). 정책연구에서의 Kingdon 정책흐름모형의 적용 현황과 적실성에 대한 소고: 국내 연구 사례를 중심으로, 한국정책학회 통계 학술대회, 「행정학과 국가발전전략」: 1-16.

2. 외국문헌

Achua, Christoper and Robert Lussier. (2013). *Effective Leadership*. Canada: South-Westorn Cengage Learning.

Anderson, James. (2011). Public Policymaking. Boston, MA: Wadsworth Cengage Learning.

Bachrach, Peter and Morton Baratz. (1962). Two Faces of Power. *American Political*.

_____. (1970). Power and Poverty. Oxford: Oxford University Press.

Badach, Eugene. (2011). *A Practical Guide for Policy Analysis: The Eightfold Path to More Effective Problem Solving*, (4th Ed.). Washington D.C.: CQ Press.

Balleisen, Edward and David Moss. (2010). *Government And Markets:*

Toward A New Theory Of Regulation. (ed.). Yew York: Cambridge University Press.

Baumgartner, Frank and Bryan Jones. (1993). *Agendas and Instability In American Politics*. Chicago, IL: University of Chicago Press.

Berry, Frances. (2002). Using Strategic Planning to Manage Strategically in the Public Sector, Kuotsai Liou, (ed.). *Handbook of Public Management Practice and Reform*. New York · Basel: Marcel Dekker, Inc.: 261-290.

Bingham, Lisa. (1996). Negotiating for the Public Good. In James Perry, (ed.). *Handbook of Public Administration*. San Francisco, CA: Jossey-Bass: 647-664.

Birkland, Tomas. (2005). *An Introduction To The Policy Process: Theories, concepts And Models Of Public Policy Making*. New York: M. E. Sharpe.

Boardman, Anthony, David Greenberg, Aiden Vining, David Wemer. (2010). *Cost-Benefit Analysis: Concepts and Practice*, (4th Ed.). London: Pearon Education Limited.

Brook, Yaron and Don Watkins. (2013). *Free Market Revolution: How Ayn Rand's Idea can End Big Government*. New York: St. Martin's Press.

Bryson, John. (1995). *Strategic Planning for Public and Nonprofit Organizations: A Guide to Strengthening and Sustaining Organizational Achievement*, (2nd ed.). San Francisco, CA: Jossey-Bass.

Cairney, Paul. (2012). *Understanding Public Policy: Theories and Issues*. New York: Palgrave MacMillan.

Cobb, Roger and Charles Elder. (1983). *Participation in American Politics: The Dynamics of Agenda-Building*. Baltimore, MD: The Johns Hopkins University Press.

Cobb, Roger, Jennie-Keith Ross and Marc Ross. (1976). Agenda Building as a Comparative Political Process. *American Politic Science Review*, 70: 126-128.

Cohen, M., J. March and J. Olsen. (1972). A Garbage Can Model of Organizational Choice. *Administrative Science Quarterly*, 17: 1-25.

Cohen, Raymond. (1999). *Negotiating across Cultures: Inetrnational Communication in an Interdependent World.* Washington D.C.: United Staes Institute of Peace Press.

DeLoen, Peter and E. Overman. (1989). A History of the Policy Sciences. In Labin Hildreth and G. Moller. *Handbook of Public Administration.* New York: Marcel Dekker Inc.: 406-415.

Dewey, John. (1927). The Public and Its Problems. Denver: Alen Swallow.

Dror, Yehezkel. (1983). *Public Policymaking Reexamined.* Scranton, PA: Chandler Publishing Co.

Dye, Thomas. (2000). *Understanding Public Policy.* Englewood Cliffs, NJ: Prentice Hall Press.

Elmore, Richard. (1979). Backward Mapping: Implementation Reacher and Policy Decisions. *Political Science Quarterly*, 94(4): 601-616.

Easton, David. (1953). *The Political System.* New York: Alfred A. Knopf.

Edith, Stock and Richard Zeckhauser. (1978). *A Primer for Policy Analysis.* New York: W.W. Norton.

Edwards Ⅲ, George and Ira Shakansky. (1978). *The Policy Predicament.* San Francisco, CA: W. H. Freeman & Company.

Evans, Peter, Harold Jacobson, Robert Putnam. (1993). *Doble-Edged*

Diplomacy: Inetrnational Bargaining and Domestic Politics.
Berkerly, CA: University of California.

Eyestone, Robert. (1978). *From Social Issue to Public Policy.* New
York: John Wiley & Sons.

Frances, Berry. (2001). Using Strategic Planning to Manage Strate-
gically in the Public Sector. in Heady Ferrel. *Public Admini-
stration*, (6th ed.). New York · Basel: Marcel Dekker, Inc.:
261-290.

Gupta, Dipak. (2011). *Analyzing Public Policy.* Washing D.C.: CQ
Press.

Hardin, Garrett. (1968). Tragedy of Commons. *Science*, 162: 1242-
1248.

Henley, Nick and Clive Spash. (1993). *COST-BENEFIT ANALYSIS.* VT:
Edward Elgar Publishing Co.

Heymann, Philip. (1987). *The Politics of Public Management.* New
Haven, CT: Yale University Press.

Heymann, Philip. (1989). *The Politics of Public Management.* New
Haven, CT: Yale University Press.

Hill, Michael and Peter Hupe. (2009). *Implementing Public Policy.*
Thousand Oaks, CA: SAGE Publications Inc.

Hogwood, Brian and Guy Peters. (1983). *Policy Dynamics.* New
York: St. Martin's Press.

Hogwood, Brian and L. Gunn. (1984). *Policy Analysis for the Real
World.* Oxford: Oxford University Press.

Horn, Carl. (1979). *Policy Implementation in the Federal System:
National Goal and Local Implementers.* Lexington, MA:
Lexington Books.

Joyce, Paul. (2000). *Strategy in the Public Sector.* Chichester, West Sussex: John Wiley.

Kingdon, John. (2011). *Agendas, Alternatives and Public Policy,* (2nd ed.). New York: Harper Collins Publishers.

Knill, Christoph and Jale Tosun. (2012). *Public Policy: A New Introduction.* New York: PALGRAVE MACMILLAN.

Kraft, Michael and Scott Furlong. (2013). *Public Policy: Politics, Analysis and alternatives.* Washing D.C.: CQ Press.

Kuhn, Thomas. (2012). *The Structure of Scientific Revolutions,* (50th anniversary ed.). Chicago, IL: The University of Chicago Press.

Lane, Jane-Eric. (2000). *Public Sector: Concepts, Models and Approach.* London: Sage Publications.

Lauman, Edward and David Knoke. (1987). *The Organizational State: Social Choice in National Policy Domains.* Madison, Wis: University of Wisconsin Press.

Lasswell, Harold. (1951). The Policy Orientation. In Daniel Lerner and Harold (ed.), *The Policy Sciences.* Stanford, CA: Standford University Press.

＿＿＿＿＿＿＿. (1971). *Preview of Policy Sciences.* New York: American Elsevier.

Lewicki, Roy, David Saunders and Bruce Berry. (2009). *Negotiation.* Boston, New York: McGraw-Hill/Irwin.

Lindblom, Charles. (1959). The Science of Muddling Through. *Public Administration Review,* 19(1): 79-88.

＿＿＿＿＿＿＿. (1979). Still Muddling, Not Yet Through. *Public Administration Review,* 39(6): 517-526.

＿＿＿＿＿＿＿. (1980). *The Policy-Making Process.* NJ: Prentice

Hall.

Lipsky, Michal. (1971). Street Level Bureaucracy and Analysis of Urban Reform. *Urban Affairs Quarterly*, 6: 391-409.

Lorange, Peater. (1981). *Implementation of Strategic Planning*. Englewood Cliffs, NJ: Prentice Hall.

Lowentahal, M. W. (2005). *Intelligence: From Secrets to Policy*, (3rd ed.). Washington, D.C.: Congressional Quarterly Press.

Lowi, Theodore. (1964). American Business, Public Policy Case Studies and Political Theory. *World Politics*, XVI: 677-715.

_____. (1972). Four Systems of Policy, Politics and Choice. *Public Administration Review*, 33(3): 293-310.

March, James. (1994). *A Primer on Decision Making: How Decisions Happen*. New York: Free Press.

March, James and Johan Olsen. (1984). The New Institutionalism: Organizational Factors in Political Life. *American Political Science Review*, 78: 734-749.

Mazmanian, Daniel and Paul Sabatier. (1989). *Implementation and Public Policy*. Latham, MD: University Press of America.

McCool, Daniel. (1995). *Public Policy: Theories, Models and Concepts*. Englewood Cliffs, NJ: Prentice-Hall Press.

Mills, Wrigh. (1956). *The power elite*. New York: Oxford University Press.

Mills, Wrigh with Alan Wolfe. (1956). *The power elite*. New York: Oxford University Press.

Mintzberg, Henry and John Quinn. (1991). *The Strategy Process*. Englewood Cliffs, NJ: Prentice-Hall.

Nakamura, Robert and Frank Smallwood. (1980). *The Politics of*

Policy Implementation. New York: St. Martin's Press.

Nash, John. (1950). The Bargaining Problem. *Econometica*, 18: 155-162.

Nutt, Paul and Robert Backoff. (1992). *Strategic Management of Public and Third Sector Organizations: A Handbook for Leaders.* San francisco, CA: Jossey-Bass.

Parker, Steve and Jane Parker. (1992). *Territories(Animal Behavior).* MA: Gloucester Press.

Pfeffer, J. and G. Salancik (1978). *The External Control of Organizations.* New York: Harper & Row.

Poter, Michael. (1998). *Competitive Strategy.* New York: The Free Press.

Pressman, Jeffrey and Aaron Wildavsky. (1973). *Implementation.* Berkely, CA: University of California Press.

Quade, Edward. (1975). *Analysis for Public Decisions.* New York: American Elsevier Publishing Co.

Rawls, John. (1971). *A Theory of Justice.* Cambridge, MA: Harvard University Press.

Sabatier, Paul. (1986). Top-down and Bottom-up Approaches in Implementation Research: A Critical Analysis and Suggested Synthesis. *Journal of Public Policy*, 6(1): 21-48.

Sabatier, Paul and Hank Jenkins-Smith. (1993). *Policy Change and Learning: An Advocacy Coalition Approach.* CO: Westview Press, Inc.

Sabatier, Paul and Weible Christopher. (2014). *Theories of the Policy Process*, (ed.). CO: Westview Press.

Salcuse, Jaswald. (2003). *The Global Negotiator: Making, Managing and Mending Deals Around the World in the Twenty-First Century.* New York: Palgrave Mac Millan.

Salisbury, R. H. (1968). The Analysis of Public Policy: A Search for Theory and Roles, in A. Ranny (ed.). Political Sciences and Public Policy. Chicago, IL: Markham.

Scharpf, Fritz. (1978). Interorganizational Policy Studies: Issues, Concepts and Perspectives. in K. Hanf and Friz Scharpf(ed.). *Intergovernmental Policy Making: Limits to Coordination and Central Control.* London: Sage Publications.

Shipan, Charles and Craig Volden. (2012). Policy Diffusion: Seven Lessons for Scholars and Practitioners. *Public Administration Review*, 72(6): 788-796.

Simon, Herbert. (1963). *Administrative Behavior.* New York: The Free Press.

Smith, Thomas. (1973). The Policy Implementation Process. *Policy Science*, 4(2): 197-210.

Stewart, Joseph, David Huge and James Lester. (2008). *Public Policy: An evolutionary approach*, (3rd ed.). Belmont, CA: Wadsworth/ Cengage.

Tanzi, Vito. (2011). *Government versus Markets: The Changing Economic Role of the State.* New York: Cambridge University Press.

Theodoulou, Stella and Matthew Cahn. (1995). *Public Policy: The Essential Readigs.* Englewood Cliffs, NJ: Prentice-Hall, Inc.

Toobaie, Asra, James Grant. (2013). Effect of food abundance on aggressiveness and territory size of juvenile rainbow trout, Oncorhynchus mykiss. *Animal Behaviour*, 85(1): 241-246.

Waltzer, Michael. (1983). *Spheres of Justice: A Defence of Pluralism* and Equality. New York: Basic Books Inc.

Weimer, David and Aidan Vining. (2010). *Policy Analysis*. Englewood Cliffs, NJ: Prentice-Hall Inc.

Weiss, Carol. (1997). *Evaluation: Methods for Studying Programs and Policies*. Englewood Cliffs, NJ: Prentice Hall Press.

Wilson, Carter. (2013). *Public Policy: Continuity and Change*. IL: Waveland Press, Inc.

Wolf Jr. Charles. (1993). *Markets or Governments*, (2nd ed.). CA: RAND Books.

찾 아 보 기

저자 약력

저자 김문성은 연세대학교 · 대학원 행정학과에서 학 · 석 · 박사 학위를 취득하였다.

현재는 가천대학교 행정학과 교수이며, 사) 치안정책제도연구원 이사장, 국토교통부 중앙토지수용위원회 위원, 안전행정부 자문교수이다. "행정학적 상상력," "정책학, 정책사례 세미나," "변화와 리더십"을 강의하고 있다. Kennedy School at Harvard University, Fairleigh Dickinson University, 그리고 Michigan State University에서 교환교수, 법정대학장, 행정대학원장, 사) 한국정책포럼 회장, 정부기관의 자문 및 평가위원으로 활동하였다. 이외에도 행정고시, 7급 공무원 승진 및 채용시험 등에서 출제 및 면접위원 이었다.

주요 저서로는 「병무행정론」, 「자원 · 환경정책론」(공저), 「행정학의 이해」, 「행정사의 이해」(공저), 「행정학. NET」 등이 있다. 주요 논문은 "초국가적 제도주의에 근거한 박근혜정부의 대북정책의 새로운 접근법," "한국의 기후변화협상전략," "신재생에너지정책의 방향" 등이다.

정책학

초판인쇄	2014년 3월 5일
초판발행	2014년 3월 10일
지은이	김문성
펴낸이	안종만
편 집	김선민 · 배우리
기획/마케팅	최봉준
표지디자인	최은정
제 작	우인도 · 고철민

펴낸곳   (주) **박영사**
         서울특별시 종로구 평동 13-31번지
         등록 1959. 3. 11. 제300-1959-1호(倫)
전 화   02)733-6771
f a x   02)736-4818
e-mail   pys@pybook.co.kr
homepage www.pybook.co.kr
ISBN   979-11-303-0079-5 93350

정 가   25,000원